Römische Lyrik

Römische Lyrik

Lateinisch / Deutsch

Ausgewählt und herausgegeben
von Bernhard Kytzler

Philipp Reclam jun. Stuttgart

Umschlagabbildung:
Ausschnitt aus einer Wanddekoration
im Haus der Vettier, Pompeji

Universal-Bibliothek Nr. 8995
Alle Rechte vorbehalten
© 1994 Philipp Reclam jun. GmbH & Co., Stuttgart
Gesamtherstellung: Reclam, Ditzingen. Printed in Germany 1994
RECLAM und UNIVERSAL-BIBLIOTHEK sind eingetragene
Warenzeichen der Philipp Reclam jun. GmbH & Co., Stuttgart
ISBN 3-15-008995-6

Inhalt

Einleitung

Die Verbindung von römischer Welt und lyrischer Kunst mag manchen möglicherweise befremden. Mit dem Imperium Romanum assoziiert man eher Militärisches und Juristisches, den Bau von Straßen, Brücken, Wasserleitungen, den Marschtritt der Legionen und die Konstruktionen der Ingenieure, nicht die Künste der Liedersänger. In der Tat ist auch das Wort Lyrik nicht lateinischer, sondern griechischer Herkunft: Es bezeichnet die zur Lyra gesungenen, kleineren poetischen Formen, in denen nun nicht mehr der epische Atem großer geschichtlicher und mythologischer Geschehnisse weht, sondern das Bild des Individuums entsteht mit seinen Konflikten und Stimmungen, seinen Erlebnissen, Erfahrungen, Enttäuschungen. Wann immer jene Gründung Roms wirklich vor sich ging, die von der Legende ins Jahr 753 v. Chr. gesetzt wird – es dauerte mehr als ein halbes Jahrtausend, bis sich in Latium die Musen hören ließen. Erst im Jahrhundert vor Christi Geburt begegnet uns in der Gestalt des Catull der erste eigentlich lyrische Dichter Roms. Danach aber verdichtet sich die stetig wachsende Schar der Poeten zu einer ununterbrochenen Folge bedeutender Künstler, unter ihnen nicht wenige Gestalten von europäischem Rang. Und noch bis in die Spätantike hinein werden in lateinischer Sprache immer wieder bezaubernde Carmina komponiert. Die vorliegende Anthologie dokumentiert diesen Weg.

*

Er beginnt mit Catos Gebetstext. Marcius Porcius CATO mit dem Beinamen Censorinus (geb. 234 v. Chr., gest. 149) war, neben bedeutenden Leistungen auf militärischem wie auf administrativem Gebiet, als Politiker und Redner, als Triumphator (194) und Censor (184), auch als Autor pro-

duktiv. Von seinem Hauptwerk *Origines*, »Gründungsge-
schichten« Roms und der italischen Stämme in sieben Bü-
chern, ist uns nur weniges bruchstückweise bewahrt. Erhal-
ten hat sich hingegen seine um 154 verfaßte Fachschrift *De
agri cultura* (»Vom Ackerbau«), die erste lateinische Prosa-
schrift, mit einem Umfang von etwa 100 Seiten. Eingelegt in
diese Vorschriften für die Einrichtung eines Gutes, die Be-
schreibung landwirtschaftlicher Arbeiten und allerlei An-
weisungen finden sich auch Vertragsformulare und Rezepte,
Zauberformeln und Gebete wie das vorliegende an Mars,
eine Bitte um seine Hilfe, die dem Gott durch ein ansehnli-
ches Opfer nahegelegt wird.

Der folgende hier vorgestellte Zeuge für die Entwicklung
lyrischer Rede in Rom ist ein Epiker: der epikureisches Ge-
dankengut zu kraftvollen Versen formende Lehrdichter Lu-
krez (geb. um 94 v. Chr., gest. 55). Sein didaktisches Epos
De rerum natura (»Vom Wesen der Welt«) beginnt mit ei-
ner hymnischen Preisung der Venus; ihr wird auch weiter-
hin im Verlaufe der Dichtung anderen Ortes gehuldigt. Die
Aspekte dieser Gottheit leiten Lukrez zu lyrischen Tönen
inmitten eines sonst mehr der Erklärung und Unterweisung
gewidmeten Kontextes – ein Götterbild entsteht, das sich in
seiner gewinnenden Farbgebung tiefer einprägt als so man-
ches profunde Theorem des sechs Bücher umfassenden
Lehrgedichts.

Freilich ist es erst Catull, der dem modernen Blick jene
Gestalt darbietet, die gegenwärtig als die Figur eines lyri-
schen Poeten angesehen wird. Doch darf man sich nicht täu-
schen: Der Mittelteil seines nur 116 Stücke umfassenden
Sammelbuches, das der jung gestorbene Dichter (geb. um 84
v. Chr., gest. kurz nach 55) hinterließ, enthält auch ein mehr
als 400 Hexameter umfassendes mythologisches Kleinepos,
ein Epyllion über die Hochzeit des Peleus und der Thetis
(Nr. 64). Auch Catull richtet also seinen Blick auf die Höhe
epischer Diktion; seine in vielen verschiedenen Metren ab-
gefaßten lyrischen Lieder wertet er hingegen als *nugae*, als

›Nichtigkeiten‹ spielerischen Charakters. Darunter sind knappe Zweizeiler in der Form des elegischen Distichons, Epigramme also, die den Schlußteil des Buches ausmachen. Aber selbst die längeren Polymetra am Anfang und die über das Einzeldistichon weiter ausgreifenden Epigramme sind allesamt nur von kurzem Umfang. Das erste, hier außer der Reihenfolge vorangestellte Gedicht beschwört die Stimmung, in der diese kleinen Kompositionen wohl entstanden sein mögen: das gemeinsame Gelage, die Erinnerung an die schönen Stunden freundschaftlichen Verkehrs unter gleichgesinnten Seelen. Die übrigen erzählen vor allem von der grundlegenden Erfahrung des jungen Mannes mit jener Frau, die er Lesbia nannte, einer wohl älteren, erfahreneren Person, deren Reizen er vollkommen verfallen war, auch als seine Träume von Treue schlimmen Schiffbruch erlitten. Es war dieses an Glück wie an Leid überreiche Erlebnis, das den unbekannten sensiblen Provinzler zum Poeten von Weltrang machte; er hat selbst seine Situation, hin- und hertaumelnd zwischen Haß und Liebe, in jenem berühmten Epigramm Nr. 85 gestaltet, das hier den Reigen anführt.

Mit der folgenden Gestalt des VERGIL eröffnet sich schon der Blick auf die Höhe der Klassik im Rom des Augustus. Publius Vergilius Maro (geb. 70 v. Chr., gest. 19 v. Chr.) hat sich im Dreischritt seiner dichterischen Werke zunächst in den »Hirtengesängen«, den *Bucolica* mit dem Werk des hellenistischen Dichters Theokrit auseinandergesetzt, hernach im Lehrgedicht »Vom Landbau«, den *Georgica*, mit Hesiods Lehrdichtung, schließlich sogar mit dem Dichter schlechthin, mit Homer, in der *Aeneis*. Die hier vorgelegten Proben aus den beiden erstgenannten Werken zeigen die Subtilität seiner Sichten auf das Empfinden des Einzelnen wie auf die Erscheinungen der Natur. Hohe Poesie, die sich des Leidens (Ecloge 1) und der Hoffnung (Ecloge 4) des Menschen ebenso annimmt wie der Erhebung des Individuums im Erleben der gewaltigen Kräfte des Kosmos (*Georgica*).

HORAZ steht Vergil ebenbürtig zur Seite. Mit Quintus Horatius Flaccus (geb. 65 v. Chr., gest. 8 v. Chr.) vollzieht die römische Poesie die entscheidende Begegnung mit der griechischen klassischen Lyrik, mit den Werken der Sappho, des Alkaios, des Pindar. Nach der Verfeinerung im hellenistischen Dichtwerk setzt jetzt die Besinnung auf die großen Vorbilder der griechischen Frühzeit ein. An die Stelle der Verspieltheit tritt nun der weite Atem klassisch klarer Konturen. Die Philosophie trägt die gedankliche Durchdringung des Daseins in die Poesie hinein. Neben den Liedern der Freude und der Trauer stehen die Hymnen auf Götter und Heroen, neben den Gesängen zum Symposium, auf den Wein und auf die Liebe erheben in den ›Römeroden‹ und anderen Orts die Ratschläge und Weisungen für den Staat ihre Stimme. Nicht mehr *poeta*, »(Lieder-)Macher«, heißt der Dichter mit dem griechischen Fremdwort, sondern *vates* nach keltischer Formulierung: Künder, Seher, Sänger. In Horaz findet Roms Lyrik ihre vollkommenste Ausprägung. Das hat schon Quintilian am Ende des ersten Jahrhunderts nach Chr. so gesehen – es gilt am Ende des zwanzigsten Jahrhunderts gleichermaßen.

In der *Appendix Vergiliana* liegt eine bunte Gedichtsammlung vor, um deren Echtheit die Forschung so heftig wie ergebnislos streitet. Auch wenn, wie man meistens meint, der Name des großen Autors nur stellvertretend in Anspruch genommen worden ist von Poeten und Versifikatoren geringeren Zuschnitts, so sind doch einige hübsche Kreationen zustande gekommen, die wohl nicht allzu lange nach Vergils Lebenszeit entstanden sein mögen und ein bezeichnendes Licht werfen auf die dichterische Technik der Epigonen einerseits, auf die Lebensumstände am Beginn unserer Zeitrechnung andererseits. Wichtiger aber als solche unterhaltsame Kleinkunst ist ein anderes großes Feld der lateinischen Lyrik: die subjektive erotische Elegie.

PROPERZ und TIBULL sind die beiden großen Namen, die die von Gallus in Rom begründete Gattung zur höchsten

Blüte geführt haben; mit Ovid findet sie dann ihren klassischen Schlußpunkt. Properz (geb. zu Assisi um 50 v. Chr., gest. um 15 v. Chr.) ist nicht nur der Sänger leidenschaftlicher Liebeslieder, er ist auch ein Mythograph, dem sich immer wieder die Bilder, Namen, Konfigurationen der alten Erzählungen von Göttergeschehen und Heroentaten in den Vers fügen. Dadurch wächst den eigenen Erlebnissen und Empfindungen in der Poesie die Größe der Vergangenheit, die Allgemeingültigkeit mythischer Formung zu – ein Band, das die Kluft zwischen Vorzeit und Gegenwart glücklich überbrückt. Anders Tibull: Er teilt mit Properz die Form der erotischen Elegie, er teilt mit ihm die zentrale Stellung der Liebesthematik in der Dichtung. Hier aber treten nicht Mythen hinzu, sondern bukolische Klänge, Sehnsuchtsvorstellungen von beglückendem Landleben, vom Frieden auf den Fluren, von Festtagen auf den Feldern. Töne erklingen, die auch in unseren Tagen viel Widerhall finden. Tibulls Verse ergreifen in ihrem melodischen Klang, der dem Latein ruhige Schönheit verleiht; sie ergreifen auch in der Verdeutschung, wenn sie immer wieder die Grundthemen menschlicher Glückssehnsucht auf ihre Weise zeigen und ausführen.

OVID ist der Dritte im Bunde – vielleicht hat Goethe diese Trias gemeint, als er in den *Römischen Elegien* von den »Triumvirn des Amor« sprach. In Ovid zeigt sich die formvollendete künstlerische Vollkommenheit. In seinen Versen erklingt das eleganteste, bestgefügte Latein, das je poetisch geformt worden ist. Auch im glatten gedanklichen Ablauf, in der Abrundung der Aussage ist die Meisterschaft der glänzend ausgewogenen, großen klassischen Geste nicht zu übersehen. Eine Steigerung ist nicht mehr möglich – wenig wundert es dann, wenn mit Ovid auch die klassische Dichtung Roms nicht nur ihren Höhepunkt, sondern auch ihren Endpunkt findet.

Eine kleine Kostbarkeit ist nicht zu vergessen: SULPICIA, eine junge vornehme Römerin aus der Zeit des Augustus, hat uns in einem kurzen Zyklus 6 Gedichte mit nur insgesamt 40 Versen hinterlassen. Sie finden sich im Corpus des Tibull, tragen jedoch Sulpicias Namen und zeigen auch ihre eigenen Züge. Es sind Eruptionen erotischer Empfindungen, Liebeslieder voll Lust, Lebendigkeit, Leidenschaft. Gewiß ist Sulpicias Sprache manchmal spröde, ihre Metrik mitunter ungelenk. Aber das Feuer ihrer Emotionen adelt die Zeilen des Zyklus; es macht ihn zu einem Juwel, dessen kostbar reiner Glanz, dessen loderndes Leuchten den Betrachter blendet und entzückt. Die einzige uns bekannte römische Lyrikerin ist ein Stern von eigenem hohen Rang.

Ebenfalls im *Corpus Tibullianum* überliefert finden sich am Anfang des dritten Buches sechs Elegien, in denen der Dichter LYGDAMUS seine Liebe zu Neaera besingt. Der Poet gehört gleichfalls dem Kreis um Messala zu, ist aber in seiner Identität nicht recht zu fassen. Die Hypothese, kein Geringerer als Ovid verberge sich hinter diesem Namen, ist gewiß nicht zu halten. Ebensowenig aber ist es möglich, die Person des Lygdamus genauer einzuordnen. Doch zeigen die in unserer Auswahl dargebotenen beiden Elegien, die erste und die letzte des kleinen Zyklus, wie hier ein dichterisches Talent nicht geringen Grades den Sang von Liebe und Wein, von Kränzen und Düften stimmungsvoll genug erklingen zu lassen weiß.

*

Am Anfang der *Klassischen Zeit* führen die Fabeln des PHAEDRUS (geb. um 15 v. Chr., gest. um 55) in ganz andere Gefilde. Im Anschluß an den bekannten Fabelschatz des Griechen Aisop bietet Phaedrus in seinen kurzen, mit knappsten Strichen ausgeführten Szenen alle Mittel einer klug verkleideten Kritik auf, um gegen Hochmut und Übermut zu protestieren, gegen die Skrupellosigkeiten der Stärkeren und die Vorurteile und Beschränktheiten aller. Es heißt, er habe damit Anstoß erregt, Strafe leiden, vielleicht eine Verban-

nung auf sich nehmen müssen – genauere Einzelheiten ent-
ziehen sich uns. Aber wie die Zeitgenossen, so haben auch
die nachfolgenden Kunstrichter und Kritiker ihn übergan-
gen; erst in der Spätantike, etwa zehn Generationen später,
knüpfte Avianus an ihn an. Noch Lessing stellte Phaedrus
in seinen *Abhandlungen über die Fabel* in den Schatten der
Griechen. Aber wer die sieben hier gebotenen Proben be-
trachtet, wird sich an der Frische freuen, mit der Phaedrus
seine kleinen Bosheiten und großen Weisheiten auf engstem
Raum anschaulich und amüsant zu formulieren weiß.

Abermals in andere Gefilde führt auch die Dichtung eines
seiner Zeitgenossen, des Marcus MANILIUS. Sein Lehrge-
dicht *Astronomica* trägt, entgegen der epikureischen Sicht
des Lukrez, aus stoischer Perspektive Gedanken über die
Struktur des Sternenhimmels und den Einfluß der Gestirne
auf das Menschenleben vor. Der abgedruckte kurze Aus-
schnitt gibt ein Bild seiner Vorstellungen und des Sprach-
klanges, mit der Manilius sie poetisch ausformt.

CALPURNIUS SICULUS gehört der Zeit Neros an. Drei seiner
sieben Eklogen preisen in der Tat einen Herrscher, in dem
man allgemein den jungen, gerade auf den Thron gelangten
Nero sieht: die erste, die vierte und auch die hier abge-
druckte siebente, bei der man an Vergils erste sich erinnern
wird. Rein bukolische Dichtungen sind die anderen vier
Eklogen des Calpurnius, während sich in den sogenannten
EINSIEDLER-EKLOGEN wiederum die Figur des Kaisers
Nero als Heilbringer dargestellt findet. Die unvollständige
zweite greift in ihrer Schilderung des Goldenen Zeitalters
auf Vergils vierte zurück, wie überhaupt der Gattungszu-
sammenhang gerade in dieser Hirtenpoesie besonders stark
ins Auge fällt. Das gilt auch für die Gedichte des Lucius
Aurelius Olympius NEMESIANUS, von dem eine Probe hier
eingereiht ist, obschon er dem ausgehenden dritten Jahr-
hundert n. Chr. zugehört.

Einer der bekanntesten unter den hier versammelten latei-
nischen Autoren der klassischen Antike dürfte PETRON

sein. Freilich ist Petronius Arbiter (gest. 65 n. Chr.) vor allem als Roman- und Skandalautor bekannt; sein entlarvendes *Gastmahl des Trimalchio* gilt als gelungenste Parodie auf die peinlichen Protzereien plebejischer Parvenus. Doch enthält sein nur fragmentarisch erhaltenes Prosawerk *Satiricon* auch nicht wenige Gedichte verschiedenartigster Natur: Probestücke zum Beispiel, wie eine gute epische Dichtung aussehen sollte, daneben aber auch lyrische Verse von erstaunlicher Kraft und unvermuteter Schönheit. Der Lyriker Petronius verdient es gewiß, neben dem Romancier Petron, wie er aus *Quo vadis* von Sienkiewicz von 1896 und Fellinis Film *Satyricon* von 1969 bekannt ist, seinen Ehrenplatz zu finden. Die fünf vorgelegten Stücke zeigen deutlich den erotischen Dichter, der glutvoll von Knabenschönheit und Frauenreizen singt, der von Genuß und Hingabe mit eindringlicher Einfühlung schwärmt.

Eine andere Seite der Erotik führen die Carmina Priapea vor Augen. Priap, ein geiler Gartengott mit stets hochaufgerichtetem Phallus, ein vegetatives Numen der üppig lebendigen Zeugungs- und Wachstumskraft des Südens, wurde mit Statuetten geehrt, auf die fromme und weniger fromme Poeten ihre Verse schufen. Epigramme, die sich durch zweierlei Antithesen charakterisieren: durch den Gegensatz zwischen bewußt feiner und betont gemeiner Sprache und darüber hinaus durch den Kontrast zwischen der als göttlich geschilderten Gestalt Priaps und dem heillosen Spiel, das mit ihr in den kurzen Texten getrieben wird. Die hölzerne Larve wird wohl als machtvolle Gottheit vorgestellt, aber doch stets als Ausgeburt von Aberwitz und Aberglaube ad absurdum geführt. Die 80 Epigramme des anonymen, wohl der zweiten Hälfte des ersten nachchristlichen Jahrhunderts zugehörigen Gedichtzyklus wurden früher als Kollektion wirklicher Inschriften angesehen, während man heute in ihnen eher eine bewußt gestaltete facettenreiche Sammlung eines einzelnen Spötters von reichem Ingenium und meisterlicher Sprachkraft sieht.

Ganz anders wiederum SENECA (geb. zwischen 4 v. und 1 n. Chr., gest. 65). Der bekannte stoische Philosoph, der als Erzieher Neros für den noch Unmündigen eine Zeitlang mit dem Gardepräfekten Burrus zusammen das Römerreich regierte, hat neben seinen Weisheitslehren in Abhandlungen und Briefen auch neun Tragödien mit Themen aus der griechischen Mythologie geschaffen, die im Europa der frühen Neuzeit große Bewunderung fanden und stark nachwirkten. Der Tradition entsprechend enthalten sie lyrische Choreinlagen, von denen zwei uns hier Senecas Verbindung von lyrischem Bild und gedanklichem Gehalt zeigen. Hinzu treten zwei weitere Proben aus den ihm zugeschriebenen 77 Epigrammen, die, auch wenn sie wohl seinen Namen kaum zu Recht tragen, dennoch gut geglückt sind, ja sogar glänzende Gestaltungen gewisser Gedanken aus dem poetischen Reservoir der Alten Welt bieten.

Wie weit und bunt die Gefilde lateinischer Lyrik sich ausdehnen, zeigt wiederum der Gegensatz zu Gehalt und Gestalt der Gelegenheitsgedichte des Publius Papinius STATIUS (geb. um 45, gest. nach 96). Im Mittelalter zu den *poetae aurei* gezählt und als Schullektüre eingeführt, von Dante in der *Divina Commedia* als geheimer Christ und großer Geist gefeiert, ist Statius heute mit seinen epischen Dichtungen über den Bruderkrieg in Theben, *Thébais*, und dem Fragment über die Jugend Achills, *Achilléis*, weitgehend unbekannt. Hingegen werden seine Gelegenheitsgedichte durchaus geschätzt. 32 von ihnen sind in den vom Autor *Silvae* (»Wälder«) genannten fünf Bänden mit je einer Prosavorrede gesammelt. Sie bieten Einblick in das Alltagsleben der flavianischen Zeit, laden ins Kolosseum zum Mitfeiern beim Volksfest an den Kalenden des Dezember ein, betrauern den in der Arena gestorbenen gezähmten Löwen; sie lassen aber auch Einblicke zu in das Innere des von Schlaflosigkeit gepeinigten alternden Dichters, wie sie uns sonst in der Antike kaum offenbar werden. Der besondere Charme der *Silvae* kann freilich wegen des größeren Umfangs hier nicht demonstriert werden: die vielen frei erfundenen liebenswürdigen kleinen Mythologien, die immer wieder erscheinenden geringeren Gottheiten und Numina, mit denen die Phantasie des Dichters den Alltag belebt und schmückt. Aber bereits die wenigen gebotenen Kostproben sollten Goethes Wort (an den Philologen Hand) bestätigen können, daß »dieser Statius ein Dichter ist, der hohes Lob verdient und andauernder Beschäftigung wert ist« (*Statius poeta est magnopere laudandus assiduoque studio nostro dignus*).

Gelegentlich haben Statius und MARTIAL ein und dieselben Anlässe zur Vorlage poetischer Gestaltung genommen. Sie waren beide Klienten der reichen *patroni*, denen sie bei sich bietender Gelegenheit mit der Widmung eines Poems ihre Reverenz erwiesen. Martial (geb. um 40 in Bilbilis in Spanien, gest. dort um 103) lebte etwa von 64 bis ca. 98 in Rom. Freilich errang er erst 80 mit seinen 33 Epigrammen auf die Einweihung des Kolosseums, dem sog. *Liber spectaculorum*, einige Anerkennung. Zwei Bücher mit Versen auf Geschenke zum Saturnalienfest folgten, ab 85 entstand im Jahresrhythmus ein Epigramm-Buch, meist mit einer Prosa-Praefatio eingeleitet. Der Epistolograph Plinius d. J. nannte Martial in seinem Nachruf einen »talentierten, scharfsinnigen, temperamentvollen Mann, in seinen Gedichten voller Witz, voller Galle, aber nicht minder auch von reiner Lauterkeit«. Martial selbst hat seinen direkten Realitätsbezug auf die Formel gebracht: *Hominem pagina nostra sapit* (»Mein Buch schmeckt nach Mensch«). Schon Opitz hat sich von Martials genial kurzen, griffig attackierenden Kreationen zur Übersetzung angespornt gefühlt, ebenso auch Lessing; Goethe und Schiller sind in den *Xenien* seinem Vorbild ebenso gefolgt wie neuerdings etwa Johannes Bobrowski. Aber neben dem geistreichen Spötter, dem bitteren Kritiker, dem scharfzüngigen Lästermaul steht auch ein begnadeter Lyriker Martial, der erst noch in seiner feinsinnig atmosphärischen Sprache und liebevollen Darstellungs-

kunst zu entdecken ist; das letzte der hier aus mehr als an-
derthalb Tausend ausgewählten zehn Gedichte soll auf ihn
verweisen.

*

Die *Spätantike*, als literarische Epoche weitgehend unbe-
kannt, weist viele verborgene Schätze auf. Einige von ihnen
soll das letzte Drittel dieser Anthologie zugänglich machen
oder doch zumindest andeuten. Ein Kaiser steht am Beginn,
HADRIAN (geb. 24. Januar 76, Regierungsbeginn 11. August
117, gest. 10. Juli 138). Von seinen uns bekannten, teilweise
auch erhaltenen Werken (Autobiographie, Reden, Briefe,
Epigramme) ist die Echtheit mitunter umstritten; nicht so
bei dem witzigen Dialog mit dem Dichter FLORUS, der den
Kaiser scherzhaft auf die Mühen seiner vielen Reisen hin
angesprochen hatte und von ihm in gleicher Tonart auf seine
eigenen Mühsalen in Kneipen und Küchen verwiesen wird;
ebensowenig auch bei dem anrührenden Abschiedsgedicht
des Herrschers an sein scheidendes ›Seelchen‹, die *animula*,
die ihn nun verlassen wird zu letzter Reise ins Ferne, Unbe-
kannte …
Von TIBERIANUS wissen wir nur wenig. Eine Notiz in der
Chronik des Hieronymus berichtet zum Jahr der Welt 2352,
er habe (335 n. Chr.) in Gallien als *praefectus praetorio* ge-
wirkt. Daß er mit jenem Tiberianus identisch ist, der kurz
zuvor in Afrika und Spanien öffentliche Ämter bekleidet
hatte, ist durchaus wahrscheinlich. Aus einem 32zeiligen
Gebet hat E. R. Curtius die abgedruckten fünf Zeilen her-
ausgehoben und übertragen. An anderer Stelle ergänzt er sie
durch die 20 trochäischen Tetrameter, die eines der schön-
sten Beispiele für die poetische Beschreibung eines *locus
amoenus* in lateinischer Sprache darstellen.
PENTADIUS, ein Poet aus dem dritten nachchristlichen Jahr-
hundert, dessen Verse gleichfalls die *Anthologia Latina*
überliefert hat, beeindruckt durch ein besonderes Kunst-

stück, das die Dichter späterer Jahrhunderte gern wieder
aufnahmen: Jedes Distichon ist so gebaut, daß die erste
Hälfte des ersten Verses mit der zweiten Hälfte des zweiten
Verses Buchstabe für Buchstabe identisch ist. Solcher Bastel-
geist hindert ihn freilich nicht, die Topoi der Frühlingsbe-
schreibung in gefühlvoll geschickter Gestaltung zu einem
kunstvollen Kranz zu kombinieren, der, jenseits aller kon-
struktiven Finessen, auch unmittelbar anzusprechen ver-
mag.

Ausonius (geb. um 310, gest. 393/394) zeichnet sich als der
erste Dichter aus, dessen Verse ein deutsches Mädchen be-
singen, Bissula, ein blondes blauäugiges Schwabenkind, war
ihm als Kriegsbeute zuteil geworden. Er ließ die Sklavin
frei, sie gewann seine Zuneigung, und eine Folge von
freundlich verliebten Versen feierte die junge Schönheit aus
dem Schwabenland. Diese erlernte alsbald Latein und ver-
wirrte ihren Liebhaber durch den Kontrast zwischen gebil-
deter Rede und »barbarischer« Erscheinung. – Ob Auso-
nius' dem Geschick der sagenhaften karthagischen Königin
Dido gewidmetes Epigramm echt ist, muß offen bleiben;
daß es eine glänzend gelungene epigrammatische Antithese
meisterhaft formuliert, bezeugen die zahlreichen Überset-
zungen, unter ihnen von Martin Opitz und Gottfried Wil-
helm von Leibniz, Johann Christoph Gottsched und Johann
Heinrich Voß. Die zahlreichen und vielfältigen Texte des
Ausonius aufzuzählen ist hier nicht der Ort; auch hier ist
ein Dichter zu entdecken, der, mitunter manieristisch ver-
spielt, mancherlei aus dem Alltag seiner Zeit mit liebevoller
Detailfreude vor Augen führt.

Naucellius (geb. 305/310, gest. 400/405), dessen Name
schon durch andere Texte bekannt gewesen war, wurde als
Autor 1950 bei der Auffindung der sog. *Epigrammata
Bobbiensia* in der Bibliothek des Vatikans für die Neuzeit
greifbar. Seine acht Epigramme belegen durch ein Gebet
an Saturn seine Zugehörigkeit zur alten Religion, ferner
seinen Stand als Senator und sein hohes Alter. Anklänge an

Horaz und Ausonius sind spürbar; als Hauptthema gilt ihm das Leben auf seinem Landhaus bei Spoleto.

Lateinische INSCHRIFTEN sind aus dem ganzen weiten Rund des Imperium Romanum erhalten und in einer langen Reihe großformatiger Bände seit Mommsens Zeit gesammelt und dokumentiert. Die Tausende und Abertausende dieser *Inscriptiones Latinae* reichen von offiziellen Ehrenbezeugungen bis hin zu – gelegentlich ganz erstaunlich geistvollen – Graffiti. Natürlich hat Pompeji zahlreiche Specimina erhalten, von denen wenigstens die drei ausgewählten zeugen sollen. Auch sie reden gern vom Hauptthema so vieler anderer bekannter Autoren, der Liebe; sie sprechen aber auch sarkastisch aus, wieviel Unsinn schon die vielen Wände in der Alten Welt in ihren Inschriften geduldig zu tragen verurteilt waren.

Claudius CLAUDIANUS (geb. um 370, gest. nach 404) stammte aus Alexandria in Ägypten und gelangte 393 nach Rom, wo der griechisch sprechende – und auch dichtende – Autor nun seine lateinische poetische Produktion begann. Er lebte eine Zeitlang am Hofe in Mailand, kehrte aber um 400 wieder nach Rom zurück. Hier ehrte man ihn mit einer Statue auf dem Trajansforum, deren Inschrift sich erhalten hat und nun im Museum zu Neapel zu finden ist. Sie ist in Latein dem »ruhmvollsten Poeten«, *praegloriosissimo poetae*, gewidmet und rühmt ihm in Griechisch nach, in sich selbst Homers musischen Geist und Vergils künstlerischen Sinn zu verbinden. Wie man daran sieht, sind es epische Dichtungen, die Claudian die Bewunderung seiner Zeitgenossen eingetragen haben. Aus einer von ihnen, dem unvollendeten Epos über den Raub der Proserpina, stammt das Hauptstück dieser Auswahl; es wird deutlich, wie dem spätantiken Autor die ganze Farbpalette einer inzwischen viele Jahrhunderte umfassenden dichterischen Tradition zu Gebote steht, zugleich auch, wie die rhetorische Formung von Sprache und Gedankenführung die poetische Diktion durchdringt und prägt.

Unter dem Namen des Avianus sind 42 Fabeln überliefert. Die Forschung hatte ihn früher dem zweiten Jahrhundert n. Chr. zugewiesen; er wird aufgrund weiterer Beobachtungen inzwischen der Zeit um 400 n. Chr. zugeschrieben. Seine Fabeln, weniger kritisch als eher unterhaltsam, gehören offenbar noch der heidnischen Schicht zu. Im Mittelalter hoch geschätzt, in der Neuzeit neben Äsop und Phaedrus fast vergessen, zeigt sich Avian heute als ein Kleinmeister amüsanter Erzählkunst, der man gewiß gerne zuhört.

Im vierten Jahrhundert um die Mitte oder gegen Ende des vierten Jahrzehnts in Trier geboren, ist Ambrosius der einzige auf deutschem Boden geborene Autor unserer lateinischen Anthologie. Er ist auch der einzige entschieden christliche Autor, darüber hinaus auch ein Dichter, dessen Verse heute noch im Kult erklingen: Der sog. Ambrosianische Lobgesang, das *Tedeum*, trägt seinen Namen, auch wenn die Wissenschaft ihm diesen Text meist abspricht. Ein anderer Hymnus gibt in unserer Sammlung Zeugnis von seiner gedanklich klar gegliederten und zugleich sprachlich so flüssig wie formvollendet formulierten geistlichen Lyrik.

Als Anthologia Latina bezeichnet man die in Paris befindliche Gedichtsammlung des sog. *Codex Salmasianus*, eine Zusammenstellung von fast 400 Gedichten, verfaßt in verschiedenen Versmaßen. Sie ist in der Thematik wie in der dichterischen Qualität, im Umfang (vom Distichon bis zu 480 Versen) wie in der Diktion derart differenziert, daß eine gemeinsame Charakterisierung nicht denkbar ist. Als Perle der Sammlung hat Nr. 200, das Pervigilium Veneris, zu gelten, die »Nachtfeier der Venus«. Zwar ist die Datierung umstritten (2. oder 4. Jh. n. Chr.), doch wird man sich der bezaubernden Frische dieses Kleinods lyrischer Kunst nicht zu entziehen vermögen, das in 93 trochäischen Tetrametern, mit einem zehnmal auftretenden, verführerisch formulierten Kehrvers den Frühling preist, die Liebe als kosmische Macht verherrlicht, das Fest in Hybla feiert und erst am

Schluß den anonymen Dichter – vielleicht war es eine Frau – dunkle Gedanken über sich selbst äußern läßt. Drei weitere Kostproben aus der *Anthologia Latina* lassen deutlich werden, wie das Thema Liebe in ihr in unterschiedlicher Weise Gestalt gewinnt.

Blossius Aemilus DRACONTIUS aus der zweiten Hälfte des fünften Jahrhunderts gilt als der bedeutendste der aus Afrika stammenden christlichen Dichter. Mythologie und Literatur der heidnischen Tradition waren ihm wie die Bibel gut bekannt; das hier dargebotene Stück verweist auf seinen freien Umgang mit dem überlieferten alten Sagengut.

BOETHIUS, mit vollem Namen Anicius Manlius Torquatus Severinus Boethius (geb. 475/480, gest. 524), bekleidete unter Theoderich dem Großen hohe Staatsämter. Er geriet jedoch in den Verdacht, gegen die Gotenherrschaft zugunsten von Byzanz und Justinian, d. h. für die römische Freiheit, konspiriert zu haben, wurde eingekerkert und schließlich hingerichtet. Neben seinen bedeutenden philosophischen Werken schuf Boethius den in der Gefangenschaft verfaßten Traktat *Consolatio Philosophiae* (»Tröstung der Philosophie«). In die fünf Prosabücher sind, ähnlich wie zuvor auch bei Petron, 39 Gedichte eingelegt. Der Dialog mit der als Frau vorgestellten Philosophie nutzt nicht christliche, sondern (neu-)platonische Gedankengänge, dazu Kynisches und Stoisches, um in der lebensbedrohenden Situation Trost zu gewinnen. Das Werk gehörte trotz seines heidnischen Hintergrundes im christlichen Mittelalter zu den am meisten verbreiteten Schriften, wie auch der Musiktraktat des Boethius das bestimmende Buch in diesem Bereich blieb. Die größte Huldigung hat Dante Boethius zuteil werden lassen, indem er ihn im 10. Gesang des *Paradiso* in der Sonnenrose als einen der zehn wichtigsten Theologen einführt. Zu Recht gilt uns heute Boethius als der letzte Römer und der erste Scholastiker zugleich.

*

Kaum 40 Autoren mit gerade 175 kurzen Gedichten – das ist gewiß nicht allzuviel, um den Weg der lyrischen Kunst eines Weltreiches durch sieben Jahrhunderte zu dokumentieren. Wie jede Auswahl, so ist auch die nachstehende Sammlung subjektiv selektiert; zudem ist sie zusätzlich auch noch gebunden an das Vorliegen von verwendungsfähigen Übertragungen ins Deutsche. Doch wie immer auch der Spezialist eigene Vorlieben genügend oder ungenügend bestätigt und berücksichtigt finden mag, dem unverstellten Blick öffnet sich ein verlockend weites Panorama unterschiedlicher Formen, Stile, Temperamente, ein farbenreiches Kaleidoskop aus über zwanzig Generationen: Zwischen dem Gebet an die heidnische Gottheit Mars und dem Hymnus an den Christengott, wie Cato einerseits, Ambrosius andererseits sie formulieren, zwischen den Spottepigrammen des Catull und denen des Martial, den Fabeln des Phaedrus und denen des Avian, den philosophisch getönten Zeilen der Lehrdichter Lukrez, Vergil, Manilius, zwischen den Gedankenbildern der Philosophendichter Seneca und Boethius – überall zeigen sich ebenso viele Gegensätze, wie sich Verbindungslinien ziehen lassen. Der Venushymnus des Lukrez und die Nachtfeier derselben Gottheit im *Pervigilium Veneris* huldigen der nämlichen Göttin und heben sich doch aufs stärkste voneinander ab; die Liebeslieder des Catull und des Petron, des Horaz und der Elegiker teilen ihr Thema miteinander und geben ihm doch gänzlich andersgearteten Ausdruck.

Natürlich ist die Anregung der lateinischen Poeten durch ihre griechischen Vorbilder groß und vielfach formprägend. Doch soll hier nicht der Versuch gemacht werden, die mehr oder weniger große Beeinflussung durch die Muster der Hellenen als Definitionsmaß für die Leistungen lateinischer Lyrik zu benutzen. Wenn irgendwo in der Kunst, dann ist insbesondere in der Lyrik nicht der literarhistorische Zusammenhang entscheidend, so wichtig die Auseinandersetzung der Poeten mit ihrem Vorbild auch gewesen sein mag, sondern allein die Art der Gestaltung, die gedankliche und sprachliche Meisterung des Themas, die Kraft und Kohärenz der Bilder. Rhythmus und Melos sind die entscheidenden Momente, die es zu beobachten gilt – und vor allem: zu genießen. So wichtig es sein mag, den Blick zurückzurichten und wissenschaftlich aufzuweisen, wie die Vorbildfunktion der griechischen Literatur sich in der lateinischen Lyrik auswirkt, so wichtig ist es auch, den Blick nach vorn zu richten und auf die Einwirkung zu verweisen, die diese Dichtungen ihrerseits ausgeübt haben. Dabei ist zuerst zu bedenken, daß bereits ein Binneneinfluß zu beobachten ist. Nicht zu Unrecht heißen die augusteischen Dichter die ›klassischen‹; wie sie sich selbst an ihren griechischen Mustern geschult haben, so sind sie ihrerseits rasch Vorbild geworden für ihre Nachahmer in den folgenden Generationen der sog. Silbernen Latinität in der Kaiserzeit und hernach in der Spätantike. Darüber hinaus hat die ganze antike Literatur auf die des Mittelalters machtvoll eingewirkt; sie hat schließlich im Neulatein die lateinischen Poeme von Petrarca bis in die Gegenwart grundlegend geprägt. Aber auch in die landessprachlichen Dichtungen sind Einflüsse der lateinischen Lyrik eingegangen; dem kann hier nicht nachgegangen werden, doch darf man diesen Wirkungsbereich gewiß nicht gänzlich übergehen.

Ebenso wie in die Herzlande Europas die alten Römerstraßen, Ansiedlungen, Befestigungswälle im Inneren und am Rande des Imperiums unauslöschlich eingezeichnet sind, wie sie bald hier deutlicher, bald dort weniger klar sichtbar werden, ebenso sind in die Literaturen der europäischen Völker, die Roms Erbe angetreten haben, unauslöschlich die Spuren jener Dichter eingezeichnet, die als Bürger des Römerreiches vor fünfzig, sechzig, siebzig Generationen die Grundgedanken menschlichen Empfindens poetisch gefaßt haben: in Latein, der Muttersprache Europas, in Versen, die

bis zu Bert Brecht und Ezra Pound und vielen anderen die
Präsenz einer wirkungsmächtigen lyrischen Literatur Roms
bewiesen haben. Es lohnt, ihnen zu lauschen.

Durban, am 27. April 1994

Bernhard Kytzler

I
Anfänge

Marcus Porcius Cato Censorius

1

Carmen

Mars pater
te precor quaesoque
uti sies volens propitius
mihi, domo familiaeque nostrae,
quoius rei ergo   5
agrum, terram fundumque meum
suovetaurilia circumagi iussi.
ut tu morbos visos invisosque,
calamitates, viduertatem vastitudinemque,
calamitates intemperiasque   10
prohibessis, defendas averruncesque.
Utique tu fruges, frumenta, vineta virgultaque
grandire beneque evenire sinas.
Pastores pecuaque
salva servassis   15
duisque bonam salutem valetudinemque
mihi, domo familiaeque nostrae.
Harunque rerum ergo
fundi, terrae agrique mei lustrandi
lustrique faciendi ergo,   20
sicuti dixi
macte hisce suovetaurilibus lactantibus
immolandis esto.
Mars pater, eiusdem rei ergo,
macte hisce suovetaurilibus lactantibus esto.   25

CATO

1

Gebet

Vater Mars,
dich bitte und zu dir bete ich,
daß du wohlwollend, daß du geneigt bist,
mir, dem Hause und unsrem Gesinde.
Weswegen ich
den Acker, das Land und meinen Grund
mit den Suovetaurilia umschreiten lasse,
daß du Krankheiten, gesehene und ungesehene,
Unglück, Mißwuchs, Verödung,
Unglück, Unwetter
fernhältst, abwehrst und verscheuchst;
daß du Feldfrucht, Getreide, Weinberg und Weidicht
groß werden und gut kommen läßt.
Die Hirten und das Vieh
bewahre heil
und gib gute Gesundheit und Kraft
mir, dem Hause und unsrem Gesinde.
Um dieser Dinge willen
wegen der Sühnung des Grundes, des Landes, des Ackers
und wegen der Durchführung der Sühnung,
wie ich gesagt,
sei beschenkt mit dem Opfer dieser
Suovetaurilia, der fruchtbaren.
Vater Mars, ebenderselben Sache wegen
sei beschenkt mit diesen Suovetaurilia, den fruchtbaren.

Karl Büchner

TITUS LUCRETIUS CARUS

2

De rerum natura I 1

Aeneadum genetrix, hominum divumque voluptas,
alma Venus, caeli subter labentia signa
quae mare navigerum, quae terras frugiferentis
concelebras; per te quoniam genus omne animantum
concipitur visitque exortum lumina solis: 5
te, dea, te fugiunt venti, te nubila caeli
adventumque tuum, tibi suavis daedala tellus
summittit flores, tibi rident aequora ponti
placatumque nitet diffuso lumine caelum;
nam simul ac species patefactast verna diei   10
et reserata viget genitabilis aura favoni,
aeriae primum volucris te, diva, tuumque
significant initum perculsae corda tua vi.
inde ferae pecudes persultant pabula laeta   15
et rapidos tranant amnis: ita capta lepore   14

2

Vom Wesen der Welt

Mutter der Aeneaden, der Sterblichen Lust und der
                     Götter,
Nährerin Venus, die unter den sinkenden Zeichen des
                     Himmels
du das umsegelte Meer, du die fruchtaufschießenden
                     Länder
feiernd umwohnst, da durch dich die Geschlechte der
                     Lebenden alle
werden empfangen, und schaun, an das Licht vortretend,
                     die Sonne.
Dich, Unsterbliche, fliehet der Sturm, dich die Nebel des
                     Himmels,
und dein herrliches Kommen; dir sprießt buntprangend
                     die Erde
liebliche Blumen empor, dir lachen gelagert die Fluten,
und mild glänzt dir mit heiter ergossenem Lichte der
                     Himmel.
Denn gleich, als das Erscheinen des Frühlingstages sich
                     aufthut,
wieder entbunden Favonius Hauch weht, Zeugung
                     befördernd,
luftdurchwirbelnd verkünden zuerst dich die Vögel und
                     deinen
Eintritt, Göttin, getroffen die Herzen von deiner Gewalt
                     Macht.
Drauf durchschweifen die Thiere des Waldes die freudigen
                     Weiden,
und durchschwimmen des Stroms Flut; also von deinem
                     Geluste
und Lockungen gefesselt nun jede Natur der Lebendgen

te sequitur cupide quo quamque inducere pergis.   16
denique per maria ac montis fluviosque rapacis
frondiferasque domos avium camposque virentis
omnibus incutiens blandum per pectora amorem
efficis ut cupide generatim saecla propagent.   20

3

De rerum natura II 598–643

Quare magna deum mater materque ferarum
et nostri genetrix haec dicta est corporis una.
  Hanc veteres Graium docti cecinere poëtae   600
sedibus in curru biiugos agitare leones,
aëris in spatio magnam pendere docentes
tellurem neque posse in terra sistere terram.
adiunxere feras, quia quamvis effera proles
officiis debet molliri victa parentum.   605
muralique caput summum cinxere corona,
eximiis munita locis quia sustinet urbes.
quo nunc insigni per magnas praedita terras
horrifice fertur divinae matris imago.
hanc variae gentes antiquo more sacrorum   610
Idaeam vocitant matrem Phrygiasque catervas
dant comites, quia primum ex illis finibus edunt
per terrarum orbes fruges coepisse creari.

folgt dir begierig, wohin du jede zu führen vorangehst.
Endlich durch Meer' und Gebirge, die wild hintosenden
Flüsse,
blätterumlaubeten Sitze der Vögel, und grünenden Felder
allen erfüllend den Busen mit sanft holdseliger Liebe,
machest du, daß sie begierig die Zeit fortpflanzen
geschlechtweis.

Wilhelm von Humboldt

3

Vom Wesen der Welt

Darum heißt sie zugleich die große Mutter der Götter,
Unseres Leibes Erzeugerin auch, und Mutter des Wildes.
Weislich sangen von ihr die ältesten Dichter aus Hellas,
Frei in den Höh'n hin führe, mit Löwen bespannt, sie
den Wagen.
Hoch im Raume der Luft häng' schwebend der irdische
Boden,
Lehrten sie einst, und es könne die Erd' auf der Erde
nicht fußen.
Thiere des Raubes gesellten sie ihr, weil Pflege der Eltern
Jegliche Brut, wie wild sie auch sei, doch siegend
besänftigt.
Und sie umgaben ihr Haupt mit einer gemauerten Krone,
Weil die Städte sie trägt, an erhabenen Orten befestigt.
Also mit Schmucke begabt wird durch die geräumigen
Lande
Schauererregend das Bild der göttlichen Mutter geführet.
Mancherlei Volk auch ruft nach heiliger Sitte der Vorzeit
Als idäische Mutter sie an und wählt zum Geleit ihr
Phrygier; denn es habe zuerst aus jenen Gefilden
Über den Erdkreis einst sich Bau des Getreides verbreitet.

Gallos attribuunt, quia, numen qui violarint
Matris et ingrati genitoribus inventi sint,   615
significare volunt indignos esse putandos,
vivam progeniem qui in oras luminis edant.
tympana tenta tonant palmis et cymbala circum
concava, raucisonoque minantur cornua cantu,
et Phrygio stimulat numero cava tibia mentis,   620
telaque praeportant, violenti signa furoris,
ingratos animos atque impia pectora volgi
conterrere metu quae possint numine divae.
ergo cum primum magnas invecta per urbis
munificat tacita mortalis muta salute,   625
aere atque argento sternunt iter omne viarum
largifica stipe ditantes ninguntque rosarum
floribus umbrantes matrem comitumque catervam.
hic armata manus, Curetas nomine Grai
quos memorant, Phrygias inter si forte catervas   630
ludunt in numerumque exultant sanguine laeti
terrificas capitum quatientes numine cristas,
Dictaeos referunt Curetas, qui Iovis illum
vagitum in Creta quondam occultasse feruntur,

Hämmlinge geben sie ihr, um anzudeuten durch solches,
Welcher die Gottheit der Mutter verletzt, und gegen die
                              Eltern
Sich undankbar erzeigt, der sei nicht würdig zu achten,
Daß das Geschlecht ihm lebend das Licht anschaue des
                              Tages.
Pauken erdröhnen von Schlägen der Hand, da rauschen
                              die hohlen
Cymbeln darein, und es droht das Getön rauhstimmiger
                              Hörner,
Und es stachelt die Sinn' in phrygischen Weisen die Pfeife.
Waffen auch schwingen sie an, die Zeichen verheerendes
                              Grimmes,
Welch' undankbare Seelen, die frevelnden Herzen des
                              Pöbels,
Können in Graun vor dem Wink hinstürzen der
                              mächtigen Göttin.
Wenn sie daher zuerst in prangende Städte hineinfährt,
Still mit schwingendem Gruß die sterblichen Menschen
                              beglückend,
Streuen sie Silber und Erz auf jegliche Pfade des Weges,
Sie mit reichem Geschenk zu ehren; beschnei'n mit der
                              Rose
Blumen sie, schatten die Mutter und ihre begleitenden
                              Haufen.
Dann die bewaffnete Schar, der Hellene benennt sie
                              Kureten,
Söhne des Phrygierlands, sie spielen verschlungene
                              Reihen,
Hüpfen, des Blutes erfreut, in gemessenen Sprüngen und
                              schütteln
Rasch mit dem Schwunge des Haupts furchtbar die
                              Büsche der Helme.
Jenen Diktäer-Kureten nun gleichen sie, welche das
                              Wimmern
Jupiters einst, so gehet die Sag', auf Kreta verbargen,

cum pueri circum puerum pernice chorea   635
armati in numerum pulsarent aeribus aera,   637
ne Saturnus cum malis mandaret adeptus
aeternumque daret matri sub pectore volnus.
propterea magnam armati matrem comitantur,   640
aut quia significant divam praedicere ut armis
ac virtute velint patriam defendere terram
praesidioque parent decorique parentibus esse.

Als um das Knäblein rings in dem hurtigen Tanze die
                              Knaben,
Waffengeschmückt, im Takt an Erz' anschlugen die Erze,
Daß Saturnus ihn nicht mit gierigen Zähnen zermalmte,
Und unheilbar senkt' in den Busen der Mutter die
                              Wunde.
Deshalb zieh'n sie bewaffnet einher mit der Mutter der
                              Götter;
Oder sie deuten auch an, die Göttin gebiete, mit Waffen
Wohl zu schirmen das Land der Geburt, und tapferem
                              Muthe,
Und sich zu rüsten, um Heil und Ruhm zu bringen den
                              Eltern.

August Wilhelm Schlegel

4

Si quis forte mei domum Catonis,
depictas minio assulas et illos
custodis videt hortulos Priapi,
miratur, quibus ille disciplinis
tantam sit sapientiam assecutus,   5
quem tres cauliculi, selibra farris,
racemi duo tegula sub una
ad summam prope nutriant senectam.

4

Sähe einer das Häuschen meines Cato,
seine rötlichen Balken und die Gärten
des Beschützers Priapus, des getreuen,
wird verwundert er fragen, welchen Lehren
hat die Fülle an Weisheit er zu danken,
daß drei Stengelchen Kohl, ein Halbpfund Gerste
und zwei Trauben dort unter einem Dache
ihn ernähren bis in sein höchstes Alter.

Carl Fischer

5

Carmina 50

Hesterno, Licini, die otiosi
multum lusimus in meis tabellis,
ut convenerat esse delicatos.
scribens versiculos uterque nostrum
ludebat numero modo hoc, modo illoc,   5
reddens mutua per iocum atque vinum.
atque illinc abii tuo lepore
incensus, Licini, facetiisque,
ut nec me miserum cibus iuvaret
nec somnus tegeret quiete ocellos,   10
sed toto indomitus furore lecto
versarer cupiens videre lucem,
ut tecum loquerer simulque ut essem.
at defessa labore membra postquam
semimortua lectulo iacebant,   15
hoc, iucunde, tibi poëma feci,
ex quo perspiceres meum dolorem.
nunc audax cave sis precesque nostras,
oramus, cave despuas, ocelle,
ne poenas Nemesis reposcat a te.   20
est vemens dea: laedere hanc caveto!

CATULL

5

50. Gedicht

Mein Licinius, gestern trieben müßig
wir mit deinen Entwürfen viele Späße,
wie es unserer Laune eben recht war:
Verse schreibend der eine wie der andre
wir mit diesem und jenem Metrum spielten,
wechselweise bei Scherz und Wein sie lesend.
Und zu Hause, dein freundschaftliches Wesen,
mein Licinius, deinen Geist bewundernd,
nicht ein Bissen mir Ärmstem schmecken wollte
und kein Schlummer die Augen friedlich schließen,
sondern ruhlos und wild ich mich auf meinem
Lager wälzte, das Morgenlicht ersehnend,
um dich wieder zu sehn, mit dir zu plaudern.
Als ermattet von meiner Unrast fast wie
tot die Glieder auf meinem Bette lagen,
schrieb ich, Teurer, für dich hier diese Verse,
um dich wissen zu lassen, was ich leide.
Aber hüt dich vor Hochmut, nicht verspotte
meine Bitten, ich flehe, hüt dich, Lieber,
daß nicht Nemesis Buße von dir fordert.
Reize niemals die jähe Göttin: hüt dich!

Carl Fischer

6

Carmina 85

Odi et amo.   quare id faciam, fortasse requiris.
  nescio, sed fieri sentio et excrucior.

7

Carmina 2

Passer, deliciae meae puellae,
quicum ludere, quem in sinu tenere,
cui primum digitum dare adpetenti
et acris solet incitare morsus,
cum desiderio meo nitenti   5
sit solaciolum sui doloris,
carum nescioquid lubet iocari
credo, ut, cum gravis acquiescet ardor.
tecum ludere sicut ipsa posse
et tristis animi levare curas   10
tam gratum est mihi, quam ferunt puellae
pernici aureolum fuisse malum,
quod zonam soluit diu negatam.

6

85. Gedicht

Hassen und lieben zugleich muß ich. – Wie das? –
                              Wenn ichs wüßte!
Aber ich fühls, und das Herz möchte zerreißen in mir.

Eduard Mörike

7

2. Gedicht

Sperling, reizender Liebling meines Mädchens,
mit dir spielt sie, läßt auf dem Schoß dich sitzen,
streckt zum Picken die Fingerspitze hin und
pflegt zu eifrigem Angriff dich zu reizen,
wenn es meiner ersehnten strahlend Schönsten
in den Sinn kommt, dich irgendwie zu necken,
daß auch, mein ich, wenn ihre Leidenschaft dann
nachläßt, sie sich im Liebeskummer tröstet:
Mit dir spielen zu können wie die Herrin,
um des traurigen Herzens Qual zu lindern,
wäre so mir erwünscht, wie einst dem Mädchen,
heißts, beim Wettlauf der goldne Apfel lieb war,
der den lange verschlossnen Gürtel löste.

Carl Fischer

8

Carmina 3

Lugete, o Veneres Cupidinesque
et quantum est hominum venustiorum!
Passer mortuus est meae puellae,
passer, deliciae meae puellae,
quem plus illa oculis suis amabat: 5
nam mellitus erat suamque norat
ipsam tam bene, quam puella matrem,
nec sese a gremio illius movebat,
sed circumsiliens modo huc, modo illuc
ad solam dominam usque pipiabat.   10

Qui nunc it per iter tenebricosum
illud, unde negant redire quemquam.
at vobis male sit, malae tenebrae
Orci, quae omnia bella devoratis:
tam bellum mihi passerem abstulistis.   15
o factum male! o miselle passer!
tua nunc opera meae puellae
flendo turgiduli rubent ocelli.

9

Carmina 5

Vivamus, mea Lesbia, atque amemus
rumoresque senum severiorum
omnes unius aestimemus assis!
soles occidere et redire possunt:
nobis cum semel occidit brevis lux,   5
nox est perpetua una dormienda.

8

Nänie auf den Tod eines Sperlings

Weint, ihr Grazien und ihr Amoretten,
Und was Artiges auf der Welt lebt! meines
Mädchens Sperling ist tot, des Mädchens Liebling,
Der ihr lieb wie der Apfel in den Augen,
Und so freundlich, so klug war und sie kannte,
Wie ein Töchterchen seine Mutter kennet;
Er entfernte sich nie von ihrem Schoße,
Sondern hüpfte nur hin und wieder, piepte,
Seiner Herrin das Köpfchen zugewendet. –
Ach! nun wandert er jene finstre Straße,
Die man ewiglich nicht zurücke wandert.
O! wie fluch ich dir, finstrer alter Orkus,
Der du alles, was schön ist, gleich hinabschlingst!
Uns den Sperling zu nehmen, der so hübsch war!
Welch ein Jammer! O Sperling, Unglückselger!
Hast gemacht, daß mein trautes Mädchen ihre
Lieben Äugelchen sich ganz rot geweint hat.

Eduard Mörike

9

5. Gedicht

Laß uns, Lesbia, leben, laß uns lieben,
und das Zanken der sittenstrengen Alten,
keinen einzigen Heller solls uns wert sein.
Sonnen sinken und können wieder aufgehn:
wir, wenn unser so kurzes Licht erloschen,
eine ewige Nacht dann schlafen müssen.

Da mi basia mille, deinde centum,
dein mille altera, dein secunda centum,
deinde usque altera mille, deinde centum.
dein, cum milia multa fecerimus,   10
conturbabimus illa, ne sciamus
aut ne quis malus invidere possit,
cum tantum sciat esse basiorum.

10

Carmina 7

Quaeris, quot mihi basiationes
tuae, Lesbia, sint satis superque.
quam magnus numerus Libyssae arenae
lasarpiciferis iacet Cyrenis,
oraclum Iovis inter aestuosi   5
et Batti veteris sacrum sepulcrum,
aut quam sidera multa, cum tacet nox,
furtivos hominum vident amores:
tam te basia multa basiare
vesano satis et super Catullo est,   10
quae nec pernumerare curiosi
possint nec mala fascinare lingua.

Gib mir tausend und dann noch hundert Küsse,
dann noch tausend und dann noch hundert Küsse,
und aufs neue noch tausend und noch hundert.
Dann, wenn wir uns so viele tausend gaben,
durcheinander mit ihnen, sie vergessen,
daß kein Neider es böse uns mißgönne,
wenn er wüßte, wieviel wir Küsse küßten.

Carl Fischer

10

7. Gedicht

Wieviel Küsse, so fragst du, mir genügen,
bis ich, Lesbia, satt und übersatt bin?
Wieviel lybischen Sand fern in Cyrene,
wo das Silphion blüht, die Wüsten bergen
von der heißen Orakelstätte Ammons
bis zum heiligen Grab des alten Battus,
wieviel Sterne in stiller Nacht herabschaun
auf die heimliche Liebeslust der Menschen:
so viel Küsse du küssen müßtest, bis daß
satt der wilde Catullus und übersatt ist,
die nicht Neugier vermöchte je zu zählen,
keine boshafte Zunge zu verwünschen.

Carl Fischer

11

Carmina 8

Miser Catulle, desinas ineptire,
et quod vides perisse, perditum ducas.
fulsere quondam candidi tibi soles,
cum ventitabas, quo puella ducebat
amata nobis, quantum amabitur nulla!   5
ibi illa multa tum iocosa fiebant,
quae tu volebas nec puella nolebat.
fulsere vere candidi tibi soles.
Nunc iam illa non vult: tu quoque, inpotens, noli
nec, quae fugit, sectare, nec miser vive,   10
sed obstinata mente perfer, obdura.
vale, puella.   iam Catullus obdurat
nec te requiret nec rogabit invitam.
at tu dolebis, cum rogaberis nulla.
scelesta, vae te! quae tibi manet vita?   15
quis nunc te adibit? cui videberis bella?
quem nunc amabis? cuius esse diceris?
quem basiabis? cui labella mordebis?
at tu, Catulle, destinatus obdura.

11

Entschluß

Armer Catull, laß von dem Wahnsinn ab endlich,
Was du einmal verloren siehst, verlorn glaub' es.
Gar herrlich leuchtend strahlten einstens dir Sonnen,
Als gern du gingst, wohin dein Mädchen dich führte,
Geliebt von dir, wie keine je geliebt sein wird.
Gelacht, geküßt, geherzt, gekoset ward dorten,
Wie du es wolltest und dein Mädchen nicht wehrte:
Ja herrlich leuchtend strahlten damals dir Sonnen. –
Jetzt wehrt sie es: Unsel'ger wehre selbst auch dich,
Erstrebe nicht mehr, was sie flieht: leb' nicht elend.
Verstocke, Armer, deinen Sinn, dein Herz härte. –
Leb', Mädchen, wohl: verhärtet ist Catulls Herz jetzt,
Wird nicht dich suchen, nicht dich bitten, dir trotzend.
Doch dich wird's schmerzen, wenn dich bitten wird
                                    niemand.
Du Böse, weh' dir, welch' ein Leben harrt deiner!
Wer kommt zu dir noch, wer wird nennen dich
                              »Schönste«?
Wen wirst du lieben? wessen Leben jetzt heißen?
Wen wirst du herzen? wem die Lippen wund küssen? –
Doch du, Catull, stark im Entschluß, dein Herz härte.

Eduard Norden

12

Carmina 11

Furi et Aureli, comites Catulli,
sive in extremos penetrabit Indos,
litus ut longe resonante Eoa
    tunditur unda,

sive in Hyrcanos Arabasve molles   5
seu Sagas sagittiferosve Parthos,
sive quae septemgeminus colorat
    aequora Nilus,

sive trans altas gradietur Alpes,
Caesaris visens monimenta magni,   10
Gallicum Rhenum, horribile aequor ulti-
    mosque Britannos,

omnia haec, quaecumque feret voluntas
caelitum, temptare simul parati,
pauca nuntiate meae puellae   15
    non bona dicta:

cum suis vivat valeatque moechis,
quos simul conplexa tenet trecentos,
nullum amans vere, sed identidem omnium
    ilia rumpens;   20

nec meum respectet, ut ante, amorem,
qui illius culpa cecidit velut prati
ultimi flos, praetereunte postquam
    tactus aratro est.

12

11. Gedicht

Furius und Aurel, des Catull Gefährten,
mag er reisen bis zu den fernen Indern,
wo die Küsten weithin umbranden wild des
   Ostens Gewässer,

bis zu schlaffen Arabern und Hyrcanern,
bis zu Sacen, bogenbewehrten Parthern,
bis dahin, wo siebengeteilt der Nilstrom
   mündend das Meer färbt,

mag er steile Alpen auch übersteigen,
sehn die Siegesmale des großen Caesar,
Galliens Rhein, und dann auch am Rand der Welt die
   wilden Britanner,

ihr, die alles, was auch der Götter Rat mir
vorbestimmt, zu tragen mit mir bereit seid,
meiner Liebsten bringet nur kurze Botschaft,
   bittere Worte:

Schluß nun, mag sie leben mit ihren Buhlen,
deren sie dreihundert zugleich im Arm hält,
keinen wirklich liebend, doch allen stets die
   Kräfte zerrüttend;

nicht, wie einst, erhoff sie von mir sich Liebe,
die durch ihre Schuld mir erstarb, der Blume
gleich am Wiesenrande, die im Vorbeigehn
   streifte die Pflugschar.

Carl Fischer

13

Carmina 27

Minister vetuli puer Falerni,
inger mi calices amariores,
ut lex Postumiae iubet magistrae
ebrioso acino ebriosioris.
at vos quo lubet hinc abite, lymphae,   5
vini pernicies, et ad severos
migrate: hic merus est Thyonianus!

14

Carmina 30

Alfene immemor atque unanimis false sodalibus,
iam te nil miseret, dure, tui dulcis amiculi?

iam me prodere, iam non dubitas fallere, perfide?
nec facta impia fallacum hominum caelicolis placent;

quae tu neglegis ac me miserum deseris in malis.   5
eheu, quid faciant, dic, homines cuive habeant fidem?

certe tute iubebas animam tradere, inique, te
inducens in amorem, quasi tuta omnia mi forent.

13

27. Gedicht

Knabe, reiche Falernerwein, den alten,
Füll mit herberem Weine jetzt den Becher,
Wie Postumia es befiehlt, die Herrin,
Die, der trunkenen Traube gleich, erfüllt von
Wein ist! Fort mit dem Wasser, das doch nur den
Wein verdirbt! Mag es fließen zu Philistern!
Ungemischt ist hier Bacchus' reine Gabe!

Werner Eisenhut

14

30. Gedicht

Weißt, Alfenus, du nicht, Falscher, daß uns
   herzliche Freundschaft eint,
hast du, Grausamer, kein Mitleid mit mir,
   deinem geliebten Freund?

Brichst die Treue du schon, übst schon Verrat,
   Schändlicher, wagst du das?
Meinst du, Himmlischen solch menschlichen Tuns
   gottloser Trug gefällt?

Unbekümmert nun läßt hilflos du mich
   Armen allein im Leid,
ach, was bleibt da zu tun, wem soll ein Mensch,
   sage, da noch vertraun?

Selbst ja hast du gewünscht, daß sich mein Herz,
   Treuloser, dir erschließt,
Freundschaft schenkte ich dir, weil ich gemeint,
   stets sei Verlaß auf dich.

idem nunc retrahis te ac tua dicta omnia factaque
ventos irrita ferre ac nebulas aërias sinis.   10

si tu oblitus es, at di meminerunt, meminit Fides,
quae te ut paeniteat postmodo facti faciet tui.

15

Carmina 31

Paene insularum, Sirmio, insularumque
ocelle, quascumque in liquentibus stagnis
marique vasto fert uterque Neptunus,
quam te libenter quamque laetus inviso,
vix mi ipse credens Thuniam atque Bithunos   5
liquisse campos et videre te in tuto!
O quid solutis est beatius curis,
cum mens onus reponit, ac peregrino
labore fessi venimus larem ad nostrum
desideratoque acquiescimus lecto?   10
hoc est, quod unum est pro laboribus tantis.
salve, o venusta Sirmio, atque ero gaude;
gaudete vosque, limpidae lacus undae:
ridete, quicquid est domi cachinnorum!

Doch nun weichst du mir aus, alles was einst
  du mir gesagt, getan,
Wind und leichtem Gewölk gibst du es preis,
  Täuschung wars, die verweht.

Auch was hier du vergißt, Göttern noch gilts,
  Fides auch gilt es noch,
die mit Reue dereinst, was du getan,
  einmal vergelten wird.

Carl Fischer

15

31. Gedicht

Der Inseln all, mein Sirmio, und der Halbinseln
Juwel, so viel auf seiner klaren Seen Wellen,
auf weiten Meeren trägt Neptun, der Herr beider,
wie gern und wie erleichtert seh ich dich wieder,
kaum faß ichs, Thyniens und Bithyniens Flur ließ ich
so weit zurück und darf in Frieden dich schauen!
O gibts ein größres Glück, als wenn, der Last ledig,
der Geist die Sorgen ablegt und wir, längst müde
von unsrer weiten Reise, heimgekehrt endlich,
auf unsrem so ersehnten eignen Bett ausruhn?
Und das ists, was allein schon all die Mühn aufwiegt.
Dich grüß ich, schönes Sirmio, deines Herrn freu dich,
so freut auch ihr euch, meines Lydersees Wellen,
lacht alle fröhlich, ihr des Hauses Lachgeister!

Carl Fischer

16

Carmina 32

Amabo, mea dulcis Ipsitilla,
meae deliciae, mei lepores,
iube ad te veniam meridiatum.
et si iusseris, illud adiuvato,
ne quis liminis obseret tabellam,   5
neu tibi lubeat foras abire,
sed domi maneas paresque nobis
novem continuas fututiones.
verum, si quid ages, statim iubeto:
nam pransus iaceo et satur supinus   10
pertundo tunicamque palliumque.

17

Carmina 36

Annales Volusi, cacata carta,
votum solvite pro mea puella:
nam sanctae Veneri Cupidinique
vovit, si sibi restitutus essem
desissemque truces vibrare iambos,   5
electissima pessimi poetae
scripta tardipedi deo daturam
infelicibus ustilanda lignis.
et hoc pessima se puella vidit
iocose lepide vovere divis.   10

16

32. *Gedicht*

Bitte, meine so süße Ipsitilla,
mein Entzücken und meine Herzenswonne,
laß mich zum Mittagsschläfchen kommen.
Wenn es recht ist, dann sorge du auch dafür,
daß mir niemand bei dir die Tür verriegelt
und es dir auch nicht einfällt, fortzugehen,
bleibe besser daheim, mach dich gefaßt auf
neunmal hintereinander Fickvergnügen.
Liegt dir wirklich daran, laß gleich mich kommen:
nach dem Essen lieg satt ich auf dem Rücken
und durchstoße schon Tunica und Mantel.

Carl Fischer

17

36. *Gedicht*

Des Volusius Bücher, Scheißannalen,
meines Mädchens Gelübde löst mir ein jetzt:
Denn der heiligen Venus und Cupido
sie gelobte, wenn ich mit ihr versöhnt sei
und mit zornigen Jamben nicht mehr schieße,
will des schlimmsten der Dichter beste Verse
sie dem hinkenden Gott zum Opfer bringen,
auf unseligem Galgenholz verbrennen.
Und es meinte das schlimmste aller Mädchen,
nur zum Scherz sie den Göttern dies gelobte.

Nunc, o caeruleo creata ponto,
quae sanctum Idalium Uriosque apertos
quaeque Ancona Gnidumque harundinosam
colis quaeque Amathunta quaeque Golgos
quaeque Durrachium, Hadriae tabernam: 15
acceptum face redditumque votum,
si non illepidum neque invenustum est.
at vos interea venite in ignem,
pleni ruris et inficetiarum
Annales Volusi, cacata carta!   20

18

Carmina 51

Ille mi par esse deo videtur,
ille, si fas est, superare divos,
qui sedens adversus identidem te
        spectat et audit

dulce ridentem, misero quod omnis   5
eripit sensus mihi: nam simul te,
Lesbia, aspexi, nihil est super mi
        Lesbia, vocis,

lingua sed torpet, tenuis sub artus
flamma demanat, sonitu suopte   10
tintinant aures, gemina teguntur
        lumina nocte. –

Otium, Catulle, tibi molestum est:
otio exultas nimiumque gestis.
otium et reges prius et beatas   15
        perdidit urbes.

Nun, o Göttin, aus blauem Meer geboren,
die Idalium liebt, die Cnidus' Schilfstrand
wie auch Urions Ufer und Ancona
schirmt, dazu auch Amathus und auch Golgoi
und Dyrrachiums Adria-Taverne,
laß als eingelöst gelten dies Gelübde,
ist es dir nicht zu töricht und geschmacklos.
Ihr indessen, wandert mir ins Feuer,
voller bäurischer Einfalt und voll Unsinn,
des Volusius Bücher, Scheißannalen!

Carl Fischer

18

Huldigungsode an Lesbia

Wie ein Gott – so will mir der Mann erscheinen,
mehr als Gott – so dieses zu sagen statthaft –
der genüber sitzend nur immerfort dich
    anblickt und hört dein

süßes Lachen! Wahrlich um alle Sinne
bringt dies mich Unseligen. Wenn mein Blick nur
dir begegnet, Lesbia, gleich verstummt, ach
    Lesbia, meine

Stimme, starrt die Zunge, ergießt sich lohend
Feuer in die Glieder, im Ohre klingt's und
dröhnt's, die Augensterne umschattet doppelt
    nächtliches Dunkel. –

Müßiggang, Catullus, erweckt dir Leiden,
Müßiggang verlockt dich zu frechem Schwärmen,
Müßiggang hat Könige einst gestürzt und
    blühende Städte.

Otto Weinreich

19

Carmina 58

Caeli, Lesbia nostra, Lesbia illa,
illa Lesbia, quam Catullus unam
plus quam se atque suos amavit omnes:
nunc in quadriviis et angiportis
glubit magnanimi Remi nepotes.   5

20

Carmina 62

Vesper adest: iuvenes, consurgite! Vesper Olympo
expectata diu vix tandem lumina tollit.
surgere iam tempus, iam pinguis linquere mensas:
iam veniet virgo, iam dicetur hymenaeus.
    Hymen o Hymenaee, Hymen ades o Hymenaee!   5

Cernitis, innuptae, iuvenes? consurgite contra!
nimirum Oetaeos ostendit Noctifer ignes.
sic certest: viden, ut perniciter exiluere?
non temere exiluere: canent, quod vincere par est.
    Hymen o Hymenaee, Hymen ades o Hymenaee!   10

19

58. Gedicht

Meine Lesbia, o Caelius, Lesbia, jene,
jene Lesbia, die einst Catullus einzig
liebte mehr als sich selber und die Seinen,
hurt an Kreuzungen und in Hinterhöfen,
und entkräftet des Remus stolze Enkel.

Carl Fischer

20

Hochzeitgesang

Chor der Jünglinge   Mädchen

J. Auf! der Abend ist da! ihr Jünglinge auf! am Olympus
Hebt der langersehnete Stern sein funkelndes Haupt
schon.
Laßt das triefende Mahl! es ist Zeit! es ist Zeit! denn im
Nu wird
Kommen die Braut und soll der Hymenäus ertönen.
Hymen o Hymenäus! Hymen komm Hymenäus.

M. Jungfraun, schauet ihr nicht die Jünglinge? Ihnen
entgegen,
Auf! der Bote der Nacht, er schwingt die himmlische
Fackel.
Wahrlich! sehet ihr nicht, wie sie sich zum Kampf schon
rüsten:
Nicht vergeblich rüsten! der Sieg im Gesange wird ihr
seyn.
Hymen o Hymenäus! Hymen komm Hymenäus.

Non facilis nobis, aequalis, palma parata est:
aspicite, innuptae secum ut meditata requirunt!
Non frustra meditantur: habent, memorabile quod sit;
nec mirum, penitus quae tota mente laborant.
nos alio mentes, alio divisimus aures;   15
iure igitur vincemur: amat victoria curam.
quare nunc animos saltem convertite vestros!
dicere iam incipient, iam respondere decebit.
  Hymen o Hymenaee, Hymen ades o Hymenaee!

Hespere, quis caelo fertur crudelior ignis?   20
qui natam possis complexu avellere matris,
complexu matris retinentem avellere natam
et iuveni ardenti castam donare puellam.
quid faciunt hostes capta crudelius urbe?
  Hymen o Hymenaee, Hymen ades o Hymenaee!   25

Hespere, quis caelo lucet iucundior ignis?
qui desponsa tua firmes conubia flamma,
quae pepigere viri, pepigerunt ante parentes
nec iunxere prius, quam se tuus extulit ardor.
quid datur a divis felici optatius hora?   30
  Hymen o Hymenaee, Hymen ades o Hymenaee!

Hesperus e nobis, aequalis, abstulit unam.
namque tuo adventu vigilat custodia semper.
nocte latent fures, quos idem saepe revertens,
Hespere, mutato comprendis nomine Eous.   35

J. Brüder, es ist uns nicht so leicht die Palme verliehen!
Seht, wie die Jungfraun dort nachsinnend suchen Gesänge,
Nicht vergebens sinnen sie nach; sie suchen das Schönste,
Wohl das Schönste, da sie mit ganzer Seele sich mühen;
Und wir schweifen umher, das Ohr, die Seele getheilet.
Billig siegen sie denn: denn Sieg will Mühe! Wohlauf noch
Itzt ihr Brüder, o ruft zum Gesang' die Seele zusammen.
Sie beginnen im Nu; im Nu soll Antwort ertönen.
Hymen o Hymenäus! Hymen komm Hymenäus.

M. Hesperus, blickt am Himmel wohl *ein* grausamer
                                    Gestirn, als
Du, der Mutterarmen vermag die blühende Tochter
Zu entreißen, sie loszureißen dem Arm, der sie festhält
Und dem brennenden Jüngling' ein keusches Mädchen zu
                                    geben.
Feind' in eroberter Stadt, was können sie härter beginnen?
Hymen o Hymenäus! Hymen komm Hymenäus.

J. Hesperus, ist am Himmel wohl ein holdseliger Stern,
                                    als
Du, deß Flamme den Bund der treuen Liebe nun
                                    festknüpft,
Knüpft das Band, das Männer, das Eltern geschlungen
                                    und eh nicht
Zuziehn konnten, bis dein segnendes Auge darauf blickt.
Können Götter uns mehr verleihn als die glückliche
                                    Stunde?
Hymen o Hymenäus! Hymen komm Hymenäus.

M. Hesperus, ach ihr Schwestern, er hat uns *eine*
                                    Gespielin
Weggeraubet, der Räuber, dem jede Wache vergebens
Lauert, der die Diebe verbirgt und wenn er mit anderm
Namen wiedererscheint, die er barg, nun selber enthüllet.

at lubet innuptis ficto te carpere questu.
quid tum, si carpunt, tacita quem mente requirunt?
  Hymen o Hymenaee, Hymen ades o Hymenaee!

Ut flos in saeptis secretus nascitur hortis,
ignotus pecori, nullo convolsus aratro,   40
quem mulcent aurae, firmat sol, educat imber;
multi illum pueri, multae optavere puellae.
idem cum tenui carptus defloruit ungui,
nulli illum pueri, nullae optavere puellae:
sic virgo, dum intacta manet, dum cara suis est;   45
cum castum amisit polluto corpore florem,
nec pueris iucunda manet nec cara puellis.
  Hymen o Hymenaee, Hymen ades o Hymenaee!

Ut vidua in nudo vitis quae nascitur arvo,
numquam se extollit, numquam mitem educat uvam, 50
sed tenerum prono deflectens pondere corpus
iam iam contingit summum radice flagellum;
hanc nulli agricolae, nulli coluere iuvenci:
at si forte eadem est ulmo coniuncta marito,
multi illam agricolae, multi coluere iuvenci: 55
sic virgo, dum intacta manet, dum inculta senescit;
cum par conubium maturo tempore adepta est,
cara viro magis et minus est invisa parenti.

J. Hesperus, höre sie nicht: sie singen gedichtete
                            Klagen.
Was sie schelten, es ist, was still ihr Herz sich ersehnet.
Hymen o Hymenäus! Hymen komm Hymenäus.

M. Wie die Blum' im umzäunten Garten verschwiegen
                            heranblüht,
Nicht vom weidenden Zahn, von keinem Pfluge
                            verwundet,
Auferzogen von Regen und Sonne, von schmeichelnden
                            Lüftchen
Sanft gewebet; es wünschen sie Knaben, es wünschen sie
                            Mädchen.
Aber kaum ist sie geknickt vom zartesten Finger,
Ach, dann wünschen sie Knaben nicht mehr, nicht
                            wünschen sie Mädchen.
So die Jungfrau: Blühet sie noch, die Liebe der Ihren
Unberühret; so bald sie sinkt die zärtliche Blume,
Ach, dann lieben sie Knaben nicht mehr, nicht lieben sie
                            Mädchen.

J. Wie im nackten Felde die Rebe sinket zu Boden,
Hebt sich nimmer, erzieht nicht *eine* frôliche Traube,
Bis sich Wipfel und Wurzel im dunkeln Staube
                            verschlingen;
Nicht der Landmann achtet der Armen, der weidende
                            Stier nicht.
Aber windet sie sich empor dem gattenden Ulmbaum,
Achtet hoch sie der Landmann, hoch der weidende Stier
                            auch.
So die Jungfrau; altert sie öd' im Hause der Ihren –
Aber hat sie das Band der reifen Ehe vermählet,
Achtet hoch sie der Mann, es achten hoch sie die
                            Eltern.

At tu ne pugna cum tali coniuge, virgo!
non aequom est pugnare, pater cui tradidit ipse,   60
ipse pater cum matre, quibus parere necesse est.
virginitas non tota tua est, ex parte parentum est:
tertia pars patrist, pars est data tertia matri,
tertia sola tua est: noli pugnare duobus,
qui genero sua iura simul cum dote dederunt.   65
    Hymen o Hymenaee, Hymen ades o Hymenaee!

21

Carmina 72

Dicebas quondam solum te nosse Catullum,
    Lesbia, nec prae me velle tenere Iovem.
dilexi tum te non tantum, ut vulgus amicam,
    sed pater ut gnatos diligit et generos.
nunc te cognovi: quare etsi impensius uror,   5
    multo mi tamen es vilior et levior.
"qui potis est?" inquis.   quod amantem iniuria talis
    cogit amare magis, sed bene velle minus.

Jungfrau, sträube dich nicht. Mit solchem Manne zu
streiten
Ist nicht billig, ihm gab dich der Vater, ihm gab mit dem
Vater
Dich die liebende Mutter, und du mußt beiden gehorchen.
Deiner Jugend Blume, du denkst, sie ist dein, sie ist nicht
dein
Ganz; ist deines Vaters, ist deiner Mutter; der dritte
Theil gehöret dir nur, und du willst zweien entgegen
Streiten? sie geben dich mit der Morgengabe dem Eidam.
Hymen o Hymenäus! Hymen komm Hymenäus.

Johann Gottfried Herder

21

72. Gedicht

Einmal hast du gesagt, du kenntest nur den Catullus,
  Lesbia, und für mich möchtest du Jupiter nicht.
Damals liebt ich dich, nicht so wie der Pöbel ein
Liebchen,
  Nein, wie ein Vater den Sohn oder den Schwiegersohn
liebt.
Jetzt hab ich dich durchschaut: Drum, wenn ich auch noch
mehr entflammt bin,
  Achte ich weniger dich, bist du mir weniger wert.
Wie ist das möglich? fragst du. Den Liebenden zwingt
solche Kränkung,
  Heißer zu lieben und doch weniger gut dir zu sein.

Werner Eisenhut

22

Carmina 75

Huc est mens deducta tua, mea Lesbia, culpa
  atque ita se officio perdidit ipsa suo,
ut iam nec bene velle queat tibi, si optuma fias,
  nec desistere amare, omnia si facias.

23

Carmina 76

Si qua recordanti benefacta priora voluptas
  est homini, cum se cogitat esse pium
nec sanctam violasse fidem, nec foedere nullo
  divum ad fallendos numine abusum homines:
multa parata manent tum in longa aetate, Catulle,   5
  ex hoc ingrato gaudia amore tibi.
nam quaecumque homines bene cuiquam aut dicere
                                        possunt
  aut facere, haec a te dictaque factaque sunt:
omnia quae ingratae perierunt credita menti.
  quare cur te iam amplius excrucies?   10
quin tu animo offirmas atque istinc teque reducis
  et dis invitis desinis esse miser?
difficile est longum subito deponere amorem;
  difficile est, verum hoc, qua lubet, efficias:

22

75. Gedicht

So verirrte mein Herz sich, Lesbia, dein doch die Schuld
ist,
   so hat durch sein Vertraun jetzt es sich selber erschöpft,
daß es dich nicht mehr lieben kann, und würdst du zum
Engel,
   noch von der Leidenschaft lassen, was immer du tust.

Carl Fischer

23

Zu Tode betrübt

Ist dem Menschen Erinnrung an frühere edele Taten
   Wonnige Lust, wenn er denkt, ›gut war mein Leben
und fromm,
Niemals hab ich gebrochen der Treue Schwur und in
keinem
   Bündnis Göttergebot gegen die Menschen verletzt‹:
Dann verbleiben, Catull, im langen Leben aus dieser
   Liebe, des Undanks voll, Wonnen im Herzen zurück.
Denn was immer die Menschen an edlen Worten und
Taten
   Jemals gesagt und getan, ist von Catullus geschehn. –
Hin ist das alles, erwiesen dem undankbaren Gemüte:
   Warum folterst du denn immer und immer dein Herz?
Härtest nicht dir den Sinn und reißest von dort dich
zurücke,
   Und, da es Götterbeschluß, setzest dem Elend ein
Ziel?
Ach, wie schwer, die lange Liebe plötzlich zu lassen!
   Ja, schwer ist es, jedoch setze es irgendwie durch.

una salus haec est, hoc est tibi pervincendum;   15
   hoc facias, sive id non pote sive pote.
o di, si vestrum est misereri, aut si quibus umquam
   extremo, iam ipsa in morte, tulistis opem,
me miserum aspicite et, si vitam puriter egi,
   eripite hanc pestem perniciemque mihi,   20
quae mihi, subrepens imos ut torpor in artus
   expulit ex omni pectore laetitias.
non iam illud quaero, contra me ut diligat illa,
   aut, quod non potis est, esse pudica velit:
ipse valere opto et taetrum hunc deponere morbum.   25
   o di, reddite mi hoc pro pietate mea!

24

Carmina 87

Nulla potest mulier tantum se dicere amatam
   vere, quantum a me Lesbia amata mea est;
nulla fides ullo fuit umquam foedere tanta,
   quanta in amore tuo ex parte reperta mea est.

Einziges Heil ist dies, ja du mußt *den* Kampf ersiegen:
    Tue es, wenn du es kannst, kannst du es nicht, tu es
                    auch. –
Götter, o seid ihr Erbarmer und habt ihr jemals dem
                    Menschen
    Noch am Rande der Gruft rettende Hülfe gebracht,
Sehet mich Armen an und, verbracht ich mein Leben in
                    Reinheit,
    Nehmet dies zehrende Gift, dieses Verderben von mir. –
Weh mir, wie hat die Erstarrung, in alle Glieder sich
                    fressend,
    Aus dem Herzen und Sinn Lust mir und Freude
                    gebannt!
Nicht mehr flehe ich jetzt, daß jene wieder mich liebe,
    Nicht, was unmöglich ist, keusch und gesitteter sei:
Laßt mich gesunden selbst, nehmt von mir die grausige
                    Krankheit;
    Oh, war ich frommen Sinns, Götter, gewähret mir dies.

Eduard Norden

24

87. Gedicht

Keine Frau kann mit Recht je behaupten, daß sie geliebt
                    war,
    wie meine Lesbia stets wahrhaft geliebt war von mir.
Keine Treue war je so groß in einem Gelöbnis,
    wie durch die Liebe zu dir sie sich erwiesen bei mir.

Carl Fischer

25

Carmina 101

Multas per gentes et multa per aequora vectus
  advenio has miseras, frater, ad inferias,
ut te postremo donarem munere mortis
  et mutam nequiquam alloquerer cinerem,
quandoquidem fortuna mihi tete abstulit ipsum,   5
  heu miser indigne frater adempte mihi!
nunc tamen interea haec, prisco quae more parentum
  tradita sunt tristi munere ad inferias,
accipe fraterno multum manantia fletu
  atque in perpetuum, frater, ave atque vale!   10

25

Am Grabe des Bruders

Bin durch zahlreiche Völker und zahlreiche Meere
gefahren,
  Komm nun, Bruder, hierher, traurige Spende zu
weihn,
Um mit der letzten Gabe des Todes dich zu beschenken
  Und deine Asche umsonst hier zu begrüßen, die
stumm,
Da ja dich selber das Schicksal mir nun für immer
genommen,
  Weh doch, du Ärmster, mir selbst leider zu zeitig
geraubt.
Jetzt jedoch nimm hier indes, was ich nach der Sitte der
Väter –
  Ach, ein so traurig Geschenk! – als meine Spende dir
geb!
Nimm's, wie es noch mit Tränen benetzt, von dem
weinenden Bruder!
  Und nun auf ewig somit, Bruder, lebwohl und ade!

Rudolf Helm

26

Carmina 109

Iucundum, mea vita, mihi proponis amorem
    hunc nostrum inter nos perpetuumque fore.
Di magni, facite, ut vere promittere possit
    atque id sincere dicat et ex animo,
ut liceat nobis tota perducere vita   5
    aeternae hoc sanctae foedus amicitiae.

26

Lesbias Versprechen

O du mein Lieb, du bietest mir jetzt diese Liebe, sie
werde
Wunderbar zwischen uns sein, werde auch nimmer
vergehn.
Ihr, große Götter, o gebt, daß sie fähig, im Ernst zu
versprechen,
Und daß sie aufrichtig jetzt tief aus dem Herzen das
sagt,
Daß es hinfort uns beschieden, dies Band der heiligen
Freundschaft
Ewig zu wahren, solang immer das Leben nur währt.

Rudolf Helm

27

Eclogae 1

Meliboeus   Tityrus

M. Tityre, tu patulae recubans sub tegmine fagi
silvestrem tenui musam meditaris avena:
nos patriae finis et dulcia linquimus arva.
nos patriam fugimus: tu, Tityre, lentus in umbra
formosam resonare doces Amaryllida silvas.   5

T. O Meliboee, deus nobis haec otia fecit.
namque erit ille mihi semper deus, illius aram
saepe tener nostris ab ovilibus imbuet agnus.
ille meas errare boves, ut cernis, et ipsum
ludere quae vellem calamo permisit agresti.   10

M. Non equidem invideo, miror magis: undique totis
usque adeo turbatur agris. en ipse capellas
protinus aeger ago, hanc etiam vix, Tityre, duco.
hic inter densas corylos modo namque gemellos
spem gregis, a, silice in nuda conixa reliquit.   15
saepe malum hoc nobis, si mens non laeva fuisset,
de caelo tactas memini praedicere quercus.
sed tamen iste deus qui sit da, Tityre, nobis.

1. Hirtengedicht

Meliböus   Tityrus

M. Tityrus, du, im Gewölbe der spreizenden Buche
gelehnet
Sinnst mit Waldgesange den schmächtigen Halm zu
begeistern.
Wir, der Heimat Bezirk und liebliche Fluren verlassend,
Wir fliehn Heimat und Land! Du, Tityrus, lässig im
Schatten,
Lehrst nachhallende Wälder die schöne Gestalt Amaryllis'.

T. O Meliböus, ein Gott hat diese Ruh uns gewähret.
Denn forthin ist jener ein Gott mir! Seinen Altar soll
Oft ein jugendlich Lamm aus unserer Hürde besprengen!
Er hat meinen Kühn, wie du schaust, zu irren, mir selber,
Was ich wollte, zu spielen auf ländlichem Rohre, verstattet.

M. Nicht mißgönn ich es dir; nur wunderts mich. Ganz
ja erfüllet
So die Flur das Getümmel umher! Schau, selber voll
Kummers
Treib ich die Ziegen hinweg; kaum, Tityrus, führ ich die
eine:
Dort im Haselgesträuche verließ sie Zwillinge eben,
Ach die Hoffnung der Trift, die auf harter Klippe sie
ausrang.
Oft hat uns dies Übel, wenn nicht das Herz so verkehrt war,
Wetterschlag, ich erinnre mich wohl, in die Eichen
verkündigt!
Aber indes der Gott, o Tityrus, sage, wer ist er?

T. Urbem quam dicunt Romam, Meliboee, putavi
stultus ego huic nostrae similem, quo saepe solemus   20
pastores ovium teneros depellere fetus.
sic canibus catulos similes, sic matribus haedos
noram, sic parvis componere magna solebam.
verum haec tantum alias inter caput extulit urbes,
quantum lenta solent inter viburna cupressi.   25

M. Et quae tanta fuit Romam tibi causa videndi?

T. Libertas, quae sera tamen respexit inertem,
candidior postquam tondenti barba cadebat,
respexit tamen et longo post tempore venit,
postquam nos Amaryllis habet, Galatea reliquit.   30
namque, fatebor enim, dum me Galatea tenebat,
nec spes libertatis erat nec cura peculi.
quamvis multa meis exiret victima saeptis,
pinguis et ingratae premeretur caseus urbi,
non umquam gravis aere domum mihi dextra redibat.   35

M. Mirabar, quid maesta deos, Amarylli, vocares;
cui pendere sua patereris in arbore poma:
Tityrus hinc aberat. ipsae te, Tityre, pinus,
ipsi te fontes, ipsa haec arbusta vocabant.

T. Jene Stadt, die Roma sich nennt, Meliböus, die wähnt
ich
Törichter gleich der unsrigen hier, zu welcher wir Hirten
Zarte Kinder der Schafe hinabzutreiben gewohnt sind.
So sind Hunden die Hündelein gleich, so Ziegen die
Böcklein,
Dacht ich mir; so pflegt ich mit Kleinem Großes zu
messen.
Doch so weit hob jene das Haupt vor anderen Städten,
Als vor dem zähen Gesproß des Schlingbaums ragt die
Zypresse.

M. Was so Wichtiges denn hat Roma zu sehn dich
beweget?

T. Freiheit! welche doch spät nach mir Entkräfteten
umsah,
Als schon weißeres Haar absank vom geschorenen Barte,
Doch umsah, und zuletzt nach daurender Weile sich
einfand:
Seit mich schon Amaryllis beherrscht, Galatea mich hatte,
War nicht Hoffnung, der Freiheit zu nahn, noch Sorge des
Sparguts.
Ob auch häufig aus meinem Geheg ein Opfer hervorging,
Noch so fett für die danklose Stadt der Käse gepreßt
ward;
Nie ist schwer von Gelde die Hand mir zum Hause
gekehret.

M. Wundert ich doch, wie traurig den Göttern du riefst,
Amaryllis;
Und wem hangen das Obst an seinem Baume du ließest.
Tityrus fehlete hier. Selbst, Tityrus, deine Pinjolen
Riefen dir, selbst die Quellen, und selbst die Bäume voll
Weines.

T. Quid facerem? neque servitio me exire licebat   40
nec tam praesentis alibi cognoscere divos.
hic illum vidi iuvenem, Meliboee, quotannis
bis senos cui nostra dies altaria fumant.
hic mihi responsum primus dedit ille petenti:
"pascite ut ante boves, pueri, summittite tauros."   45

M. Fortunate senex! ergo tua rura manebunt.
et tibi magna satis, quamvis lapis omnia nudus
limosoque palus obducat pascua iunco.
non insueta gravis temptabunt pabula fetas,
nec mala vicini pecoris contagia laedent.   50
fortunate senex! hic inter flumina nota
et fontis sacros frigus captabis opacum.
hinc tibi, quae semper, vicino ab limite saepes
Hyblaeis apibus florem depasta salicti
saepe levi somnum suadebit inire susurro.   55
hinc alta sub rupe canet frondator ad auras:
nec tamen interea raucae, tua cura, palumbes
nec gemere aëria cessabit turtur ab ulmo.

T. Was zu tun? Ich konnte ja nicht aus der Knechtschaft
                              herausgehn,
Noch wo sonst erkennen so gegenwärtige Götter.
Dort hab ich jenen Jüngling gesehn, Meliböus, dem
                              jährlich
An zwölf festlichen Tagen bei uns der Opferaltar dampft.
Dort erteilte zuerst mir Forschenden jener die Antwort:
Weidet wie sonst die Rinder, ihr Bursch, und erziehet
                              euch Farren.

M. O glückseliger Greis, so bleiben dir deine Gefilde?
Groß genug auch für dich! wiewohl rings nacktes Gestein
                              ist,
Und mit schlammiger Binse der Sumpf die Triften
                              bedecket.
Nicht ungewohntere Weide versucht die schwächlichen
                              Mütter,
Noch verletzt heimtückisch die Seuche benachbartes
                              Viehes.
O glückseliger Greis, hier zwischen vertraulichen
                              Bächen,
Und an heiligen Quellen erfrischt dich schattige
                              Kühlung.
Dort der Zaun, der hinab an benachbarter Grenze des
                              Feldes
Stets hybläische Bienen in Weidenblüte bewirtet,
Tönt mit leisem Gesumse dich oft in gemächlichen
                              Schlummer:
Hier am hangenden Fels singt hoch der scherende
                              Winzer;
Während indes dein Liebling, die heisere Taube des
                              Waldes,
Rastlos girrt, und die Turtel vom luftigen Wipfel der
                              Ulme.

T. Ante leves ergo pascentur in aethere cervi,
et freta destituent nudos in litore piscis;   60
ante pererratis amborum finibus exsul
aut Ararim Parthus bibet aut Germania Tigrim,
quam nostro illius labatur pectore vultus.

M. At nos hinc alii sitientis ibimus Afros,
pars Scythiam et rapidum cretae veniemus Oaxen   65
et penitus toto divisos orbe Britannos.
en umquam patrios longo post tempore finis
pauperis et tuguri congestum caespite culmen
post aliquot mea regna videns mirabor aristas?
impius haec tam culta novalia miles habebit,   70
barbarus has segetes: en quo discordia civis
produxit miseros, his nos consevimus agros!
insere nunc, Meliboee, piros, pone ordine vites.
ite meae felix quondam pecus, ite capellae.
non ego vos posthac viridi proiectus in antro   75
dumosa pendere procul de rupe videbo;
carmina nulla canam; non me pascente, capellae,
florentem cytisum et salices carpetis amaras.

T. Hic tamen hanc mecum poteras requiescere noctem
fronde super viridi: sunt nobis mitia poma,   80

T. Eher demnach wird weiden der flüchtige Hirsch in
dem Äther,
Und das entfliehende Meer auf dem Trockenen lassen die
Fische;
Eher wird ausheimisch, nach umgewechselten Grenzen,
Trinken der Parther des Araris Flut, der Germane den
Tigris:
Als daß je *sein* Antlitz aus unserem Herzen erlösche!

M. Doch wir wandern hinweg, ein Teil zu den
dürstenden Afern,
Andere Scythien zu und dem leimigen Sturz des Oaxes,
Ja zu dem fern entlegnen Britannier außer dem Weltkreis!
Werd ich je das Gefild, ach! künftig einmal, wo ich
aufwuchs,
Und der ärmlichen Hütte mit Rasen bekleideten Gipfel,
Künftig die wenigen Ähren, mein Reich! anstaunend
erblicken?
Diese so fleißige Brache besitzt der frevelnde Krieger?
Diese Saat der Barbar? Wohin ach! leitete Zwietracht
Unser zerrüttetes Volk! ach! wem bepflanzten wir Äcker?
Jetzt, Meliböus, dir Birnen gepfropft! jetzt Reben
geordnet!
Geht, mein klägliches Vieh, so beglückt einst! gehet, ihr
Ziegen!
Nimmer werd ich hinfort, in umlaubeter Grotte gelagert,
Fernhin schweben euch sehn an buschiger Jähe des
Felsens;
Nimmer ertönt mein Gesang; nie schwärmt ihr, fröhlich
des Pflegers,
Blühenden Cytisus euch und bittere Weiden zu rupfen.

T. Diese Nacht doch könntest du wohl hier neben mir
ausruhn,
Auf grünlaubiger Streu. Wir haben dir zeitige
Baumfrucht,

castaneae molles et pressi copia lactis.
et iam summa procul villarum culmina fumant,
maioresque cadunt altis de montibus umbrae.

28

Eclogae 4

Saeculi novi interpretatio

Sicelides Musae, paulo maiora canamus!
non omnis arbusta iuvant humilesque myricae;
si canimus silvas, silvae sint consule dignae.

Ultima Cumaei venit iam carminis aetas;
magnus ab integro saeclorum nascitur ordo.   5
iam redit et Virgo, redeunt Saturnia regna;
iam nova progenies caelo demittitur alto.
tu modo nascenti puero, quo ferrea primum
desinet ac toto surget gens aurea mundo,
casta fave Lucina: tuus iam regnat Apollo.   10

Milde Kastanien auch, und gepreßte Milch zur Genüge.
Schon auch steigt in der Ferne der Rauch aus ländlichen
Giebeln;
Und von den Höhn des Gebirgs erstrecken sich größere
Schatten.

Johann Heinrich Voß

28

4. Hirtengedicht

Deutung des neuen Weltjahres

Musen Siziliens, laßt uns ein wenig Größeres singen!
Freut doch nicht jeden Gebüsch und ein niedriger Strauch
Tamarisken.
Klingt von Wäldern mein Lied, seien wert auch des
Konsuls die Wälder!

Letzte Weltzeit ist nun da cumaeischen Sanges;
groß aus Ursprungsreine erwächst der Zeitalter Reihe.
Nun kehrt wieder die Jungfrau, kehrt wieder saturnische
Herrschaft,
nun wird neu ein Sproß entsandt aus himmlischen
Höhen.
Sei der Geburt nur des Knaben, mit dem die eiserne
Weltzeit
gleich sich endet und rings in der Welt eine goldene
aufsteigt,
sei nur, Lucina, du reine, ihm hold; schon herrscht dein
Apollo.

Teque adeo decus hoc aevi, te consule inibit,
Pollio, et incipient magni procedere menses;
te duce, si qua manent sceleris vestigia nostri,
inrita perpetua solvent formidine terras.
ille deum vitam accipiet divisque videbit   15
permixtos heroas, et ipse videbitur illis,
pacatumque reget patriis virtutibus orbem.

At tibi prima, puer, nullo munuscula cultu
errantis hederas passim cum baccare tellus
mixtaque ridenti colocasia fundet acantho.   20
ipsae lacte domum referent distenta capellae
ubera, nec magnos metuent armenta leones.
ipsa tibi blandos fundent cunabula flores.
occidet et serpens, et fallax herba veneni
occidet; Assyrium vulgo nascetur amomum.   25

At simul heroum laudes et facta parentis
iam legere et quae sit poteris cognoscere virtus,
molli paulatim flavescet campus arista,
incultisque rubens pendebit sentibus uva,
et durae quercus sudabunt roscida mella.   30
pauca tamen suberunt priscae vestigia fraudis,
quae temptare Thetim ratibus, quae cingere muris

Ja, mit dir, dem Konsul, mit dir strahlt auf diese Weltzeit,
Pollio, und es beginnen den Lauf die gewaltigen Monde.
Wenn du führst, dann schwindet getilgt, was an Spuren
des Frevels
uns noch blieb, und erlöst von ewigem Grauen die Lande.
Er wird Götterleben empfangen, wird zu den Göttern
sehn die Heroen gesellt, wird selbst unter ihnen
erscheinen,
lenken wird er durch väterlich Wirken befriedeten
Erdkreis.

Dir aber, Knabe, spendet von selbst als
Erstlingsgeschenklein
Efeugeranke, von Baldrian rings durchwuchert, die Erde,
Wasserrosen mischt sie dem lächelnden Reiz des
Akanthus.
Freiwillig tragen die Ziegen nach Haus milchstrotzende
Euter,
und die Rinder fürchten sich nicht vor mächtigen Löwen,
üppig umblüht deine Wiege dich rings mit lieblichen
Blumen.
Dann stirbt aus die Schlange, und trügerisch-giftiges
Krautwerk
stirbt dann aus und überall wächst assyrischer Balsam.

Wenn aber rühmenden Heldengesang und die Taten des
Vaters
du erst zu lesen verstehst und begreifst, was Tugend
bedeute,
weich dann wogt allmählich das Feld mit goldenen Ähren,
rötlich reifend erglüht in wilden Dornen die Traube,
und aus knorrigen Eichen quillt tauperlender Honig.
Einige Spur aber bleibt noch zurück des Frevels der
Urzeit,
treibt, mit Schiffen das Meer zu durchwühlen, Städte mit
Mauern

oppida, quae iubeant telluri infindere sulcos.
alter erit tum Tiphys, et altera quae vehat Argo
delectos heroas; erunt etiam altera bella,   35
atque iterum ad Troiam magnus mittetur Achilles.

Hinc, ubi iam firmata virum te fecerit aetas,
cedet et ipse mari vector, nec nautica pinus
mutabit merces: omnis feret omnia tellus.
non rastros patietur humus, non vinea falcem;   40
robustus quoque iam tauris iuga solvet arator;
nec varios discet mentiri lana colores,
ipse sed in pratis aries iam suave rubenti
murice, iam croceo mutabit vellera luto;
sponte sua sandyx pascentis vestiet agnos.   45

"Talia saecla" suis dixerunt "currite" fusis
concordes stabili fatorum numine Parcae.
adgredere o magnos – aderit iam tempus – honores,
cara deum suboles, magnum Iovis incrementum!
aspice convexo nutantem pondere mundum,   50
terrasque tractusque maris caelumque profundum,
aspice, venturo laetantur ut omnia saeclo!
o mihi tum longae maneat pars ultima vitae,

rings zu beengen und Furchen tief zu reißen durchs
Erdreich.
Neu kehrt wieder ein Tiphys und neu eine Argo, die
wieder
Helden, erlesene, trägt, es gibt wieder andere Kriege,
und gen Troja wird wieder entsandt ein großer Achilleus.

Dann, wenn schon zum Mann dich gestählt dein kräftiges
Alter,
läßt auch der Schiffer freiwillig das Meer, die segelnde
Fichte
tauscht nicht Waren mehr aus: Überall trägt alles die Erde.
Nicht mehr duldet der Boden den Karst, der Weinberg
die Sichel,
jetzt auch löst die Stiere vom Joch der kräftige Pflüger.
Nicht mehr lernt nun trügerisch bunt sich färben die
Wolle,
nein, schon wechselt von selbst im Wiesengrunde der
Widder
lieblich in glühenden Purpur sein Vlies und goldenen
Safran.
Scharlach kleidet nun ganz von selbst die weidenden
Lämmer.

»Solche Jahrhunderte spulet im Lauf!« so mahnten in
Eintracht
nach der Schicksale ewigem Plan ihre Spindeln die Parzen.
Bald ist's Zeit, tritt an deine Bahn, o, strahlender Ehren,
teurer Sprosse der Götter, des mächtigen Juppiter
Nachwuchs!
Siehe, es wankt und schwankt des Weltendomes Gewölbe,
Länder und Meere, unendlich gedehnt, und die Tiefen des
Himmels,
siehe, so grüßt den Äon, den nahenden, jubelnd das
Weltall!
O, mir daure dann noch zuletzt so lange das Leben

spiritus et quantum sat erit tua dicere facta:
non me carminibus vincat nec Thracius Orpheus,   55
nec Linus, huic mater quamvis atque huic pater adsit,
Orphei Calliopea, Lino formosus Apollo.
Pan etiam, Arcadia mecum si iudice certet,
Pan etiam Arcadia dicat se iudice victum.

incipe, parve puer, risu cognoscere matrem: 60
matri longa decem tulerunt fastidia menses.
incipe, parve puer: qui non risere parenti,
nec deus hunc mensa, dea nec dignata cubili est.

29

Georgica II 323–342

Ver adeo frondi nemorum, ver utile silvis;
vere tument terrae et genitalia semina poscunt.
tum pater omnipotens fecundis imbribus Aether   325
coniugis in gremium laetae descendit et omnis
magnus alit magno commixtus corpore fetus.

und mein Odem, als es genügt, deine Taten zu preisen!
Weder der thrakische Orpheus noch Linus sollte im Sange
dann mich besiegen, mag jenem die Mutter auch, diesem
                        der Vater
helfen: Kalliope Orpheus, dem Linus der schöne Apollo.
Pan sogar, fällte den Spruch auch Arkadien, stritte mit
                        mir er,
Pan sogar, fällte den Spruch auch Arkadien, gäbe besiegt
                        sich.

Auf denn, Knabe, du kleiner, erkenne mit Lachen die
                        Mutter!
Lange Beschwerde doch brachten der Monate zehn
                        deiner Mutter.
Auf denn, Knabe, du kleiner: wer nicht anlachte die
                        Mutter,
nimmer würdigt ein Gott ihn des Mahls, eine Göttin
                        des Lagers.

                    Johannes Götte

29

Frühling

Frühling schützt das Laub der Wälder,
Frühling läßt den Hain erblühn,
Frühling schwellt den Schoß der Erde,
Machet brünstig sie erglühn.
    Dann steiget Allvater
    Mit fruchtbarem Regen
    Hinab in der Gattin
    Frohlockenden Schoß,
    Und es nähret, verbunden
    Dem Leibe der Großen,
    Der Große den Keim. –

avia tum resonant avibus virgulta canoris,
et Venerem certis repetunt armenta diebus;
parturit almus ager, Zephyrique tepentibus auris   330
laxant arva sinus; superat tener omnibus umor;
inque novos soles audent se germina tuto
credere, nec metuit surgentis pampinus austros
aut actum caelo magnis aquilonibus imbrem,
sed trudit gemmas et frondes explicat omnis.   335
non alios prima crescentis origine mundi
inluxisse dies aliumve habuisse tenorem
crediderim: ver illud erat, ver magnus agebat
orbis, et hibernis parcebant flatibus euri,
cum primae lucem pecudes hausere, virumque   340
terrea progenies duris caput extulit arvis,
immissaeque ferae silvis et sidera caelo.

Vom Gesang der Vögel hallet
Einsam wieder Busch und Strauch,
In der Tage Wechsel nahet
Venus sich den Herden auch.
Und dem milden Wehn des Westes
Löst den Busen die Natur,
Überquellend von dem weichen
Segensstrom gebiert die Flur.
Kühn vertrauen nun die Keime
Sich der jungen Sonne an,
Und es fürchtet nicht die Rebe
Dürre Glut vom Südorkan,
Fürchtet nicht die Regenfluten,
Die der Nord vom Himmel fegt:
Sie entfaltet alles Laubwerk
Jeder Keim sich mächtig regt. –
Fürwahr, als aus der Nacht im Anfang
Die Welt zum erstenmal sich hob,
So strahlten auf die Sonnentage,
So lachte da des Wetters Gunst.
Ja, Frühling war es, Frühlingsfeier
Beging damals das Erdenrund;
Der winterliche Sturm des Ostes
Er störte Weltgeburtstag nicht,
Als erstgewordne Rinden tranken
Des neuen Lichtes frischen Strahl,
Als aus der Flur noch hartem Schoße
Der Mensch sein Erdenhaupt erhob,
Als Tiere in die Wälder eilten,
Der erste Stern am Himmel zog.

Eduard Norden

30

Georgica II 490–542

Felix, qui potuit rerum cognoscere causas,   490
atque metus omnis et inexorabile fatum
subiecit pedibus strepitumque Acherontis avari.
fortunatus et ille, deos qui novit agrestis,
Panaque Silvanumque senem nymphasque sorores.
illum non populi fasces, non purpura regum   495
flexit et infidos agitans discordia fratres
aut coniurato descendens Dacus ab Histro,
non res Romanae perituraque regna, neque ille
aut doluit miserans inopem aut invidit habenti.
quos rami fructus, quos ipsa volentia rura   500
sponte tulere sua, carpsit, nec ferrea iura
insanumque forum aut populi tabularia vidit.
sollicitant alii remis freta caeca, ruuntque
in ferrum, penetrant aulas et limina regum;
hic petit excidiis urbem miserosque penatis,   505
ut gemma bibat et Sarrano dormiat ostro;
condit opes alius defossoque incubat auro;

30

Lob des Landlebens

Selig, wer es vermochte, das Wesen der Welt zu ergründen,
wer so all die Angst und das unerbittliche Schicksal
unter die Füße sich zwang und des gierigen Acheron
                              Tosen!
Selig auch jener, dem die ländlichen Götter vertraut sind,
Pan und der alte Silvanus, der Schwesternreigen der
                              Nymphen!
Ihn beugt nicht des Volkes Gewalt, nicht schreckt ihn des
                              Herrschers
Purpurmantel, nicht Zwist, selbst Brüder in Heimtücke
                              hetzend,
oder der Daker, der naht vom Herd der Verschwörung
                              am Hister,
nicht Roms innerer Krieg noch sinkende Staaten. Auch
                              schmerzt ihn
weder das Mitleid mit Armen, noch plagt ihn der Neid
                              auf den Reichen.
Eigenes Obst und eigenes Korn auf fruchtbarer Scholle
reift ihm zur Ernte entgegen. Nichts weiß er vom
                              grausamen Rechtsstreit,
nichts vom Lärm des Markts, von Pacht- und
                              Steuerbehörden.
Andere schlagen mit Rudern die dräuenden Fluten und
                              stürzen
kämpfend ins Schwert und stürmen in Burgen und
                              Königspaläste;
dieser bedrängt mit Verderben die Stadt und die Götter
                              des Hauses,
um aus Pokalen zu schlürfen, zu ruhn auf schwellendem
                              Purpur;
jener vergräbt seine Schätze und hockt auf verborgenem
                              Golde.

hic stupet attonitus rostris; hunc plausus hiantem
per cuneos geminatus enim plebisque patrumque
corripuit; gaudent perfusi sanguine fratrum,   510
exsilioque domos et dulcia limina mutant
atque alio patriam quaerunt sub sole iacentem.
agricola incurvo terram dimovit aratro:
hinc anni labor, hinc patriam parvosque penates
sustinet, hinc armenta boum meritosque iuvencos.   515
nec requies, quin aut pomis exuberet annus
aut fetu pecorum aut Cerealis mergite culmi,
proventuque oneret sulcos atque horrea vincat.
venit hiems: teritur Sicyonia baca trapetis,
glande sues laeti redeunt, dant arbuta silvae;   520
et varios ponit fetus autumnus, et alte
mitis in apricis coquitur vindemia saxis
interea dulces pendent circum oscula nati,
casta pudicitiam servat domus, ubera vaccae
lactea demittunt, pinguesque in gramine laeto   525
inter se adversis luctantur cornibus haedi.
ipse dies agitat festos fususque per herbam,
ignis ubi in medio et socii cratera coronant,
te libans, Lenaee, vocat, pecorisque magistris

Dieser bestaunt überwältigt die Redner, trunken hört
jener
tosenden Beifall, umjubelt zum Gruß doch Volk ihn und
Adel.
Andere waten mit grausamer Lust im Blute der Brüder,
werden verbannt und müssen die traute Heimat verlassen
und unter fremder Sonne ein neues Vaterland suchen.
Aber der Bauer durchfurcht mit gekrümmter Pflugschar
die Erde:
hier beginnt im Jahre sein Werk, so erhält er die Heimat,
so sein bescheidenes Gut, Kuhherden und tüchtige Stiere.
Unablässig gewährt das Jahr ihm Früchte in Fülle,
läßt das Vieh sich vermehren und reift ihm Korn auf dem
Halme.
Schwer wogt draußen die Ernte, die Speicher brechen vor
Fülle.
Neigt sich das Jahr, dann preßt man Öl aus den besten
Oliven,
eichelgenährt kommt wieder das Schwein, im Walde gibt's
Beeren,
mancherlei Früchte spendet der Herbst. An felsigen
Hängen
hoch in der Sonne glühn zu süßer Reife die Trauben.
Nach der Arbeit umdrängen die Kinder mit Küssen den
Vater,
Reinheit durchstrahlt das behütete Haus. Milch gibt es in
Fülle.
Satt von der Weide bekämpfen auf grünem, schwellendem
Rasen
Horn an Horn mit Stoßen und Ziehn sich munter die
Böcklein.
Festtage ordnet der Bauer selbst. Er lagert im Grünen,
mitten im Rund flammt Feuer, und Freunde bekränzen
den Weinkrug.
Opfernd ruft er, Bakchus, dich an; in schwingendem
Speerwurf

velocis iaculi certamina ponit in ulmo,   530
corporaque agresti nudant praedura palaestrae.
hanc olim veteres vitam coluere Sabini,
hanc Remus et frater, sic fortis Etruria crevit,
scilicet et rerum facta est pulcherrima Roma,
septemque una sibi muro circumdedit arces.   535
ante etiam sceptrum Dictaei regis et ante
impia quam caesis gens est epulata iuvencis,
aureus hanc vitam in terris Saturnus agebat;
necdum etiam audierant inflari classica, necdum
impositos duris crepitare incudibus enses.   540

Sed nos immensum spatiis confecimus aequor,
et iam tempus equum fumantia solvere colla.

setzt er am Ulmbaum Kampfspiele an für die Hüter der
Herden,
und zum ländlichen Ringen entblößt man stählerne
Glieder.
Solch ein Leben führten dereinst die alten Sabiner,
so wuchsen Remus und Romulus auf und die starken
Etrusker,
so wuchs auf voll Macht in der Welt die strahlende Roma,
sieben Burgen umfaßte geeint der Ring ihrer Mauer.
Ehe die eiserne Weltzeit geherrscht und ehe ein rohes,
fühllos Geschlecht sich Stiere erschlug zu üppigem
Schmause,
lebte so Saturnus auf Erden in goldener Weltzeit.
Damals hörte man nicht die Kriegstrompete erschallen,
nirgends klirrte der Hämmer Geläut schwertschmiedend
am Amboß.

Aber wir haben des Rennens gewaltige Strecke
durchmessen,
Zeit ist's, vom Joche zu lösen der Rosse dampfenden
Nacken.

Johannes und Maria Götte

31

Copa

Copa Surisca caput Graeca redimita mitella,
   crispum sub crotalo docta movere latus,
ebria famosa saltat lasciva taberna
   ad cubitum raucos excutiens calamos.
quid iuvat aestivo defessum pulvere abesse,   5
   quam potius bibulo decubuisse toro?
sunt topia et kelebes, cyathi, rosa, tibia, chordae,
   et triclia umbrosis frigida harundinibus.
en et, Maenalio quae garrit dulce sub antro,
   rustica pastoris fistula more sonat.   10
est et vappa cado nuper defusa picato
   et strepitans rauco murmure rivus aquae.
sunt etiam croceo violae de flore corollae,
   sertaque purpurea lutea mixta rosa,
et quae virgineo libata Achelois ab amne   15
   lilia vimineis attulit in calathis.
sunt et caseoli quos iuncea fiscina siccat.
   sunt autumnali cerea pruna die.

Das Schenkmädchen

Syriens Schenkin, geübt, nach dem Takte der
                Rohrkastagnetten
  Zierlich und schmuck sich zu drehn, griechische Bänder
            im Haar,
Tanzt vom Becher erhitzt an dem Tor der geschwärzten
             Taberne,
  Während sie über dem Haupt rasselnd die Klappern
            bewegt.
Fremdling, willst du erschöpft im brennenden Staube
             vorbeiziehn,
  Statt, hinlagernd am Wein, dir ein Genüge zu tun?
Hier sind Fässer und Krüge genug, hier Saiten und Flöten,
  Becher und Blumen, und kühl spannt sich aus Rohr das
            Gezelt.
Auch des Hirten Schalmei, die Verkünderin ländlicher
             Freuden,
  Schallt, wie sie lieblicher nicht Mänalus' Grotte vernahm.
Landwein haben wir hier, erst eben gezapft aus dem
             Pechschlauch,
  Haben daneben den Born, der mit Geplätscher
            entrauscht.
Hier sind gelbe Violen, zum Kranz anmutig gewunden,
  Hier mit lichtem Jasmin purpurne Rosen verwebt,
Lilien auch, von des Bachs jungfräulicher Quelle
            gefeuchtet,
  Die im Körbchen von Bast gütig die Nymphe beschert.
Auf dem Binsengeflecht schon trocknen die zierlichen
             Käse,
  Pflaumen, golden wie Wachs, liefert der Herbst auf den
            Tisch;

castaneaeque nuces et suave rubentia mala,
    est hic munda Ceres, est Amor, est Bromius.   20
sunt et mora cruenta et lentis uva racemis,
    et pendet iunco caeruleus cucumis.
est tuguri custos armatus falce saligna,
    sed non et vasto est inguine terribilis.
huc Calybita veni, lassus iam sudat asellus.   25
    parce illi, Vestae delicium est asinus.
nunc cantu crebro rumpunt arbusta cicadae,
    nunc vepris in gelida sede lacerta latet.
si sapis, aestivo recubans   prolve vitro,
    seu vis crystalli ferre novos calices.   30
heia age pampinea fessus requiesce sub umbra
    et gravidum roseo necte caput strophio,
formosum tenerae decerpens ora puellae.
    a pereat cui sunt prisca supercilia!
quid cineri ingrato servas bene olentia serta?   35
    anne coronato vis lapide ista tegi?
pone merum et talos.   pereat qui crastina curat.
    mors aurem vellens "vivite" ait "venio."

Auch der Kastanie Frucht und den hellrot schwellenden
Apfel,
  Eben am Stengel gereift, blauliche Gurken dazu,
Blutige Maulbeern auch und rankende Trauben, es winken
  Ceres in reinster Gestalt, Amor und Bromius dir.
Kehre denn ein! Von Schweiß schon trieft dein
keuchendes Saumtier,
  Schon es; erwies sich doch selbst Vesta den Eseln
geneigt.
Schwirrend ertönt in den Büschen bereits der Gesang der
Zikade,
  Und in den kühlsten Versteck schlüpft die Lacerte
zurück.
Bist du gescheit, so trink aus dem Mischkrug gleich dir
ein Räuschchen,
  Oder beliebt dir ein Kelch erst aus geschliffnem
Kristall?
Eia, dehne die Glieder zur Rast im Schatten des
Weinlaubs,
  Und mit Rosengewind kränze das trunkene Haupt!
Nippe, Jüngling, den Kuß von den blühenden Lippen des
Mädchens,
  Gönn es den Greisen, die Stirn mürrisch in Falten zu
ziehn!
Willst du den duftenden Kranz für ein fühllos Restchen
von Asche
  Sparen und wähnst fürs Grab unsere Blumen gepflückt?
Wein und Würfel daher! Wer grämt sich um morgen! –
Im Nacken
  Steht uns der Tod und »Lebt!« raunt er, »ich bleibe
nicht aus.«

Emanuel Geibel

32

Moretum

Iam nox hibernas bis quinque peregerat horas
excubitorque diem cantu praedixerat ales,
Simylus exigui cultor cum rusticus agri,
tristia venturae metuens ieiunia lucis,
membra levat vili sensim demissa grabato   5
sollicitaque manu tenebras explorat inertis
vestigatque focum, laesus quem denique sensit.
parvulus exusto remanebat stipite fumus
et cinis obductae celabat lumina prunae.
admovet his pronam summissa fronte lucernam   10
et producit acu stuppas umore carentis,
excitat et crebris languentem flatibus ignem.
tandem concepto, sed vix, fulgore recedit,
oppositaque manu lumen defendit ab aura,
et reserat plausa quae pervidet ostia clavi.   15
fusus erat terra frumenti pauper acervus:
hinc sibi depromit, quantum mensura patebat,
quae bis in octonas excurrit pondere libras.
    Inde abit adsistitque molae parvaque tabella,

32

Das Kräuterkäsgericht

Schon hatte zweimal die Nacht fünf Winterstunden
vollendet,
Schon den Tag prophezeit der Gesang des geflügelten
Wächters:
Da ließ langsam herab vom ärmlichen Lager die Glieder
Simylus und stand auf (ein Bauer, auf dürftigem Gütchen),
Furcht vor quälendem Hunger am kommenden Tage
bewog ihn.
Ängstlich mit zitternder Hand erforscht er das lastende
Dunkel,
Tappt nach dem Herd, stößt an, daß es schmerzt, und
erfühlet ihn endlich.
Noch vom verbrannten Scheite erhob sich ein spärliches
Räuchlein,
Unter der Asche von gestern verborgen glomm eine
Kohle.
Dicht an die Glut mit gerunzelter Stirn hält er schräg
seine Lampe,
Zieht mit der Nadel den Docht hervor, denn er ist noch
so trocken.
Dabei weckt er mit häufigem Blasen das lässige Feuer.
Endlich fängt er den Funken mit Not und wendet sich
rückwärts,
Deckt das Licht mit erhobener Hand, vor der Luft es zu
schützen.
Jetzt erkennt er die Türe der Kammer: sein Schlüssel
erschließt sie.
Drinnen lag auf der Erde ein ärmlicher Haufe Getreide,
Davon nimmt er hinweg, soviel, um die Metze zu füllen,
Die an Gewicht zweimal acht Pfunde Getreides umfaßte.
Geht dann zurück und tritt zur Mühle; die Lampe,
die treue,

quam fixam paries illos servabat in usus,   20
lumina fida locat.   geminos tum veste lacertos
liberat et cinctus villosae tegmine caprae
perverrit cauda silices gremiumque molarum.
advocat inde manus operi, partitus utrimque:
laeva ministerio, dextra est intenta labori.   25
haec rotat assiduum gyris et concitat orbem,
tunsa Ceres silicum rapido decurrit ab ictu.
interdum fessae succedit laeva sorori
alternatque vices.   modo rustica carmina cantat
agrestique suum solatur voce laborem,   30
interdum clamat Scybalen.   erat unica custos,
Afra genus, tota patriam testante figura,
torta comam labroque tumens et fusca colore,
pectore lata, iacens mammis, compressior alvo,
cruribus exilis, spatiosa prodiga planta.   35
hanc vocat atque arsura focis imponere ligna   37
imperat et flamma gelidos adolere liquores.

   Postquam implevit opus iustum versatile finem,
transfert inde manu fusas in cribra farinas   40
et quatit, ac remanent summo purgamina dorso.
subsidit sincera foraminibusque liquatur

Stellt er ab auf ein Brettchen, das eben hierzu befestigt
Hing an der Wand. Sodann befreit er vom Kleide die
beiden
Arme, und mit dem Fell der zottigen Ziege gegürtet,
Fegt er mit ihrem Schwanze den Schoß und die Steine
der Mühle,
Ruft dann die Hände ans Werk, dem beiderseitig,
er obliegt.
Während die Linke bedient, ist die Rechte hart an der
Arbeit:
Sie läßt kreisen das Rund in immerwährendem Umlauf
(Ceres fließet herab, vom Stoß der Steine zermalmet);
Manchmal kommt auch die Linke der müden Schwester
zu Hilfe
Und sie tauschen die Rollen. Bald singt er ländliche Lieder
Und versüßt sich die Müh durch den Klang der
bäurischen Stimme.
Scybale ruft er herbei (das war seine einzige Hütrin,
Afrischen Stammes, vom Kopf bis zum Fuß die Heimat
bezeugend:
Krausliches Haar, die Lippe geschwellt und schwärzlich
die Farbe,
Obenher breit, mit hängenden Brüsten und schmäler
am Bauche,
Schmächtig die Schenkel, jedoch mit breit ausladendem
Fuße),
Die also ruft er und heißt auf den Herd sie Hölzer zum
Brande
Legen und dann mit den Flammen das Naß, das kalte,
zu hitzen.
Als das drehende Werk sein rechtes Ende gefunden,
Trägt er hinüber das Schrot mit der Hand, ins Sieb es
zu schütten,
Schwingts, und es bleibt ganz oben zurück der schmutzige
Abfall,
Abwärts sinkt die gesäuberte Ceres, reinlich geschieden,

emundata Ceres.   levi tum protinus illam
componit tabula, tepidas super ingerit undas,
contrahit admixtas nunc frondes atque farinas: 45
transversat durata manu, liquidoque coacto
interdum grumos spargit sale, iamque subactum
levat opus, palmisque suum dilatat in orbem,
et notat impressis aequo discrimine quadris.
infert inde foco (Scybale mundaverat aptum   50
ante locum) testisque tegit, super aggerat ignis.
dumque suas peragit Vulcanus Vestaque partes,
Simylus interea vacua non cessat in hora,
verum aliam sibi quaerit opem, neu sola palato
sit non grata Ceres, quas iungat comparat escas.   55
non illi suspensa focum carnaria iuxta,
durati sale terga suis truncique, vacabant,
traiectus medium sparto sed caseus orbem
et vetus astricti fascis pendebat anethi.
ergo aliam molitur opem sibi providus heros.   60
   Hortus erat iunctus casulae, quem vimina pauca
et calamo rediviva levi munibat harundo,
exiguus spatio, variis sed fertilis herbis.

Fällt durch die Löcher des Siebs, Er nimmt sie und schüttet
sie sorglich
Auf das geglättete Brett, gießt laulliches Wasser darüber,
Mischt dann das Naß und das Mehl durcheinander und
zieht sie zusammen
Und durchknetet das zähe Gemisch, das die Flüssigkeit
aufsaugt,
Streut zuweilen auch Salz auf die Klumpen. Die fertige
Masse
Glättet er, breitet sie aus mit der Hand in die richtige
Rundung,
Drückt dann quadratische Muster hinein, eins neben
das andre,
Trägt sie zum Herd, wo Scybale schon die passende
Stelle
Sauber gefegt, deckt Ziegel darauf, häuft Feuer darüber.
Während nun dort Volkan sein Werk verrichtet mit Vesta,
Rastet Simylus nicht in unbeschäftigter Muße.
Weiteres rüstet er zu: damit nicht dem Gaumen mißfalle
Ceres, wenn sie allein, bereitet er ihr eine Zukost.
Fleischhaken freilich hängen ihm nicht zur Seite des
Herdes,
Gänzlich fehlt ihm des Schweins im Salze gehärteter
Rücken.
Aber ein Käs, in der Mitte des Runds durchbohret
vom Pfriemgras,
Hing ihm bereit und getrockneter Dill, in ein Bündel
geschnüret.
Also sucht er noch andere Zukost, der Groschen zu
schonen.
Gleich an das Häuschen grenzte der Garten, den weniges
Flechtwerk
Und zartschwankendes Rohr, lebendig grünend,
beschützte,
Klein nur an Fläche, doch reich bestanden mit mancherlei
Krautwerk.

nil illi derat quod pauperis exigit usus;
interdum locuples a paupere plura petebat.   65
nec sumptus erat illud opus, sed recula curae:
si quando vacuum casula pluviaeve tenebant
festave lux, si forte labor cessabat aratri,
horti opus illud erat.   varias disponere plantas
norat et occultae committere semina terrae   70
vicinosque apte circa summittere rivos.
hic holus, hic late fundentes bracchia betae
fecundusque rumex malvaeque inulaeque virebant,
hic siser et nomen capiti debentia porra,
[hic etiam nocuum capiti gelidumque papaver,]   75
grataque nobilium requies lactuca ciborum,
. . . . . . crescitque in acumina radix,
et gravis in latum demissa cucurbita ventrem.
verum hic non domini (quis enim contractior illo?)
sed populi proventus erat, nonisque diebus   80
venalis umero fascis portabat in urbem:
inde domum cervice levis, gravis aere redibat,
vix umquam urbani comitatus merce macelli.
caepa rubens sectique famem domat area porri,

Alles war dort zur Hand, was dem Armen dienet zur
Nahrung,
Und es holte sogar sich der Reiche manchmal vom
Armen.
All das kostet ihn nichts, es mehrte sogar sein
Vermögen.
Hielt ihn frei von der täglichen Arbeit ein Regen zu
Hause
Oder ein Fest und rastete dann der mühende Pflug ihm,
Dient er dem Garten. In Reihn zu setzen mancherlei
Pflanzen
Wußt er und Samen und Körner ins Dunkel der Erde zu
senken,
Fließendes Wasser geschickt aus der Nähe darüber zu
leiten.
Dort stand Kohl, stand weit ihre Arme breitende Beete,
Ampfer, üppig und reich, und Malven grünten und
Alant,
Dort auch Rapunzel und Lauch, der dem Kopf den
Namen verdanket,
Spargel, der aus der Wurzel in spitzen Speeren
emporschießt,
Dort, schwer lastend, den Bauch ins Breite dehnender
Kürbis.
All das nicht für den Herrn (wer lebte beschränkter als
dieser?),
Anderen dient des Gartens Ertrag: an jeglichem
Markttag
Trug zum Verkauf in die Stadt er auf eigener Schulter die
Bündel.
Kehrt er dann heim, war der Nacken ihm leicht, schwer
trug er am Gelde;
Kaum je brachte er mit eine Ware vom städtischen
Fleischmarkt.
Rötliche Zwiebel allein und Lauchkraut stillt ihm den
Hunger

quaeque trahunt acri vultus nasturtia morsu,   85
intibaque et Venerem revocans eruca morantem.
  Tunc quoque tale aliquid meditans intraverat hortum.
ac primum leviter digitis tellure refossa
quattuor educit cum spissis alia fibris;
inde comas apii gracilis rutamque rigentem   90
vellit et exiguo coriandra trementia filo.
haec ubi collegit, laetum consedit ad ignem.
et clara famulam poscit mortaria voce.
singula tum capitum nodoso corpore nudat
et summis spoliat coriis contemptaque passim   95
spargit humi atque abicit.   servatum gramine bulbum
tingit aqua lapidisque cavum dimittit in orbem.
his salis inspargit micas, sale durus adesso
caseus adicitur, dictas super interit herbas,
et laeva vestem saetosa sub inguina fulcit.   100
dextera pistillo primum fraglantia mollit
alia, tum pariter mixto terit omnia suco.
it manus in gyrum: paulatim singula viris
deperdunt proprias, color est e pluribus unus,
nec totus viridis, quia lactea frusta repugnant,   105
nec de lacte nitens, quia tot variatur ab herbis.

Und die mit bittrem Geschmack die Miene verziehet, die
Kresse,
Auch wohl Endivie und Rauke, der Anreiz zögernder
Liebe.
Darnach stand ihm der Sinn auch jetzt, da er ging in den
Garten.
Lockert zuerst nur leicht mit den Fingern die obere Erde,
Ziehet den Knoblauch heraus, vier Stück mit dem
Wurzelgefaser;
Darauf pflückt er vom Laub des zierlichen Eppichs, der
Raute
Starrendes Blatt, Koriander, der schwankt am Faden des
Stengels.
So hat er alles beisammen und setzt sich ans muntere
Feuer
Und von der Dienerin heischt er mit schallender Stimme
den Mörser.
Dann befreit er zuerst die Knoblauchköpfe vom Körper,
Blättert die Häute herunter, die äußeren, die er verächtlich
Rings auf den Boden verstreut und wegwirft. Die
Zwiebeln bewahrt er,
Netzt sie und senkt sie hinab in des Steines rundliche
Höhlung.
Salz nun streuet er drauf, und vom Salze gehärteten Käse
Tut er hinzu, legt oben darauf die erwähnten Kräuter;
Stopft dann unter die struppige Scham mit der Linken
den Kittel,
Aber die Rechte erweicht mit dem Stössel den duftenden
Knoblauch;
Dann zerstampft sie das Ganze, es wird vom Safte
durchdrungen.
Ringsum wandert die Hand: allmählich verlieren die Teile,
Jeder die eigene Kraft: die Farbe aus mehreren eine,
Nicht ganz grün, da die Brocken des milchigen Käses es
hindern,
Nicht schlohweiß von der Milch, da soviel der Kräuter es
färben.

saepe viri naris acer iaculatur apertas
spiritus et simo damnat sua prandia vultu,
saepe manu summa lacrimantia lumina terget
immeritoque furens dicit convicia fumo.   110
procedebat opus: non iam salebrosus, ut ante,
sed gravior lentos ibat pistillus in orbis.
ergo Palladii guttas instillat olivi
exiguique super viris infundit aceti,
atque iterum commiscet opus mixtumque retractat. 115
tum demum digitis mortaria tota duobus
circuit inque globum distantia contrahit unum,
constet ut effecti species nomenque moreti.
eruit interea Scybale quoque sedula panem:
quem tertis recipit manibus, pulsoque timore   120
iam famis, inque diem securus Simylus illam,
ambit crura ocreis paribus, tectusque galero
sub iuga parentis cogit lorata iuvencos,
atque agit in segetes et terrae condit aratrum.

Oft trifft beizender Hauch des Mannes weit offene Nase
Und mit gerümpftem Gesicht verwünscht er selber sein
Frühstück;
Oft auch wischt mit dem Rücken der Hand er die
tränenden Augen
Und mit zornigem Wort verflucht er den schuldlosen
Herdrauch.
Vorwärts schreitet das Werk; und nicht mehr hüpfend
wie früher,
Sondern schwerer bewegt sich der Stössel in langsamen
Kreisen.
Da nun träufelt er auf vom Öl, dem Palladischen,
Tropfen,
Gießt auch sparsam dazu den kraftvoll wirkenden Essig
Und mischt wieder sein Werk, und wieder stößt er die
Mischung.
Dann erst geht er im Innern des Mörsers mit zweien
der Finger
Rings im Kreise und ballt das Getrennte zusammen zur
Kugel;
Jetzt ist fertig die Schöpfung, nach Art und Namen
Moretum.
Scybale feierte nicht: sie zieht das Brot aus dem Feuer,
Reicht es ihm hin, er nimmt es vergnügt; die Angst vor
dem Hunger
Ist so verscheucht und ledig der Sorgen ist Simylus heute.
Legt um die Beine das Paar der Gamaschen und nimmt
sich die Kappe;
Unters Joch mit den Riemen die willig gehorchenden
Rinder
Schirrt er und führt sie aufs Feld und senkt in die Erde
die Pflugschar.

Richard Heinze

33

Carmina I 1

Maecenas atavis edite regibus,
o et praesidium et dulce decus meum:
sunt quos curriculo pulverem Olympicum
collegisse iuvat metaque fervidis
evitata rotis palmaque nobilis   5
terrarum dominos evehit ad deos;
hunc, si mobilium turba Quiritium
certat tergeminis tollere honoribus;
illum, si proprio condidit horreo
quidquid de Libycis verritur areis.   10
gaudentem patrios findere sarculo
agros Attalicis condicionibus
numquam demoveas, ut trabe Cypria
Myrtoum pavidus nauta secet mare;
luctantem Icariis fluctibus Africum   15
mercator metuens otium et oppidi
laudat rura sui: mox reficit rates
quassas indocilis pauperiem pati.
est qui nec veteris pocula Massici
nec partem solido demere de die   20
spernit, nunc viridi membra sub arbuto
stratus, nunc ad aquae lene caput sacrae;
multos castra iuvant et lituo tubae
permixtus sonitus bellaque matribus
detestata; manet sub Iove frigido   25
venator tenerae coniugis inmemor,
seu visa est catulis cerva fidelibus,
seu rupit teretes Marsus aper plagas.

33

An Maecenas

Königssprosse, Mäcen, Du mein erhabener
Schutzfreund, süßer Gewinn, Würde des Lebens mir,
Vielen freilich gefällt Vieles. Olympischen
Staub erjagete sich, wer um das nächste Ziel
Schwang sein glühendes Rad. Palme des Ruhmes hebt,
Hebt die Herren der Welt hoch zu den Göttern auf.
Den erfreuet es, wenn Ihm des Quiritenvolks
Wankelmüthiger Schwarm höher und höhere
Würden schenket. Es lacht Jener im Inneren,
Wenn er Lybiens Saat sich in die Scheuer birgt.
Diesen, bötest Du ihm Attalus Schätze, daß
Er auf Cyprischem Schiff sich dem Aegeermeer
Zitternd traue, Du wirst nie ihn bewegen, wenn
Er sein väterlich Gut baute mit stiller Lust.
Den der Afrikus einst, mit den Ikarischen
Fluthen kämpfend, erschreckt, jener ein Handelsmann
Lobt die Ruhe sich jetzt an dem gelegenen
Städtchen. Aber ihm droht Mangel, den Mangel kann
Er nicht tragen, er flickt bald das gebrochne Schiff.
Wieder Jener verschmäht Massischen alten Wein,
Wär's an Mitte des Tags, nimmer. Im Grase jetzt
Unterm Schattengebüsch, jetzt an der rieselnden
Heilgen Quelle, wie sanft streckt er die Glieder aus.
Viele locket das Feld! locket der Tuba Ton,
Der Trommete Gehall, und der verwünschte Krieg,
Den die Mutter beweint. Weilet der Jäger nicht
Starr im Froste, sobald hier ein gejagter Hirsch
Seinem Hunde sich zeigt, oder ein Marsisch Schwein
Dort die Netze zerriß; und er vergaß bei ihm
Seiner Gattin, die zart jetzt ihn erwartete.

me doctarum hederae praemia frontium
dis miscent superis, me gelidum nemus   30
Nympharumque leves cum Satyris chori
secernunt populo, si neque tibias
Euterpe cohibet nec Polyhymnia
Lesboum refugit tendere barbiton.
quodsi me lyricis vatibus inseres,   35
sublimi feriam sidera vertice.

34

Carmina I 5

Quis multa gracilis te puer in rosa
perfusus liquidis urget odoribus
   grato, Pyrrha, sub antro?
      cui flavam religas comam

simplex munditiis? heu quotiens fidem   5
mutatosque deos flebit et aspera
   nigris aequora ventis
      emirabitur insolens,

qui nunc te fruitur credulus aurea,
qui semper vacuam, semper amabilem   10
   sperat, nescius aurae
      fallacis. miseri, quibus

intemptata nites: me tabula sacer
votiva paries indicat uvida
   suspendisse potenti   15
      vestimenta maris deo.

Wohl dann! Ich o Mäcen wähle das Meinige.
Mir geliebet der Kranz weiserer Stirnen, der
Mich den Göttern gesellt; wenn mich ein kühlender
Hain, mit Satyren mich Chöre der Nymphen mich
Fern absondern dem Volk, und Polyhymnia
Mir die Leier bespannt, und auch Euterpe mir
Nicht die Flöte versagt, und o Mäcen auch Du
Mich den Dichtern, Du mich lyrischen Dichtern, Du
Zugesellest; ich schweb unter den Sternen dann.

Johann Gottfried Herder

34

Oden I 5

Welch schlanker Knabe, im Reichtum der Rosen,
überströmt von duftendem Naß, bedrängt
   dich, Pyrrha, in lieblicher Grotte?
      Für wen bindest du das blonde Haar,

einfach im Schmuck? Ach! Wie oft wird er deine Treue
und die umgestimmten Götter beweinen und rauhe
   Meere voll düsterer Stürme
      bestaunen, der Unerfahrene,

der jetzt dich genießt, leichtgläubig, du Goldene,
der immer dich frei, immer hold
   erhofft, unwissend, wie der Wind
      trügt. Unselig die, denen

ungeprüft du erglänzest! Von mir an heiliger
Mauer die Votivtafel kündet, wie ich feucht noch
   aufgehängt habe dem mächtigen
      Meergott meine Gewänder.

Bernhard Kytzler

35

Carmina I 9

Vides ut alta stet nive candidum
Soracte nec iam sustineant onus
　　silvae laborantes geluque
　　　　flumina constiterint acuto?

dissolve frigus ligna super foco   5
large reponens atque benignius
　　deprome quadrimum Sabina,
　　　　o Thaliarche, merum diota.

permitte divis cetera, qui simul
stravere ventos aequore fervido   10
　　deproeliantis, nec cupressi
　　　　nec veteres agitantur orni.

quid sit futurum cras, fuge quaerere, et
quem Fors dierum cumque dabit, lucro
　　adpone, nec dulcis amores   15
　　　　sperne puer neque tu choreas,

donec virenti canities abest
morosa.   nunc et campus et areae
　　lenesque sub noctem susurri
　　　　conposita repetantur hora,   20

[nunc et latentis proditor intumo
gratus puellae risus ab angulo
　　pignusque dereptum lacertis
　　　　aut digito male pertinaci.]

Die Verse in [ ] sind in der Übersetzung nicht berücksichtigt.

35

An Thaliarchus

Siehst du den Sorakte schimmern
Schneebeladen? Kaum ertragen
Ihre Last gedrückte Wälder,
Und die Ströme hemmt der Frost.

Mildere die Kälte, schichte
Holz auf Holz zur Flamme reichlich,
Geuß auch in sabin'sche Krüge
Williger den alten Wein.

And'res überlaß den Göttern,
Die den Kampf der Stürm' und Meere
Sänftigen, daß unerschüttert
Ulmen und Zypressen stehn.

Frage nicht, was morgen sein wird,
Zieh' Gewinn von jedem Tage,
Und verschmähe nicht die süßen
Musen, Knabe, nicht den Tanz:

Bis das Alter trüb' dich heimsucht:
Jetzt versäume nie den Zirkus,
Und des nächtlichen Geflüsters
Anberaumte Stunde nie! . . .

August von Platen

36

Carmina I 11

Tu ne quaesieris, scire nefas, quem mihi, quem tibi
finem di dederint, Leuconoe, nec Babylonios
temptaris numeros. ut melius, quidquid erit, pati.
seu pluris hiemes seu tribuit Iuppiter ultimam,
quae nunc oppositis debilitat pumicibus mare   5
Tyrrhenum: sapias, vina liques, et spatio brevi
spem longam reseces. dum loquimur, fugerit invida
aetas: carpe diem quam minimum credula postero.

37

Carmina I 23

Vitas inuleo me similis, Chloe,
quaerenti pavidam montibus aviis
    matrem non sine vano
        aurarum et silvae metu.

nam seu mobilibus veris inhorruit   5
adventus foliis seu virides rubum
    dimovere lacertae,
        et corde et genibus tremit.

36

Oden I 11

Du frage nicht – zu wissen wäre Frevel –, was mir, was
        dir
als Ziel die Götter gesetzt, Leukonoe, auch nicht
        babylonische Stern-
zeichen prüfe! Wieviel besser: Was auch geschieht, zu
        tragen.
Ob viele Winter noch, ob gewährt hat Jupiter schon den
        letzten,
der jetzt an widerstrebenden Klippen bricht das Meer
Tyrrhenias – weise sei, kläre den Wein, auf kurze Dauer
langwährende Hoffnung bemiß! Da wir noch sprechen, ist
        schon entflohen die neidische
Zeit: greif diesen Tag, nimmer traue dem nächsten!

          Bernhard Kytzler

37

Oden I 23

Du meidest mich, dem Hirschkalb gleich, Chloe,
das sucht auf unwegsamen Bergen nach der bangenden
 Mutter, nicht ohne grundlos
  Windhauch und Wälder zu fürchten.

Denn gleich ob sich geregt des Lenzes schauernde
Ankunft im Laub oder ob grün im Brombeergebüsch
 geraschelt die Eidechsen:
  sein Herz, seine Knie ihm erzittern.

atqui non ego te tigris ut aspera
Gaetulusve leo frangere persequor: 10
   tandem desine matrem
    tempestiva sequi viro.

38

Carmina I 34

Parcus Deorum cultor et infrequens
insanientis dum sapientiae
   consultus erro, nunc retrorsum
    vela dare atque iterare cursus

cogor relictos: namque Diespiter   5
igni corusco nubila dividens
   plerumque, per purum tonantes
    egit equos, volucremque currum:

quo bruta tellus et vaga flumina,
quo Styx, et invisi horrida Taenari   10
   sedes, Atlanteusque finis
    concutitur.   valet ima summis

mutare et insignem attenuat Deus
obscura promens.   hinc apicem rapax
   fortuna cum stridore acuto   15
    sustulit, hic posuisse gaudet.

Aber so doch bin nicht ich zu dir, so wie eine Tigerin
im Zorne
oder wie ein gätulischer Löwe – nicht dich zu
zermalmen folg ich dir nach;
endlich laß ab, der Mutter
zu folgen: reif bist du für den Mann.

Bernhard Kytzler

38

Oden I 34

In unsinnige Weisheit vertieft, irrt ich umher, ein karger, saumseliger Verehrer der Götter. Doch nun, nun spann ich, den verlaßnen Lauf zu erneuern, gezwungen die Segel zurück.

Denn sonst nur gewohnt die Wolken mit blendenden Blitzen zu trennen, trieb der Vater der Tage, durch den heitern Himmel, die donnernden Pferde und den beflügelten Wagen.

Auf ihm erschüttert er der Erde sinnlosen Klumpen, und die schweifenden Ströme; auf ihm den Styx und die niegesehenen Wohnungen im schrecklichen Tänarus, und die Wurzeln des Atlas.

Gott ist es, der das Tiefste ins Höchste zu verwandeln vermag, der den Stolzen erniedrigt, und das, was im Dunkeln ist, hervor zieht. Hier riß mit scharfem Geräusche das räuberische Glück den Wipfel hinweg, und dort gefällt es ihm, ihn anzusetzen.

Gotthold Ephraim Lessing

39

Carmina I 37

Nunc est bibendum, nunc pede libero
pulsanda tellus, nunc Saliaribus
   ornare pulvinar deorum
     tempus erat dapibus, sodales.

antehac nefas depromere Caecubum   5
cellis avitis, dum Capitolio
   regina dementis ruinas
     funus et imperio parabat

contaminato cum grege turpium
morbo virorum, quidlibet inpotens   10
   sperare fortunaque dulci
     ebria. sed minuit furorem

vix una sospes navis ab ignibus
mentemque lymphatam Mareotico
   redegit in veros timores   15
     Caesar ab Italia volantem

remis adurgens, accipiter velut
mollis columbas aut leporem citus
   venator in campis nivalis
     Haemoniae, daret ut catenis   20

fatale monstrum: quae generosius
perire quaerens nec muliebriter
   expavit ensem nec latentis
     classe cita reparavit oras,

ausa et iacentem visere regiam   25
voltu sereno, fortis et asperas
   tractare serpentes, ut atrum
     corpore conbiberet venenum,

39

An die Freunde

Jezt laßt uns trinken! jezt mit entbundnem Fuß
Den Boden stampfen! jezt ist es hohe Zeit,
  Der Götter Polster auszuschmücken
    Mit Saliarischem Mahl, o Freunde!

Jüngst war es Frevel, altenden Cäcuber
Vom Keller holen, während dem Capitol
  Die tolle Königin den Umsturz,
    Tod und Verderben dem Reiche drohte

Mit ihrer siechen Heerde Verschnittener,
Bethört von wild ausschweifenden Hoffnungen,
  Und trunken aus dem Kelch des Glückes.
    Aber der rasende Taumel schwand bald,

Als kaum den Feuerflammen Ein Schiff entrann.
Bald jagte Cäsar ihr, die der Wein des Nil
  Verwirrte, wahre Furcht ein; drang ihr,
    Als sie dem Italer-Strand enteilte,

Mit schnellen Rudern nach, – wie der zarten Taub'
Ein Habicht, und dem Hasen im Schneegefild
  Aemoniens ein rascher Jäger, –
    Ketten dem höllischen Scheusal drohend.

Doch sie, die edler endigen will, erblaßt
Jezt vor dem Stahl nicht feige nach Weibes Art,
  Noch sucht sie mit geschwinden Schiffen
    Hinter entlegenen Küsten Zuflucht;

Sieht ihres Thrones Sturz, die Unbeugsame,
Mit heitrer Stirn' an, muthig das schreckliche
  Gezücht der Schlangen fassend, läßt sich
    Tödtendes Gift in die Adern rinnen.

deliberata morte ferocior:
saevis Liburnis scilicet invidens   30
    privata deduci superbo
        non humilis mulier triumpho.

40

Carmina I 38

Persicos odi, puer, adparatus,
displicent nexae philyra coronae,
mitte sectari, rosa quo locorum
    sera moretur.

simplici myrto nihil adlabores
sedulus curo: neque te ministrum   5
dedecet myrtus neque me sub arta
    vite bibentem.

41

Carmina II 6

Septimi, Gadis aditure mecum et
Cantabrum indoctum iuga ferre nostra et
barbaras Syrtis, ubi Maura semper
    aestuat unda:

Zum Tod entschlossen, trotzig vergönnte sie
Den lezten Sieg der Flotte nicht, wollte nicht
   Herabgewürdigt vor des Siegers
      Wagen – kein niedriges Weib! – einherziehn.

Eduard Mörike

40

Oden I 38

Persiens Prunk ist mir zuwider, Knabe,
nicht wollen mir gefallen mit Lindenbast gebundene Kränze,
laß ab zu suchen, wo die Rose wohl
   spät noch verweilt.

Schlichter Myrte nichts füge hinzu
im Eifer – so mag ich's! Nicht dich als Schenken
ziert schlecht die Myrte, noch mich, wenn ich unter dichtem
   Weinlaube trinke.

Bernhard Kytzler

41

Oden II 6

Du, der mit mir zu den Gaden zu gehn bereit ist
   Und zum Cantabrier hin,
      Der unser Joch zu tragen nicht weiß,
         Und zu den Syrten der Barbarei, wo immer gären
           Die Maurischen Wasser.

Tibur Argeo positum colono   5
sit meae sedes utinam senectae,
sit modus lasso maris et viarum
    militiaeque.

unde si Parcae prohibent iniquae,
dulce pellitis ovibus Galaesi   10
flumen et regnata petam Laconi
    rura Phalantho.

ille terrarum mihi praeter omnis
angulus ridet, ubi non Hymetto
mella decedunt viridique certat   15
    baca Venafro,

ver ubi longum tepidasque praebet
Iuppiter brumas et amicus Aulon
fertili Baccho minimum Falernis
    invidet uvis.   20

ille te mecum locus et beatae
postulant arces: ibi tu calentem
debita sparges lacrima favillam
    vatis amici.

42

Carmina II 14

Eheu fugaces, Postume, Postume,
labuntur anni nec pietas moram
    rugis et instanti senectae
        adferet indomitaeque morti,

Mein Septimius! wann mir nur einst Tibur,
  Erbaut von Argiverkolonien,
    Die Ruhestätte meines Alters ist,
      Das Ziel des Manns, den Meer und Straßen
        Müde gemacht und der Kriegsdienst.

Lassen mich dorthin nicht die neidischen Parzen,
  So will ich suchen den Galesusstrom,
    Den lieblichen mit den wolligen Schafen,
      Und die Felder, vom Spartaner
        Phalantus beherrscht.

Vor allen Ländern lächelt jenes Eckchen
  Der Erde mich an, wo der Honig nicht
    Dem Hymettos weicht, und die Beere sich mißt
      Mit dem grünen Venafrum,

Wo lange Frühlinge, laue Winter
  Jupiter schenkt, und Aulon, geliebt
    Vom fruchtbaren Bacchus, mit nichten Falerner
      Trauben beneidet.

Jene Plätze laden,
  Jene seligen Lustgebäude dich ein;
    Dort wirst du deines Dichters warme Asche
      Mit der Träne, die er fordert, bestreun.

                              Friedrich Hölderlin

42

An Postumus

Ach, wie im Fluge, Postumus, Postumus,
Entfliehn die Jahre! Frömmigkeit hält umsonst
  Das Alter, das die Schläfe furchet,
    Hält den unbändigen Tod umsonst auf;

non si trecenis quotquot eunt dies,   5
amice, places inlacrimabilem
   Plutona tauris, qui ter amplum
    Geryonen Tityonque tristi

conpescit unda, scilicet omnibus,
quicumque terrae munere vescimur,   10
   enaviganda, sive reges
    sive inopes erimus coloni.

frustra cruento Marte carebimus
fractisque rauci fluctibus Hadriae,
   frustra per autumnos nocentem   15
    corporibus metuemus Austrum:

visendus ater flumine languido
Cocytos errans et Danai genus
   infame damnatusque longi
    Sisyphus Aeolides laboris,   20

linquenda tellus et domus et placens
uxor, neque harum quas colis arborum
   te praeter invisas cupressos
    ulla brevem dominum sequetur.

absumet heres Caecuba dignior   25
servata centum clavibus et mero
   tinguet pavimentum superbo,
    pontificum potiore cenis.

Und brächtest du zur Sühnung auch jeden Tag
Dreihundert Opferstiere dem ehrnen Gott,
   Ihm, der den dreigestalt'gen Riesen,
     Geryon, drunten gefangen hält, und

Den ungeheuren Tityos, im Bereich
Des Stroms, den Alle, die wir der Erde Frucht
   Genießen, Fürstenkinder oder
     Dürftige Pflüger, beschiffen werden.

Vergebens, Freund, entgehn wir der Wuth des Mars,
Den wildgebrochnen Fluthen des Adria,
   Vergebens sichern wir im Herbstmond
     Uns vor den schädlichen Mittagswinden:

Wir müssen doch den schwarzen Kocytus sehn
In krummen Ufern schleichen, des Danaus
   Verruchte Brut, den Aeoliden
     Sisyphus, ewig verdammt zur Arbeit.

Verlassen mußt du Felder und Haus, und ach!
Dein süßes Weib; der Bäume, die du gepflegt,
   Wird keiner seinem kurzen Eigner,
     Als die verhaßte Cypresse, folgen.

Dann trinkt ein klügrer Erbe den Cäcuber,
Den hundert Schlösser hüten, und nezt mit Wein,
   Den edler nicht des Oberpriesters
     Tafel gewähret, den Marmor-Estrich.

Eduard Mörike
nach älteren Übersetzern

43

Carmina III 1

Odi profanum volgus et arceo.
favete linguis: carmina non prius
   audita Musarum sacerdos
     virginibus puerisque canto.

regum timendorum in proprios greges,   5
reges in ipsos imperium est Iovis,
   clari Giganteo triumpho,
     cuncta supercilio moventis.

est ut viro vir latius ordinet
arbusta sulcis, hic generosior   10
   descendat in campum petitor,
     moribus hic meliorque fama

contendat, illi turba clientium
sit maior: aequa lege Necessitas
   sortitur insignis et imos,   15
     omne capax movet urna nomen.

destrictus ensis cui super inpia
cervice pendet, non Siculae dapes
   dulcem elaborabunt saporem,
     non avium citharaeque cantus   20

somnum reducent: somnus agrestium
lenis virorum non humilis domos
   fastidit umbrosamque ripam,
     non Zephyris agitata tempe.

43

1. Römerode

Unreinen Pöbel haß ich und halt ihn fern!
Seid fromm und schweigt! – Ein nimmer vernommnes
                                                    Lied
  Sing ich, ihr Knaben, euch und Jungfraun,
    Ich, den die Muse geweiht, ein Priester.

Die Furcht des Königs bändiget Herden Volks;
Ihn selbst, den König, bändiget Jovis Macht,
  Der über den Giganten aufging,
    Der mit der Braue das Weltall regelt.

Es ist, daß Mann dem Manne verglichen wird
Um Wingerts Breiten, edleren Blutes Der
  Vom Volk im Marsfeld Ämter fodert,
    Jenen sein Wandel und Ruf, den andern

Der Schutzverwandtschaft wimmelnder Schwarm
                                                    empfiehlt.
Doch schüttelt Not mit gleicher Gerechtigkeit
  Die hellen wie die dunklen Lose;
    Jeglichen Namen verwahrt die Urne.

Gezücktes Schwert, wem's über der Scheitel hangt,
Der gottverfluchten, wendet das Königsmahl
  Den Wohlgeschmack im Mund zu Gallen,
    Rufen nicht Vogelgesang noch Laute

Den Schlaf herbei. Schlaf bäurischer Männer ist
Gar süß, verachtet niedere Wohnstatt nicht
  Und nicht des Waldbachs Ranft und Täler,
    Da der belebende Westwind säuselt.

desiderantem quod satis est neque   25
tumultuosum sollicitat mare
  nec saevus Arcturi cadentis
    impetus aut orientis Haedi,

non verberatae grandine vineae
fundusque mendax, arbore nunc aquas   30
  culpante, nunc torrentia agros
    sidera, nunc hiemes iniquas.

contracta pisces aequora sentiunt
iactis in altum molibus: huc frequens
  caementa demittit redemptor   35
    cum famulis dominusque terrae

fastidiosus; sed Timor et Minae
scandunt eodem quo dominus, neque
  decedit aerata triremi et
    post equitem sedet atra Cura.   40

quodsi dolentem nec Phrygius lapis
nec purpurarum sidere clarior
  delenit usus nec Falerna
    vitis Achaemeniumque costum,

cur invidendis postibus et novo   45
sublime ritu moliar atrium?
  cur valle permutem Sabina
    divitias operosiores?

Wer das begehrt, des jeder bedürftig ist,
Den schreckt des Meers gefährlicher Aufruhr nicht,
  Schreckt nicht des Rinderhirten Abschied
    Oder des grimmigen Fuhrmanns Aufgang;

Nicht Hagelschlag im Rebengeländ und Korn,
Auch nicht Verdruß, wenn Anger und Ölbaum bald
  Dem Regen schuld gibt, bald des Hundssterns
    Dörrenden Gluten und bald dem Winter.

Dem Volk der Fische dünket sein Reich verengt
Durch eure Bauten. Siehe, der Meister stürzt
  Sein Mauerwerk mit den Gesellen
    Weit in die Fluten; ihm folgt der Fronherr,

Weil ihn die Feste widert. – Doch Furcht und Dräun
Gehn mit dem Fronherrn einerlei Weg. Es steigt
  Ins erzumschlagne Schiff und sitzet
    Hinter dem Reiter mit auf die Sorge.

Und sänftet ihm kein phrygischer Marmorstein
Noch seltnen Purpurs Sternengeweb die Sucht,
  Noch des Falerners reife Lese
    Oder die Narde des Morgenlandes,

Was soll denn ich nach neuem Gebrauch mir Saal
Und Säule türmen, daß es den Neider kränk?
  Was soll ich mühevollen Reichtum
    Mit dem sabinischen Tal vertauschen?

                              Rudolf Alexander Schröder

44

Carmina III 9

"Donec gratus eram tibi
  nec quisquam potior bracchia candidae
cervici iuvenis dabat,
  Persarum vigui rege beatior."

"donec non alia magis   5
  arsisti neque erat Lydia post Chloen,
multi Lydia nominis
  Romana vigui clarior Ilia."

"me nunc Thressa Chloe regit,
  dulcis docta modos et citharae sciens,   10
pro qua non metuam mori,
  si parcent animae fata superstiti."

"me torret face mutua
  Thurini Calais filius Ornyti,
pro quo bis patiar mori,   15
  si parcent puero fata superstiti."

"quid si prisca redit Venus
  diductosque iugo cogit aeneo,
si flava excutitur Chloe
  reiectaeque patet ianua Lydiae?"   20

"quamquam sidere pulcrior
  ille est, tu levior cortice et inprobo
iracundior Hadria,
  tecum vivere amem, tecum obeam lubens."

44

Versöhnung

Horaz   Lydia

H.   Als du mich noch im Herzen trugst
Und kein trauterer Freund zärtlich die Arme dir
   Um den blendenden Nacken wand,
Schwelgt' in reicherem Glück Persiens Herrscher nicht!

L.   Als ich dir noch allein gefiel
Und vor Chloe noch nicht Lydiens Reiz erblich,
   Ging mein Name von Mund zu Mund,
Selbst nicht Ilias Ruhm strahlte so hell im Lied!

H.   Jetzt beherrscht mich die Thrakerin
Chloe; lieblicher singt keine zum Lautenspiel;
   Freudig will ich den Tod bestehn,
Gönnt der Süßen dafür Leben und Heil ein Gott!

L.   Mich hat Kalais, Thuriums
Sohn, entzündet und gibt Glut mir um Glut zurück;
   Zwiefach duld ich des Todes Pein,
Gönnt dem Knaben dafür Leben und Heil ein Gott!

H.   Doch wenn sanft die Getrennten nun
Alter Liebe Gewalt wieder zusammenzwingt?
   Wenn nun Chloe, die Blonde, weicht
Und mein Pförtchen, wie sonst, Lydien offen steht?

L.   Schön ist jener wie Phöbus zwar,
Du noch schwanker als Rohr, leichter in Zorn gestürmt
   Als der Hadria wilde Flut,
Doch in Leben und Tod will ich die deine sein!

                                        Emanuel Geibel

45

Carmina III 13

O fons Bandusiae, splendidior vitro,
dulci digne mero non sine floribus,
   cras donaberis haedo,
     cui frons turgida cornibus

primis et venerem et proelia destinat –   5
frustra, nam gelidos inficiet tibi
   rubro sanguine rivos
     lascivi suboles gregis.

te flagrantis atrox hora Caniculae
nescit tangere, tu frigus amabile   10
   fessis vomere tauris
     praebes et pecori vago.

fies nobilium tu quoque fontium
me dicente cavis inpositam ilicem
   saxis, unde loquaces   15
     lymphae desiliunt tuae.

46

Carmina III 25

Quo me, Bacche, rapis tui
  plenum? quae nemora aut quos agor in specus
velox mente nova? quibus
  antris egregii Caesaris audiar

45

An die Blandusische Quelle

O Blandusiens Quell, silbern und Spiegelhell,
Werth mit Weine vermählt, Blumen gekränzt zu seyn,
   Morgen soll dich ein Opfer
     Zieren, dem an der Stirne schon

Knoten sprossen: es sinnt, siehe, das Böcklein sinnt
Lieb' und Schlachten! Umsonst. Soll das Gewässer mit
   Rothem Blute dir färben,
     Aller Heerden itzt Bräutigam.

Nicht der brennende Hauch dörrenden Sommers kann
Dich berühren: Du strömst irrendem Vieh! Du strömst
   Matt erlechzetem Stiere
     Sanfte wonnige Kühlung dar.

Lieblich rinnender Quell! unter den edelsten
Quellen wird dich mein Lied preisen! wie oben sich
   Felsen wölben, und nieden
     Hin die schwätzende Nymphe wallt.

Johann Gottfried Herder

46

Oden III 25

   Wohin ziehst du mich,
   Fülle meines Herzens,
   Gott des Rausches,
   Welche Wälder, welche Klüfte
   Durchstreif ich mit fremdem Mut.

aeternum meditans decus   5
    stellis inserere et consilio Iovis?
dicam insigne, recens, adhuc
    indictum ore alio.   non secus in iugis

exsomnis stupet Euhias
    Hebrum prospiciens et nive candidam   10
Thracen ac pede barbaro
    lustratam Rhodopen, ut mihi devio

ripas et vacuum nemus
    mirari libet.   [o Naiadum potens
Baccharumque valentium
    Proceras manibus vertere franxinos,

nil parvum aut humili modo
    nil mortale loquar.   dulce periculum est,
o Lenaee, sequi deum
    cingentem viridi tempora pampino.]

Die Verse in [ ] sind in der Übersetzung nicht berücksichtigt.

47

Carmina III 26

Vixi puellis nuper idoneus
et militavi non sine gloria:
    nunc arma defunctumque bello
        barbiton hic paries habebit,

laevom marinae qui Veneris latus   5
custodit: hic, hic ponite lucida
    funalia et vectis et arcus
        oppositis foribus minacis.

Welche Höhlen
Hören in den Sternenkranz
Caesars ewigen Glanz mich flechten
Und den Göttern ihn zugesellen.
Unerhörte, gewaltige
Keinen sterblichen Lippen entfallene
Dinge will ich sagen.
Wie die glühende Nachtwandlerin,
Die bacchische Jungfrau
Am Hebrus staunt
Und im thrazischen Schnee
Und in Rhodope, im Lande der Wilden,
So dünkt mir seltsam und fremd
Der Flüsse Gewässer,
Der einsame Wald ...

Novalis (Friedrich von Hardenberg)

47

Oden III 26

Gelebt hab ich den Mädchen unlängst noch zu Diensten,
hab mich geregt im Kampf nicht ohne Ruhm –
    nun soll die Waffen und, die ausgedient im Krieg,
        die Laute auch soll diese Wand besitzen,

die da der Meeresgöttin Venus linke Seite
schirmt. Hier, hier legt hin die leuchtenden
    Fackeln, die Hebel und Bogen,
        widerstrebenden Türen gefährlich.

o quae beatam diva tenes Cyprum et
Memphin carentem Sithonia nive,   10
    regina, sublimi flagello
        tange Chloen semel arrogantem.

48

Carmina III 30

Exegi monumentum aere perennius
regalique situ pyramidum altius,
quod non imber edax, non aquilo impotens
possit diruere aut innumerabilis
annorum series et fuga temporum.   5
non omnis moriar multaque pars mei
vitabit Libitinam: usque ego postera
crescam laude recens, dum Capitolium
scandet cum tacita virgine pontifex:
dicar, qua violens obstrepit Aufidus   10
et qua pauper aquae Daunus agrestium
regnavit populorum, ex humili potens
princeps Aeolium carmen ad Italos
deduxisse modos. sume superbiam
quaesitam meritis et mihi Delphica
lauro cinge volens, Melpomene, comam.

O die du göttlich beherrschest das begnadete Cypern und
Memphis, welches nicht kennt sithonischen Schnee,
    Königin: mit hochgeschwungener Geißel
    triff Chloe einmal noch in ihrem Stolz.

Bernhard Kytzler

48

Oden III 30

Ich hab ein Werck vollbracht dem Ertz nicht zu
                            vergleichen /
Dem die Pyramides an Höhe müssen weichen /
    Das keines Regens Macht / kein starcker Nortwind
                            nicht /
    Noch Folge vieler Jahr vnd flucht der Zeit zerbricht.
Ich kan nicht gar vergehn, man wird mich rühmen hören
So lange man zu Rom den Jupiter wird ehren:
    Mein Lob soll Aufidus der starck mit rauschen fleußt /
    Vnd Daunus wissen auch / der selten sich ergeußt.
Dann ich bin der durch den der Griechen schönes Wesen /
Was jhre Verß anlangt / jetzt Römisch wird gelesen:
    Setz / O Melpomene / mir auff zu meinem Rhum
    Den grünen Lorberkrantz / mein rechtes Eigenthumb.

Martin Opitz

49

Carmina IV 2

Pindarum quisquis studet aemulari,
Iulle, ceratis ope Daedalea
nititur pinnis, vitreo daturus
    nomina ponto.

monte decurrens velut amnis, imbres   5
quem super notas aluere ripas,
fervet inmensusque ruit profundo
    Pindarus ore,

laurea donandus Apollinari,
seu per audacis nova dithyrambos   10
verba devolvit numerisque fertur
    lege solutis,

seu deos regesque canit, deorum
sanguinem, per quos cecidere iusta
morte Centauri, cecidit tremendae   15
    flamma Chimaerae,

sive quos Elea domum reducit
palma caelestis pugilemve equomve
dicit et centum potiore signis
    munere donat,   20

flebili sponsae iuvenemve raptum
plorat et viris animumque moresque
aureos educit in astra nigroque
    invidet Orco.

multa Dircaeum levat aura cycnum,   25
tendit, Antoni, quotiens in altos
nubium tractus: ego apis Matinae
    more modoque,

49

Oden IV 2

Wer den Wettstreit wagt mit dem Pindar, Dädals
Wachs beflügelt den, er, Iulus, giebt einst
Einem lichten Meere den Namen ...
            ...

Wie ein Bergstrom, den das Gewitter über
Sein Gestad' aufschwellt, so ergeußt sich Pindar
Siedend, unbegränzt in der tiefen Rede,
            ...

Phöbus' Lorbeer werth, wenn er neue Laute
Kühn herabwälzt in Dithyramben, tönend
Seinen Rhythmus, frey vom Gesetz ...
            ...

Wenn er Götter dann und Heroen singt, den
Götterstamm, durch welche Centauren sanken
Vor gerechten Lanzen, und sank die grause
            Flamme Chimära's;

Oder, kehrt wer heim mit den Palmen Elis',
Als ein Gott, dann preist, sey es Sieg mit Rossen,
Sey's mit starker Faust, und ein Opfer darbringt,
            Welches der Mahle

Hundert übertrifft; wenn er weint den Jüngling,
Ihn, der starb der jammernden Braut, und seinen
Muth, sein Herz erhöht, und die goldnen Sitten
            Zu dem Olympus,

Jener schwarzen Nacht sie beneidend. Hoch hebt
Dirce's Schwan die Luft, wenn er zu der fernen
Wolke steiget. Ich auf die Weis' und Art der
            Bien' am Matinus,

grata carpentis thyma per laborem
plurimum, circa nemus uvidique   30
Tiburis ripas operosa parvos
    carmina fingo.

concines maiore poeta plectro
Caesarem, quandoque trahet ferocis
per sacrum clivum merita decorus   35
    fronde Sygambros,

quo nihil maius meliusve terris
fata donavere bonique divi
nec dabunt, quamvis redeant in aurum
    tempora priscum;   40

concines laetosque dies et urbis
publicum ludum super inpetrato
fortis Augusti reditu forumque
    litibus orbum.

tum meae, si quid loquar audiendum,   45
vocis accedet bona pars et "o sol
pulcer, o laudande" canam recepto
    Caesare felix.

teque, dum procedis, io Triumphe,
non semel dicemus, io Triumphe,   50
civitas omnis dabimusque divis
    tura benignis.

te decem tauri totidemque vaccae,
me tener solvet vitulus, relicta
matre qui largis iuvenescit herbis   55
    in mea vota,

Die voll Emsigkeit die erkohrne Blume
Sauget, bilde mühsam das Lied, mit leiser
Hebung, an dem Hain und den Bächen Tiburs.

   ...

Höher singest du zu der Sait' Augustus,
Führet er die wilden Sikambrer, von des
Sieges Laube schön, zu dem Kapitole.

   ...

Größ'res gaben, Besseres nicht das Schicksal
Und die guten Götter der Erde, werden's
Niemals geben, kehrete selbst zum alten
             Golde die Zeit um.

Singen wirst du Tage der Lust, und Roma's
Feyerliche Spiele, daß ihr der tapf're
Cäsar wiederkam, und von Zwist kein Richtstuhl
             Hallet ...

Dann soll meine Stimme, wenn hörenswürdig
Sie sich hebt, auch tönen von meinen Freuden;
O der schönen Sonne, der hochgepriesnen!
             Sing ich dann glücklich

Durch die Rückkehr! Gehst du einher, so werden
Wir nicht einmal: O des Triumphes! sagen,
Wir des Volks Heer: O des Triumphes! euch dann
             Zünden, ihr holden

Götter, Weihrauch. Zehn von den Stieren, gleiche
Zahl der Kühe lösen dich, mich ein zartes
Kalb, das mutterlos in der reichen Flur hüpft
             Meinem Gelübde,

fronte curvatos imitatus ignis
tertium lunae referentis ortum,
qua notam duxit, niveus videri,
  cetera fulvos.   60

50

Carmina IV 3

Quem tu, Melpomene, semel
  nascentem placido lumine videris,
illum non labor Isthmius
  clarabit pugilem, non equos inpiger

curru ducet Achaico   5
  victorem, neque res bellica Deliis
ornatum foliis ducem,
  quod regum tumidas contuderit minas,

ostendet Capitolio:
  sed quae Tibur aquae fertile praefluunt   10
et spissae nemorum comae
  fingent Aeolio carmine nobilem.

Romae, principis urbium,
  dignatur suboles inter amabilis
vatum ponere me choros,   15
  et iam dente minus mordeor invido.

o testudinis aureae
  dulcem quae strepitum, Pieri, temperas,
o mutis quoque piscibus
  donatura cycni, si libeat, sonum,   20

Auf der Stirn nachahmend gebogne Schimmer,
Die des Mondes, blinkt er zum drittenmale,
An der Stelle weiß, der ihm Zeichen ward, sonst
    Überall röthlich.

Friedrich Gottlieb Klopstock

50

Oden IV 3

Auf wen einmal, Melpomene, du,
Da er geboren ward, mit Wohlgefallen geblickt,
Dem wird der Isthmische Kampf nicht
Geben des Fechters Ruhm, noch wird das muntere Roß
Auf dem Achäischen Wagen ihn
Als Sieger führen, noch die Kriegsmacht ihn mit
    Delischen
Blättern geziert als Feldherrn,
Weil er der Könige schwülstige Drohungen
Geschlagen, vors Capitolium stellen,
Aber die das fruchtbare Tibur vorüber fließen,
Die Wasser, und die dichten Locken der Haine
Werden ihn trefflich bilden zum Aeolischen Liede.
Die Söhne Roms, der Städtefürstin,
Achten es wert, mich unter die liebenswürdigen
Chöre der Dichter zu setzen:
Und schon werd ich von minder neidischem Zahne
    gebissen.
O die du ordnest der goldenen Leier
Süßes Rauschen, Pieride,
Die du auch stummen Fischen
Des Schwans Stimme zu geben vermöchtest, gefiel es dir!
Dein Werk ist es einzig,

totum muneris hoc tui est,
  quod monstror digito praetereuntium
Romanae fidicen lyrae;
  quod spiro et placeo, si placeo, tuum est.

51

Carmina IV 5

Divis orte bonis, optume Romulae
custos gentis, abes iam nimium diu:
maturum reditum pollicitus patrum
  sancto concilio, redi.

lucem redde tuae, dux bone, patriae.   5
instar veris enim voltus ubi tuus
adfulsit populo, gratior it dies
  et soles melius nitent.

ut mater iuvenem, quem Notus invido
flatu Carpathii trans maris aequora   10
cunctantem spatio longius annuo
  dulci distinet a domo,

votis ominibusque et precibus vocat
curvo nec faciem litore dimovet,
sic desideriis icta fidelibus   15
  quaerit patria Caesarem.

tutus bos etenim rura perambulat,
nutrit rura Ceres almaque Faustitas,
pacatum volitant per mare navitae,
  culpari metuit Fides,   20

Daß, wenn sie vorübergehn, mit dem Finger mich zeigen
Als den Saitenspieler auf Römischer Leier:
Daß ich atme und gefalle (wenn ich gefalle), von dir ists.

Friedrich Hölderlin

51

Oden IV 5

Guter Götter Sohn, des Römerstammes
Bester Hort, zu lang schon weilst du ferne;
Frühe Heimkehr war's, die du der Väter
Hohem Rat versprachst: so komm zurück.

Gib, geliebter Herrscher, deinem Lande
Wieder Licht: denn so dem Volk dein Antlitz
Frühlingsgleich erstrahlet, ziehn die Tage
Lieblicher, in hellrem Sonnenglanz.

Wie die Mutter ruft dem jungen Sohne,
Wenn ihm Jahr und Tag der Sturm die Heimkehr
Neidet, und er weilt ob weiten Wassern
Ferne von dem lieben Vaterhaus –

Opfer bringt sie, betet, spricht Gelübde,
Läßt die Augen nicht vom Strand am Hafen –:
Also ruft herbei in Sehnsuchtsschmerzen
Seinen Kaiser treu das Vaterland.

Wandelt sicher doch das Rind am Pfluge,
Segen spendet Ceres aus den Furchen,
Friedlich darf durchs Meer der Schiffer steuern,
Treu und Glauben herrschen sonder Fehl.

nullis polluitur casta domus stupris,
mos et lex maculosum edomuit nefas,
laudantur simili prole puerperae,
   culpam poena premit comes.

quis Parthum paveat, quis gelidum Scythen,   25
quis Germania quos horrida parturit
fetus incolumi Caesare? quis ferae
   bellum curet Hiberiae?

condit quisque diem collibus in suis
et vitem viduas ducit ad arbores;   30
hinc ad vina redit laetus et alteris
   te mensis adhibet deum.

te multa prece, te prosequitur mero
defuso pateris, et Laribus tuum
miscet numen, uti Graecia Castoris   35
   et magni memor Herculis.

"longas o utinam, dux bone, ferias
praestes Hesperiae" dicimus integro
sicci mane die, dicimus uvidi,
   cum sol Oceano subest.   40

Keine Lust befleckt des Hauses Ehre,
Sünde wich der Sitte, dem Gesetze,
Mutterstolz sind ebenbürt'ge Kinder,
Doch die Strafe folget stracks der Schuld.

Schreckt der Parther noch, der Nordlands-Skythe,
Schreckt Germanenbrut in Wildnis hausend?
Sorgt wohl wer um Krieg mit grimmen Basken,
So der Kaiser uns erhalten bleibt?

Reben ziehen wir auf unsern Hügeln,
Bis die Sonne sich zum Scheiden neiget,
Kehren heim zum Festgelage, laden
Unsres Herdes Götter ein und dich,

Spenden Wein dir, fügen deinen hehren
Namen ins Gebet an unsre Götter,
Wie die Griechen Dankgebete sprechen
Kastor und dem großen Herkules.

»Guter Fürst, gib frohen Friedens Dauer
Deinem Land«: am jungen Morgen rufen
Nüchtern wir's, wir rufen's beim Pokale,
Wenn die Sonne ruht im Ozean.

Eduard Norden

52

Carmina IV 10

O crudelis adhuc et Veneris muneribus potens,
insperata tuae cum veniet pluma superbiae
et quae nunc umeris involitant, deciderint comae,
nunc et qui color est puniceae flore prior rosae,
mutatus, Ligurine, in faciem verterit hispidam,   5
dices "heu", quotiens te speculo videris alterum,
"quae mens est hodie, cur eadem non puero fuit,
vel cur his animis incolumes non redeunt genae?"

53

Epodoi II

Beatus ille qui procul negotiis,
    ut prisca gens mortalium,
paterna rura bobus exercet suis
    solutus omni faenore
neque excitatur classico miles truci   5
    neque horret iratum mare
forumque vitat et superba civium
    potentiorum limina.

52

Oden IV 10

O du, grausam heut noch und durch der Venus Gaben
mächtig,
wenn unverhofft einst gekommen der Flaum deinem
Stolze
und wenn, die jetzt deine Schultern umfliegen, wenn
gefallen die Locken,
wenn auch die Farbe, die jetzt noch besiegt die Blüte der
purpurnen Rose,
hingewelkt, Ligurin, gewandelt dein Antlitz voll Stoppeln,
dann wirst du seufzen: »Weh!«, sooft im Spiegel du
schauen dich wirst so verändert,
»das Gefühl von heute, warum besaß ich es nicht als
Knabe?
Oder warum kehren diesen Regungen nicht wieder die
glatten Wangen?«

Bernhard Kytzler

53

Epoden 2

»Glückselig jener, der da ferne von Geschäften
  so wie das Urgeschlecht der Sterblichen
die väterliche Flur mit eignen Stieren pflügt,
  ganz frei von aller Zinsenlast!
Er wird nicht als Soldat erschreckt vom trutzigen
Trompetenton,
  noch fürchtet er das zornerfüllte Meer,
das Forum meidet er und auch der Bürger stolze
  Schwellen, deren Einfluß groß.

ergo aut adulta vitium propagine
    altas maritat populos   10
aut in reducta valle mugientium
    prospectat errantis greges
inutilisque falce ramos amputans
    feliciores inserit
aut pressa puris mella condit amphoris   15
    aut tondet infirmas ovis.
vel cum decorum mitibus pomis caput
    Autumnus agris extulit,
ut gaudet insitiva decerpens pira
    certantem et uvam purpurae,   20
qua muneretur te, Priape, et te, pater
    Silvane, tutor finium.
libet iacere modo sub antiqua ilice,
    modo in tenaci gramine:
labuntur altis interim ripis aquae,   25
    queruntur in silvis aves
fontesque lymphis obstrepunt manantibus,
    somnos quod invitet levis.
at cum tonantis annus hibernus Iovis
    imbris nivisque conparat,   30
aut trudit acris hinc et hinc multa cane
    apros in obstantis plagas
aut amite levi rara tendit retia
    turdis edacibus dolos
pavidumque leporem et advenam laqueo gruem 35
    iucunda captat praemia.
quis non malarum quas amor curas habet
    haec inter obliviscitur?
quodsi pudica mulier in partem iuvet
    domum atque dulcis liberos,   40

Vielmehr der Reben aufgewachsene Schößlinge
   vermählt er hohen Pappeln an,
bald im entlegenen Tal der Muhenden
   streifenden Herden schaut er zu
und mit der Sichel schneidet fort er morsche Zweige,
   setzt fruchtbarere ein,
bald birgt gepreßten Honig er in reinen Krügen,
   bald schert er seine sanften Schafe.
Oder aber, wenn in reifer Früchte Zier sein Haupt
   der Herbst aus Äckern hebt,
wie freut er sich, wenn er die selbstgepfropften Birnen
                     pflückt,
   die Traube auch, die mit dem Purpur streitet,
um sie als Gabe darzubieten dir, Priap, und dir, Vater
   Silvanus, Hüter der Marken.
Schön ist's, zu ruhn, bald unter alten Eichen,
   bald im Grase, das den Gast umfängt.
Es gleiten derweil zwischen hohen Borden fort die Bäche,
   es klagen in den Wäldern die Vögel,
die Quellen murmeln sich zu beim Rieseln der Wasser,
   das lädt zu leichtem Schlummer ein.
Doch wenn die winterliche Jahreszeit des Donnergottes
                  Jupiter
   Regen bringt und Schnee,
dann treibt er von hier, von dort mit zahlreicher Meute
                die trutzigen
   Eber in die entgegenstehenden Garne,
oder spannt auf glatter Rute weite Netze,
   genäschigen Drosseln zur Falle,
den furchtsamen Hasen mit der Schlinge und den von
             weit her anwandernden Kranich
   fängt er sich als willkommenen Lohn.
Wer würde nicht der Übel, die die Liebe uns an Sorgen
                  bringt,
   dabei vergessen?
Wenn dann noch eine züchtige Frau zu ihrem Teil besorgt
   das Haus und die geliebten Kinder,

Sabina qualis aut perusta solibus
    pernicis uxor Apuli,
sacrum vetustis exstruat lignis focum
    lassi sub adventum viri
claudensque textis cratibus laetum pecus   45
    distenta siccet ubera
et horna dulci vina promens dolio
    dapes inemptas adparet:
non me Lucrina iuverint conchylia
    magisve rhombus aut scari,   50
siquos Eois intonata fluctibus
    hiems ad hoc vertat mare,
non Afra avis descendat in ventrem meum,
    non attagen Ionicus
iucundior quam lecta de pinguissimis   55
    oliva ramis arborum
aut herba lapathi prata amantis et gravi
    malvae salubres corpori
vel agna festis caesa Terminalibus
    vel haedus ereptus lupo.   60
has inter epulas ut iuvat pastas ovis
    videre properantis domum,
videre fessos vomerem inversum boves
    collo trahentis languido
positosque vernas, ditis examen domus,   65
    circum renidentis Lares. –
haec ubi locutus faenerator Alfius,
    iam iam futurus rusticus,
omnem redegit idibus pecuniam,
    quaerit kalendis ponere.   70

gleich der Sabinerin oder sonnenverbrannt
   wie die Gattin des tüchtigen Apuliers,
wenn sie den heiligen Herd aufschichtet mit den alten
                             Scheiten
   zur Ankunft des ermüdeten Gemahls
und einschließt im geflochtenen Reisighag das fette Vieh,
   leer melkt die strotzenden Euter,
heurigen Wein hervorholt aus dem süßen Faß
   und ungekaufte Mahlzeit rüstet zu:
dann würden nicht ergötzen mich die Austern vom
                          Lucrinersee
   mehr, noch Seebutt oder Lippfisch,
wenn welche donnernd aus des Ostens Fluten
   ein Wintersturm in dieses Meer getrieben,
nicht der afrikanische Vogel soll in meinen Magen
                         gelangen,
   noch soll das jonische Haselhuhn
angenehmer mir sein als, gelesen von reichtragenden
   Zweigen der Bäume, die Olive
oder Ampfer, der die Wiesen liebt, und für einen harten
   Leib heilsame Malven
oder Lämmer, geschlachtet am Terminalienfest,
   oder ein Böckchen, entrissen dem Wolf.
Bei solchem Mahl, wie freut es da, von der Weide die
                          Schafe
   heimeilen zu sehen,
zu sehen, wie die ermüdeten Stiere den umgewendeten
                          Pflug
   mit schlaffem Nacken ziehn,
wie hockt das Gesinde, des reichen Hauses Knechteschar,
   rings um die glänzenden Laren.«
Als dies gesprochen einst der Wucherer Alfius,
   fast ganz schon der zukünftige Bauersmann,
da treibt er an den Iden ein sein ganzes Geld –
   und sucht's an den Kalenden wieder auszuleihn.

Bernhard Kytzler

54

Saturae II 6

          ... olim
rusticus urbanum murem mus paupere fertur   80
accepisse cavo, veterem vetus hospes amicum,
asper et attentus quaesitis, ut tamen artum
solveret hospitiis animum.   quid multa? neque ille
sepositi ciceris nec longae invidit avenae,
aridum et ore ferens acinum semesaque lardi   85
frusta dedit, cupiens varia fastidia cena
vincere tangentis male singula dente superbo,
cum pater ipse domus palea porrectus in horna
esset ador loliumque, dapis meliora relinquens.   89
tandem urbanus ad hunc "quid te iuvat" inquit "amice
praerupti nemoris patientem vivere dorso?
vis tu homines urbemque feris praeponere silvis?
carpe viam, mihi crede, comes, terrestria quando
mortalis animas vivunt sortita neque ulla est
aut magno aut parvo leti fuga: quo bone circa,   95
dum licet, in rebus iucundis vive beatus,
vive memor, quam sis aevi brevis."   haec ubi dicta

54

Fabel

's war einmal 'ne arme Feldmaus,
Kargte sonst mit ihrem Vorrat,
Aber wenn sie Gäste hatte,
Ließ sie gern mal was daraufgehn.
So als einstens eine Stadtmaus,
Eine gute alte Freundin,
Sie in ihrem Loch besuchte,
Setzt ihr vor sie feinen Hafer,
Erbsen als ein Festgemüse;
Ein Rosinlein trug im Maule
Sie herbei, vom Speck ein Restchen,
Das vom Mund sie sich gesparet;
Wollte durch so viele Gänge
Den verwöhnten Gast befried'gen.
Der berührte widerwillig
Kaum die delikaten Sachen,
Während unsre biedre Wirtin,
Auf dem alten Strohe liegend,
Sich mit Wurzelzeug begnügte.
Endlich sprach die Stadtmaus: »Liebste,
Macht's dir eigentlich Vergnügen,
Hier am steilen Hang zu darben
Und im wilden Wald zu leben,
Fern der Stadt und ihren Menschen?
Sei hübsch klug und komm' mit mir!
Sieh, wir Erdenkinder müssen
Sterben, da die Seele sterblich:
Groß und klein – 's gibt kein Entrinnen.
Derohalben, meine Beste,
Leb', dieweil du's kannst, in Freuden,
Knapp – bedenk's – ist deine Frist!«
Diese weisen Worte schlugen
Die Bedenklichkeit der Bäurin,

agrestem pepulere, domo levis exsilit; inde
ambo propositum peragunt iter, urbis aventes
moenia nocturni subrepere.   iamque tenebat   100
nox medium caeli spatium, cum ponit uterque
in locuplete domo vestigia, rubro ubi cocco
tincta super lectos canderet vestis eburnos
multaque de magna superessent fercula cena,
quae procul exstructis inerant hesterna canistris.   105
ergo ubi purpurea porrectum in veste locavit
agrestem, veluti succinctus cursitat hospes
continuatque dapes nec non verniliter ipsis
fungitur officiis, praelambens omne quod adfert.
ille cubans gaudet mutata sorte bonisque   110
rebus agit laetum convivam, cum subito ingens
valvarum strepitus lectis excussit utrumque.
currere per totum pavidi conclave magisque
exanimes trepidare, simul domus alta Molossis
personuit canibus.   tum rusticus: "haud mihi vita 115
est opus hac" ait et "valeas: me silva cavusque
tutus ab insidiis tenui solabitur ervo."

Aus dem Loche sprang sie hurtig.
Querfeldein marschierten beide
Zur ersehnten Stadt im Dunkeln.
Mitternacht stand schon am Himmel,
Als im Heim der feinen Stadtmaus,
Dem Palaste eines Reichen,
Unsre Mäuse Posto faßten.
Prunkend stand im Festgemache
Dort ein Diwan, und darüber
Eine scharlachfarbne Decke,
Und in Körben aufgespeichert
All die abgeräumten Speisen
Von dem gestrigen Diner.
Auf das Polster sich bequemen
Hieß den Gast vom Land die Wirtin;
Präsentierte sonder Pausen
All die delikaten Gänge,
Prüft' auch kostend, was sie auftrug.
Jene läßt sich gern bedienen,
Sitzet da, ist guter Dinge
Und des neuen Lebens froh. –
Plötzlich dröhnt die Flügeltüre;
Beide stürzen von dem Sofa,
Laufen bang durchs ganze Zimmer,
Außer sich vor Angst, als nun gar
Durch das ganze Haus ertönte
Kläffen von den wilden Doggen.
»Nein«, sprach da die Maus vom Lande,
»Danke schön für solch ein Dasein!
Lebe wohl! In meinem Walde
Will ich lieber Körner knabbern
Sorgenfrei im Mauseloch.«

Eduard Norden

55

Carmen saeculare

Phoebe silvarumque potens Diana,
lucidum caeli decus, o colendi
semper et culti, date quae precamur
    tempore sacro,

quo Sibyllini monuere versus   5
virgines lectas puerosque castos
dis, quibus septem placuere colles,
    dicere carmen.

alme Sol, curru nitido diem qui
promis et celas aliusque et idem   10
nasceris, possis nihil urbe Roma
    visere maius.

rite maturos aperire partus
lenis, Ilithyia, tuere matres,
sive tu Lucina probas vocari   15
    seu Genetyllis:

diva, producas subolem, patrumque
prosperes decreta super iugandis
feminis prolisque novae feraci
    lege marita,   20

certus undenos decies per annos
orbis ut cantus referatque ludos
ter die claro totiensque grata
    nocte frequentis.

55

Saecularischer Festgesang

Knaben und Mädchen

K./M. Phöbus! und Diana, der Wälder Herrin!
Lichter Schmuck am Himmel! verehrbar ewig
Und verehrt, o gebet uns, was am heil'gen
  Feste wir flehen!

Nach dem Spruch Sibyllischer Bücher singen
Auserles'ne Mädchen und keusche Knaben
Heut den Göttern, welche die sieben Hügel
  Schützen, ein Loblied.

K. Sonnengott, Allnährer, des heller Wagen
Bringt und birgt den Tag, der du gleich und anders
Stets erscheinst, o möchtest du Größ'res nimmer
  Schauen als Roma!

M. Du, die sorgsam reife Geburt ans Licht zieht,
Sanfte Ilithya, die Mütter schütz' uns,
Oder ob du lieber Lucina heißest,
  Ob Genitalis.

K. Laß gedeihn das blühende Kind und segne,
Was die Väter über der Frau'n Vermählung
Angeordnet, und das Gesetz, das fruchtbar
  Zeuget den Nachwuchs.

K./M. Daß nach elfmal zehen umkreisten Jahren
Diese Stadt euch Spiel und Gesang erneue,
Wie wir durch drei festliche Tag' und holde
  Nächte begehen.

vosque veraces cecinisse, Parcae,   25
quod semel dictum stabilis per aevum
terminus servet, bona iam peractis
    iungite fata.

fertilis frugum pecorisque Tellus
spicea donet Cererem corona;   30
nutriant fetus et aquae salubres
    et Iovis aurae.

condito mitis placidusque telo
supplices audi pueros, Apollo;
siderum regina bicornis, audi,   35
    Luna, puellas.

Roma si vestrum est opus Iliaeque
litus Etruscum tenuere turmae,
iussa pars mutare Lares et urbem
    sospite cursu,   40

cui per ardentem sine fraude Troiam
castus Aeneas patriae superstes
liberum munivit iter, daturus
    plura relictis,

di, probos mores docili iuventae,   45
di, senectuti placidae quietem,
Romulae genti date remque prolemque
    et decus omne.

quaeque vos bobus veneratur albis
clarus Anchisae Venerisque sanguis,   50
impetret, bellante prior, iacentem
    lenis in hostem.

Ihr sodann, wahrsingende Schicksalschwestern,
Was ihr einmal sprachet und was der Ausgang
Streng bewahrt, o füget zum schon Verlebten
    Glückliche Zukunft!

Tellus, reich an Früchten und reich an Herden,
Schmücke Ceres' Stirne mit Ährenkränzen,
Nährend auch komm' Jupiter's Luft und Regen
    Über die Fluren.

K. Gnadenreich und gütig verbirg den Bogen
Und erhör' uns flehende Knaben, Phöbus!
M. Luna, Sternenkönigin, Zweigehörnte,
    Höre die Mädchen!

K./M. Ist Rom euer Werk, hat ein Heer aus Troja,
Euch gehorsam, Laren und Stadt verlassen
Und meerüber flieh'nd am Etrusker-Strande
    Glücklich gelandet,

Welchem einst durch Ilion's Brand Aeneas
Fromm und treu, sein Vaterland überlebend,
Sichre Bahn eröffnet, um mehr zu geben,
    Als er zurückließ:

Götter! so verleihet der Jugend reine
Sitten; gebt friedseligem Alter Ruhe;
Gebt dem Römervolke zu Macht und Wachstum
    Jegliche Zierde!

Jener, der euch ehret mit weißen Rindern,
Venus' und Anchises' erlauchter Sprößling,
Herrsche weit vorragend im Kampf dem Feinde,
    Mild dem Besiegten.

iam mari terraque manus potentis
Medus Albanasque timet securis,
iam Scythae responsa petunt superbi   55
    nuper et Indi.

iam Fides et Pax et Honos Pudorque
priscus et neglecta redire Virtus
audet, apparetque beata pleno
    Copia cornu.   60

augur et fulgente decorus arcu
Phoebus acceptusque novem Camenis,
qui salutari levat arte fessos
    corporis artus,

si Palatinas videt aequus arces,   65
remque Romanam Latiumque felix
alterum in lustrum meliusque semper
    prorogat aevum,

quaeque Aventinum tenet Algidumque,
quindecim Diana preces virorum   70
curat et votis puerorum amicas
    applicat auris.

haec Iovem sentire deosque cunctos
spem bonam certamque domum reporto,
doctus et Phoebi chorus et Dianae   75
    dicere laudes.

K. Seinen Arm, allmächtig in Meer und Landen,
Fürchtet schon der Meder, und Alba's Beile;
Seines Ausspruchs warten, noch stolz vor kurzem,
    Scythen und Inder.

M. Schon kehrt Treue, Frieden und Ehre wieder,
Alte Zucht und lange vergeß'ne Tugend
Wieder, und glückspendender Überfluß hebt
    Freudig sein Füllhorn.

K. Phöbus, hell im Glanze des Köchers strahlend,
Augur, und eu'r Liebling, ihr neun Camönen,
Welcher durch heilbringende Kraft die kranken
    Glieder erquicket.

Wenn er gnadvoll schaut die geweihten Höhen,
Wird er Rom's Wohlfahrt und Latiner-Macht zum
Nächsten Lustrum stets und auf immer beß're
    Zeiten verlängern.

M. Aventin's und Algidus' Göttin, nimm auch
Du der fünfzehn Männer Gebet, Diana,
Huldreich auf und neige dein Ohr der Kinder
    Bitten gefällig!

K./M. Daß uns Zeus erhört und die Götter alle,
Kehren wir nach Hause der frohen Hoffnung,
Wir, der Festchor, kundig, Diana's Lob und
    Phöbus' zu singen.

                          Eduard Mörike

56

Elegiae I 1

Cynthia prima suis miserum me cepit ocellis
  contactum nullis ante cupidinibus.
tum mihi constantis deiecit lumina fastus,
  et caput inpositis pressit Amor pedibus,
donec me docuit castas odisse puellas   5
  inprobus et nullo vivere consilio.
et mihi iam toto furor hic non deficit anno
  cum tamen adversos cogor habere deos.
Milanion nullos fugiendo, Tulle, labores
  saevitiam durae contudit Iasidos.   10
nam modo Partheniis amens errabat in antris,
  ibat et hirsutas ille videre feras;
ille etiam Hylaei percussus vulnere rami
  saucius Arcadiis rupibus ingemuit.
ergo velocem potuit domuisse puellam: 15
  tantum in amore preces et benefacta valent.
in me tardus Amor non ullas cogitat artes,
  nec meminit notas, ut prius, ire vias.

56

Unglückliche Liebe

Cynthia war es zuerst, die mich Ärmsten mit Blicken
gefangen;
Hatte mich doch noch nie früher die Liebe berührt.
Da hat mich Amor gezwungen, die Augen in Demut zu
senken,
Die so verachtend geschaut, setzte den Fuß mir aufs
Haupt,
Bis er mich schließlich gelehrt, die züchtigen Mädchen zu
hassen,
Daß ich so ganz ohne Ziel lebe, der grausame Gott.
Und nun verläßt schon ein Jahr mich nie die Glut dieser
Liebe,
Da ich zu dulden verdammt, daß mir die Götter nur
feind.
Tullus, Milanion zwang doch der grausamen
Iasostochter
Fühlloses Herz, da er selbst keinerlei Mühe gescheut;
Irrte er doch, wie von Sinnen, bald auf des Parthenion
Schroffen,
Ging auch, dem wilden Getier mutig ins Auge zu
schaun,
Ja, er seufzte um sie, selbst wund auf Arkadiens Felsen,
Als Hylaios ihn dort schwer mit dem Aste verletzt.
Also vermochte er doch die hurtige Maid zu
bezwingen;
Ach, in der Liebe vermag Flehen und Güte so viel.
Nur bei mir, da will Amor nicht irgendwie Schliche
erfinden,
Denkt nicht dran, Wege zu gehn, wie man sie sonst bei
ihm kennt.

at vos, deductae quibus est fallacia lunae
  et labor in magicis sacra piare focis,   20
en agedum dominae mentem convertite nostrae
  et facite illa meo palleat ore magis!
tunc ego crediderim vobis et sidera et amnes
  posse Cytaeïnes ducere carminibus.
aut vos, qui sero lapsum revocatis, amici,   25
  quaerite non sani pectoris auxilia.
fortiter et ferrum saevos patiemur et ignes,
  sit modo libertas, quae velit ira, loqui.
ferte per extremas gentes et ferte per undas,
  qua non ulla meum femina norit iter: 30
vos remanete, quibus facili deus annuit aure,
  sitis et in tuto semper amore pares!
in me nostra Venus noctes exercet amaras,
  et nullo vacuus tempore defit Amor.
hoc, moneo, vitate malum: sua quemque moretur   35
  cura, neque assueto mutet amore locum.
quodsi quis monitis tardas adverterit aures,
  heu referet quanto verba dolore mea!

Nun, so wandelt denn ihr, die ihr listig den Mond selbst
herabzieht,
Die ihr auf magischem Herd Opfer zum Zauber
vollbringt,
Ja, so wandelt denn ihr den Sinn meiner Herrin zum
Guten,
Macht, daß sie blasser noch wird, als es mein eigen
Gesicht!
Dann will ich Glauben euch schenken, daß ihr die
Gestirne und Flüsse
Mit eurem Kolchischen Sang wirklich zu leiten
vermögt.
Oder auch ihr, die zu spät den Gestürzten vom Abgrund
ihr fortruft,
Freunde, nach Mitteln nun sucht für mein erkranktes
Gemüt!
Tapfer will ich den Stahl und das grimmige Feuer
ertragen,
Steht mir zu sagen nur frei, was die Entrüstung gebeut.
Schafft mich zu fernsten Völkern und schafft mich über
die Wasser,
Wo auch kein einziges Weib je meine Wege erfährt!
Ihr jedoch bleibt daheim, denen Amor Erhörung jetzt
zuwinkt,
Sicher der Liebe, so bleibt immer ein glückliches Paar!
Aber für mich hat Venus in bittern Nächten nur Qualen;
Amor verläßt mich nie, doch er befriedigt mich nicht.
Meidet, ich mahn' euch, mein trauriges Los, und bleibe
ein jeder
Bei seinem Lieb; was er sein nannte, vertausche er
nicht!
Sollt' aber einer zu spät erst Gehör leihn dem, was ich
sage,
O wie weh wird's ihm tun, ruft er mein Wort sich
zurück.

Rudolf Helm

57

Elegiae I 3

Qualis Thesea iacuit cedente carina
  languida desertis Gnosia litoribus,
qualis et accubuit primo Cepheia somno
  libera iam duris cotibus Andromede,
nec minus assiduis Edonis fessa choreis   5
  qualis in herboso concidit Apidano:
talis visa mihi mollem spirare quietem
  Cynthia non certis nixa caput manibus,
ebria cum multo traherem vestigia Baccho
  et quaterent sera nocte facem pueri.   10
hanc ego, nondum etiam sensus deperditus omnes,
  molliter inpresso conor adire toro.
et quamvis duplici correptum ardore iuberent
  hac Amor hac Liber, durus uterque deus,
subiecto leviter positam temptare lacerto,   15
  osculaque admota sumere et arma manu,
non tamen ausus eram dominae turbare quietem
  expertae metuens iurgia saevitiae;
sed sic intentis haerebam fixus ocellis,
  Argus ut ignotis cornibus Inachidos.   20

57

Nächtliche Überraschung

Wie am verlassenen Strand still ruhte das Mädchen aus
                             Knossos,
  Während des Theseus Schiff schon in die Ferne
                           entschwand,
Wie des Kepheus Tochter, Andromeda, frei schon, sich
                           streckte,
  Als sie auf hartem Gestein eben der Schlummer umfing,
Wie die Edonerin auch, ermüdet vom dauernden Tanze,
  Niedergesunken im Kraut, das am Apidanos sprießt,
So schien Cynthia mir die sanfteste Ruhe zu atmen,
  Wie sie da lag, das Haupt stützend auf schwankender
                           Hand,
Als ich nach reichlichem Wein nur trunken den Fuß zu
                           ihr schleppte
  Unter der Fackeln Geleit; war's doch schon spät in der
                           Nacht.
Ihr versuch' ich zu nahn, nicht völlig beraubt meiner
                           Sinne,
  Um auf dem Polster mich dort leise zu betten bei ihr.
Hier trieb mich Amor, dort Bacchus, sie beide sehr
                           herrische Götter,
  Der ich von doppelter Glut tief in dem Innern gepackt,
Ihr untern Nacken den Arm zu schieben und sie zu
                           berühren,
  Küsse zu rauben und so selbst mich zu rüsten zum
                           Kampf,
Dennoch wagte ich nicht, den Schlaf meiner Liebsten zu
                           stören;
  Hatt ich doch Angst vor dem Groll, der mir bekannt,
                           wenn sie zankt.
Aber ich hielt mich starr, die Augen gespannt, so wie
                           Argos
  Inachos' Tochter beschaut, als sie die Hörner bekam.

et modo solvebam nostra de fronte corollas
   ponebamque tuis, Cynthia, temporibus,
et modo gaudebam lapsos formare capillos,
   nunc furtiva cavis poma dabam manibus,
omniaque ingrato largibar munera somno,   25
   munera de prono saepe voluta sinu.
et quotiens raro duxti suspiria motu,
   obstupui vano credulus auspicio,
ne qua tibi insolitos portarent visa timores,
   neve quis invitam cogeret esse suam: 30
donec diversas praecurrens luna fenestras,
   luna moraturis sedula luminibus,
compositos levibus radiis patefecit ocellos.
   sic ait in molli fixa toro cubitum:
"Tandem te nostro referens iniuria lecto   35
   alterius clausis expulit e foribus?
namque ubi longa meae consumpsti tempora noctis
   languidus exactis, ei mihi, sideribus?
o utinam tales perducas, inprobe, noctes,
   me miseram quales semper habere iubes!   40
nam modo purpureo fallebam stamine somnum,
   rursus et Orpheae carmine fessa lyrae;

Und bald löste ich da von meiner Stirne die Kränze,
  Und um die Schläfe darauf tat ich sie, Cynthia, dir.
Bald erfreute ich mich, die gefallenen Locken zu ordnen,
  Gab bald Äpfel dir sacht in die geöffnete Hand.
Was ich auch tat, ich gewährt' es dem Schlaf, der mir es
                  nicht dankte;
  Oftmals glitt, was ich gab, ihr von dem hängenden
                  Kleid.
Und sooft du einmal mit tiefem Seufzer dich rührtest,
  Ward ich bestürzt, und ich Tor glaubte, daß Böses dir
                  droht,
Daß vielleicht irgendein Traum dir besondere Sorge
                  bereitet,
  Jemand, obwohl du dich sträubst, ihm zu gehören, dich
                  zwingt,
Bis gegenüber am Fenster der Mond im Wandern
                  vorbeizog –
  Ach der eilende Mond! Gern wär' sein Licht noch
                  verweilt –
Und die geschlossenen Augen mit sanften Strahlen dir
                  auftat.
  Weich auf das Polster den Arm lehnend, begann sie
                  darauf:
»Tat es die andre dir an, verwies dich und schloß dir die
                  Türe,
  Daß du nun endlich zurück findest ans Lager zu mir?
Wo nur warst du die Stunden der Nacht, die mir nur
                  gehörte,
  Schlaff bist du jetzt für mich; ach, und die Sterne
                  vergehn!
Müßtest auch du solche Nächte, du Böser, jemals erleben,
  Wie ich Ärmste sie hier immer erdulde durch dich!
Denn bald mußte den Schlaf mir das Weben mit Purpur
                  verscheuchen,
  Bald, wenn ich dessen dann müd', Orphischer Leier
                  Gesang,

interdum leviter mecum deserta querebar
　externo longas saepe in amore moras:
dum me iocundis lapsam Sopor inpulit alis.　　　　　45
　illa fuit lacrimis ultima cura meis."

58

Elegiae I 18

Haec certe deserta loca et taciturna querenti,
　et vacuum Zephyri possidet aura nemus.
hic licet occultos proferre impune dolores,
　si modo sola queant saxa tenere fidem.
unde tuos primum repetam, mea Cynthia, fastus?　　5
　quod mihi das flendi, Cynthia, principium?
qui modo felices inter numerabar amantes,
　nunc in amore tuo cogor habere notam.
quid tantum merui? quae te mihi carmina mutant?
　an nova tristitiae causa puella tuae?　　　　　　10
sic mihi te referas, levis ut non altera nostro
　limine formosos intulit ulla pedes.
quamvis multa tibi dolor hic meus aspera debet,
　non ita saeva tamen venerit ira mea,
ut tibi sim merito semper furor et tua flendo　　　15
　lumina deiectis turpia sint lacrimis.
an quia parva damus mutato signa colore,
　et non ulla meo clamat in ore fides?
vos eritis testes, si quos habet arbor amores,
　fagus et Arcadio pinus amica deo.　　　　　　　20

Manchmal klagt' ich auch leise bei mir, daß Liebschaft mit
andern
Dich so oft und so lang' fesselt und fern von mir hält,
Bis mich mit holdem Fittich der Schlummer berührt und
ich umsank.
Das hat in Tränen mir dann endlich die Hilfe gebracht.«

Rudolf Helm

58

Elegien I 18

Auf dieser wüsten Stätt, in dieser stillen Heide,
Da niemand innen wohnt als nur der Westenwind,
Da kann ich ungescheut genung tun meinem Leide,
Wo auch die Bäume nur still und verschwiegen sind.
Wo heb ich aber an, o Cynthia, zu sagen
Von deinem stolzen Sinn und harter Grausamkeit?
Jetzt muß ich über dich, ich muß gar sehnlich klagen,
Der ich sonst glückhaft war in Buhlen vor der Zeit.
Wie hab ichs dann verdient? was hat dich so verkehret?
Was ists womit ich dich so hoch und sehr verletzt?
So wahr mein stetes Herz ihm deine Gunst begehret,
Hat keinen Fuß zu mir ein andere gesetzt.
Ob ich gleich über dich mich wohl entrüsten sollte,
Weil du mir ohne Schuld verursachst diese Pein,
Zürn ich doch nicht so sehr, daß ich dir gönnen wollte,
Du möchtest immerzu in solchem Trauren sein.
Ists daher, weil ich nicht ohn Unterlaß geschrieben
Von meiner Liebesbrunst und dir hab hoch
geschworn?
Ihr sollt die Zeugen sein, wo auch ein Baum kann
lieben,
Du Buch- und Fichtenbaum, den Pan ihm auserkorn.

a quotiens teneras resonant mea verba sub umbras,
  scribitur et vestris "Cynthia" corticibus!
an tua quod peperit nobis iniuria curas?
  quae solum tacitis cognita sunt foribus.
omnia consuevi timidus perferre superbae   25
  iussa neque arguto facta dolore queri.
pro quo nunc divini fontes, et frigida rupes
  et datur inculto tramite dura quies;
et quodcumque meae possunt narrare querelae,
  cogor ad argutas dicere solus aves.   30
sed qualiscumque es resonent mihi "Cynthia" silvae,
  nec deserta tuo nomine saxa vacent.

59

Elegiae I 21

"Tu, qui consortem properas evadere casum,
  miles, ab Etruscis saucius aggeribus,
quid nostro gemitu turgentia lumina torques?
  pars ego sum vestrae proxima militiae.
sic te servato ut possint gaudere parentes,   5
  ne soror acta tuis sentiat e lacrimis:

Wie ofte höret man hier meine Stimm erschallen?
  Wie steht nicht Cynthia geschnitzt durch meine Hand?
Ists daher, weil du mir in Sachen mißgefallen,
  Die keinem nicht als mir und dir nur sind bekannt?
Heiß mich, was dir geliebt, ich bins zu tun gesonnen,
  Du kannst auch nichts nicht tun, das mir zuwider
                              sei.
Drumb wohn ich nun allhier bei diesem schönen
                              Bronnen,
  In diesem kühlen Ort und stillen Wüstenei,
Und alles, was ich kann vor Klag und Leid erzwingen,
  Das muß ich nur erzähln den Vögeln die hier sein.
Doch sei auch wie du willt, doch soll mir stets
                              erklingen,
  Von deines Namens Schall, Holz, Wiesen, Tal und Stein.

Martin Opitz

59

Szene aus dem Perusinischen Krieg

Du, Kamerad, der du wund von der Schlacht um
                              Etruriens Wälle
  Rasch des Weges dort eilst, gleichem Geschick zu
                              entgehn,
Warum kehrst von dem Stöhnenden du die geschwollenen
                              Augen?
  Stand ich doch neben dir jüngst, teilte die Kämpfe mit
                              euch.
Kehre du heim den Eltern zum Trost! Doch laß deine
                              Tränen
  Dann meiner Schwester das Leid künden, das hier mir
                              geschah,

Gallum per medios ereptum Caesaris enses
    effugere ignotas non potuisse manus;
et quaecumque super dispersa invenerit ossa
    montibus Etruscis, haec sciat esse mea."   10

60

Elegiae I 22

Qualis et unde genus, qui sint mihi, Tulle, Penates,
    quaeris pro nostra semper amicitia.
si Perusina tibi patriae sunt nota sepulcra,
    Italiae duris funera temporibus,
cum Romana suos egit discordia cives,   5
    (sic mihi praecipue, pulvis Etrusca, dolor,
tu proiecta mei perpessa es membra propinqui,
    tu nullo miseri contegis ossa solo),
proxima supposito contingens Umbria campo
    me genuit terris fertilis uberibus.   10

Daß ihr Gallus, dem Ring der Schwerter Caesars
                                    entkommen,
    Fremder Verbrecher Gewalt nicht zu entrinnen
                                    vermocht;
Und was sie rings auf Etruriens Höhn verstreut an
                                    Gebeinen
    Immer auch findet, sie soll's wissen: Die meinen sind
                                    hier!

Rudolf Helm

60

Des Dichters Abschiedswort

Wie und aus welchem Geschlecht und wo meine Heimat,
                                    so fragst du,
    Tullus, der du ja stets mir deine Freundschaft bezeugst.
Wenn du Perusia kennst, unsres Vaterlandes Verhängnis,
    Das in gar harter Zeit Grabmal Italiens ward,
Als die Zwietracht, die Rom ja eigen, die Bürger
                                    verhetzte –
    Warst du, Etruriens Staub, mir doch besonders ein
                                    Schmerz:
Meines Verwandten Leib sahst du verlassen dort liegen,
    Deckst auch kein Stäubchen Sand jetzt auf des Armen
                                    Gebein –,
Umbrien, wo es zunächst mit seiner Niederung angrenzt,
    Hat mich erzeugt, ein Land, reich durch sein fruchtbar
                                    Gefild'.

Rudolf Helm

61

Elegiae II 3

"Qui nullam tibi dicebas iam posse nocere,
    haesisti, cecidit spiritus ille tuus!
vix unum potes, infelix, requiescere mensem,
    et turpis de te iam liber alter erit."
quaerebam, sicca si posset piscis harena   5
    nec solitus ponto vivere torvus aper;
aut ego si possem studiis vigilare severis:
    differtur, numquam tollitur ullus amor.
nec me tam facies, quamvis sit candida, cepit
    (lilia non domina sint magis alba mea;   10
ut Maeotica nix minio si certet Hibero,
    utque rosae puro lacte natant folia),
nec de more comae per levia colla fluentes,
    non oculi, geminae, sidera nostra, faces,
nec si qua Arabio lucet bombyce puella   15
    (non sum de nihilo blandus amator ego):
quantum quod posito formose saltat Iaccho,
    egit ut euhantes dux Ariadna choros,
et quantum, Aeolio cum temptat carmina plectro,
    par Aganippaeae ludere docta lyrae,   20

61

Elegien II 3

Der du noch eben geprahlt, kein Mädchen bestricke dich
                    wieder,
  Zappelst im Garn und zu Fall kam der vermessene
                    Stolz.
Kaum vier Wochen der Rast, Unseliger, hast du ertragen
  Und schon wieder ein Buch schreibst du, verliebt wie
                    ein Tor.
Freilich es galt den Versuch, ob ein Fisch sich eher ans
                    Trockne,
  Ob ein Keuler sich ehr an das Geschaukel des Meers
Oder ob ich mich nachts an ernstes Studieren gewöhnte –
  Liebe verreist wohl einmal, aber sie wandert nicht
                    aus.
Doch nicht fesselt mich bloß das Gesicht, wie zart es
                    gefärbt ist,
  (Und den Lilien blüht meine Gebieterin gleich;
Wie wenn mäotischer Schnee wetteifert mit spanischem
                    Purpur
  Oder in lautere Milch Blätter die Rose gestreut.) –
Nicht bloß reizt mich das Haar, um den schimmernden
                    Nacken sich ringelnd,
  Nicht der Augen ins Herz zündendes Doppelgestirn
Oder die Brust, wenn sie sacht aus arabischer Seide
                    hervorlauscht,
  Wahrlich, um zärtlich zu glühn braucht es der Gründe
                    nicht mehr,
Nein, das reißt mich dahin, wenn sie tanzt, vom Weine
                    begeistert,
  Schön, wie den bacchischen Chor einst Ariadne geführt,
Wenn sie ein schmelzendes Lied auf äolischer Leier
                    versuchend
  Mit aganippischer Kunst spielend die Saiten beherrscht,

et sua cum antiquae committit scripta Corinnae,
　carmina quae quivis non putat aequa suis.
num tibi nascenti primis, mea vita, diebus
　candidus argutum sternuit omen Amor?
haec tibi contulerunt caelestia munera divi,   25
　haec tibi ne matrem forte dedisse putes.
non non humani partus sunt talia dona:
　ista decem menses non peperere bona.
gloria Romanis una es tu nata puellis:
　Romana accumbes prima puella Iovi,   30
nec semper nobiscum humana cubilia vises;
　post Helenam haec terris forma secunda redit.
hac ego nunc mirer si flagret nostra iuventus?
　pulchrius hac fuerat, Troia, perire tibi.
olim mirabar, quod tanti ad Pergama belli   35
　Europae atque Asiae causa puella fuit;
nunc, Pari, tu sapiens et tu, Menelae, fuisti:
　tu quia poscebas, tu quia lentus eras.
digna quidem facies, pro qua vel obiret Achilles;
　vel Priamo belli causa probanda fuit.   40
si quis vult fama tabulas anteire vetustas,
　hic dominam exemplo ponat in arte meam:
sive illam Hesperiis, sive illam ostendet Eois,
　uret et Eoos, uret et Hesperios.

Oder als Dichterin heut an die Seite sich stellt der
Corinna,
  Morgen Corinnas Gesang kühn zu verdunkeln sich
müht.
Hat bei deiner Geburt, Holdselige, neben der Wiege
  Dir zum Segen vielleicht Amor, der heitre, geniest?
Denn *die* himmlischen Gaben verleiht uns Menschen ein
Gott nur,
  Nicht von der Mutter genährt, glaube mir, sogst du sie
ein,
Nein, solch hohes Geschenk stammt nimmer aus
sterblichem Samen.
  In zehn Monden noch nie wurde so köstliches reif.
Drum auch wirst du nicht stets mich beglücken in
irdischem Bunde:
  Jupiters Lager dereinst teilst du, die Erste aus Rom.
Bist du doch einzig erblüht als die Krone der römischen
Mädchen,
  Nie seit Helena schaut' ähnlichen Zauber die Welt
Und ich verwundre mich noch, wenn unsre Jugend in
Brand steht?
  Herrlicher wäre ja selbst Troja verlodert um dich.
Sonst zwar faßt ich es kaum, wie sich Asia dort mit
Europa
  In so schrecklichen Krieg nur um ein Mädchen gestürzt;
Doch jetzt geb ich euch Recht, dir Paris und dir Menelaos:
  Dir um die Forderung – dir weil du sie trotzig versagt.
Dürfte doch auch für Cynthias Reiz ein Achill in den Tod
gehn,
  Priamus, schaut er sie nur, hieße die Fehde gerecht.
Wer drum Schöneres gern als der Vorzeit Meister erschüfe,
  Wähle zum Urbild nur meine Gebietrin sich aus.
Zeige im Westen sie dann der bewundernden Welt und im
Osten,
  Und in Liebe verglühn Osten und Westen für sie.

Emanuel Geibel

62

Elegiae II 15

O me felicem! o nox mihi candida! et o tu
    lectule deliciis facte beate meis!
quam multa apposita narramus verba lucerna,
    quantaque sublato lumine rixa fuit!
nam modo nudatis mecum est luctata papillis,   5
    interdum tunica duxit operta moram.
illa meos somno lapsos patefecit ocellos
    ore suo et dixit: 'Sicine, lente, iaces?'
quam vario amplexu mutamus bracchia! quantum
    oscula sunt labris nostra morata tuis!   10
non iuvat in caeco Venerem corrumpere motu:
    si nescis, oculi sunt in amore duces.
ipse Paris nuda fertur periisse Lacaena,
    cum Menelaëo surgeret et thalamo;
nudus et Endymion Phoebi cepisse sororem   15
    dicitur et nudae concubuisse deae.
quodsi pertendens animo vestita cubare,
    scissa veste meas experiere manus;
quin etiam, si me ulterius provexerit ira,
    ostendes matri bracchia laesa tuae.   20
necdum inclinatae prohibent te ludere mammae:
    viderit haec, si quam iam peperisse pudet.

62

Liebesstreit

Selig bin ich! O leuchtende Nacht,
du auch, mein Lager der liebenden Herzen,
durch die Geliebte gesegnet gemacht!
Zärtliche Worte beim Lichte der Kerzen,
aber wir stellten die Leuchte beiseit
und begannen den Liebesstreit!
Bald mit entblößtem Busen sie rang,
bald wieder deckte sie sich mit dem Kleide,
matt und erschöpft auf das Lager sie sank,
küßte mich wach, schlaftrunken wir beide,
schalt mich: »Ist dir der Eifer vergangen?«,
bis wir von neuem uns fest umschlangen.
Auf deinem Mund hat der meine geruht;
aber sich schwächen in blinder Bewegung,
wisse, Geliebte, das ist nicht gut:
auch die Augen verlangen Erregung.
Paris wurde von Liebe gepackt,
als von dem Ehebett Helena kam
und sich ihm zeigte herrlich nackt.
Nackter Endymion ohne Scham
ließ im Verlangen Luna erbeben,
daß sie sich nackt ihm hingegeben.
Aber wenn du mit Hartnäckigkeit
schlafen willst im leichten Gewand,
dann zerreiß ich das störende Kleid,
zwinge dich nieder mit männlicher Hand.
Wirst du mir wilderen Zorn erwecken,
zeigst du der Mutter noch blaue Flecken!
Noch stehn die Brüste dir rund und straff,
brauchen das Liebesspiel nicht zu lähmen,
nur bei den Müttern hängen sie schlaff:
mögen diese sich grämen und schämen!

dum nos fata sinunt, oculos satiemus amore:
   nox tibi longa venit nec reditura dies.
atque utinam haerentes sic nos vincire catena   25
   velles, ut numquam solveret ulla dies!
exemplo iunctae tibi sint in amore columbae,
   masculus et totum femina coniugium.
errat, qui finem vesani quaerit amoris:
   verus amor nullum novit habere modum.   30
terra prius falso partu deludet arantes,
   et citius nigros Sol agitabit equos,
fluminaque ad caput incipient revocare liquores,
   aridus et sicco gurgite piscis erit,
quam possim nostros alio transferre dolores: 35
   huius ero vivus, mortuus huius ero!
quod mihi si secum tales concedere noctes
   illa velit, vitae longus et annus erit.
si dabit haec multas, fiam inmortalis in illis:
   nocte una quivis vel deus esse potest.   40
qualem si cuncti cuperent decurrere vitam
   et pressi multo membra iacere mero,
non ferrum crudele neque esset bellica navis,
   nec nostra Actiacum verteret ossa mare,
nec totiens propriis circum oppugnata triumphis   45
   lassa foret crines solvere Roma suos.
haec certe merito poterunt laudare minores:
   laeserunt nullos pocula nostra deos.
tu modo, dum lucet, fructum ne desere vitae:
   omnia si dederis oscula, pauca dabis!   50

Solange glückliche Stunden uns winken,
wollen die Augen vom Lebensquell trinken!
Schnell wird kommen die lange Nacht –
feßle mich eisern mit deinen Armen!
Weil man vom Tode nie mehr erwacht,
laß mich in deiner Umschlingung erwarmen!
Nimm dir ein Beispiel am Taubenpaar,
wie es sich schnäbelt in brünstiger Liebe,
glühend gefangen ganz und gar,
Männchen und Weibchen, vom gleichen Triebe.
Rasende Lust kann nimmer erkalten,
wahre Liebe ein Maß nicht halten!
Eher betrügt den Pflüger die Erde,
eher jagt Sonne die nächtlichen Pferde,
eher beginnt des Flusses Welle
wieder zurückzuströmen zur Quelle,
schnappend auf trockenem Grunde wird liegen
durstiger Fisch, wenn die Wasser versiegen,
als daß ich Sehnsucht und zärtlichen Sinn
trüge zu einer anderen hin.
Ihr gehör ich in diesem Leben,
ihr gehöre ich noch im Sarg.
Würd sie mir *eine* Liebesnacht geben,
schiene ein Lebensjahr mir nicht zu karg.
Schenkt mir viele Nächte die Maid,
wird mir zuteil Unsterblichkeit.
Eine Liebesnacht, zärtlich und schön,
kann den Verliebten zum Gotte erhöhn.

Wäre dies aller Menschen Begehr,
gäbe es keine Schwerter mehr;
lägen sie gern vom Weine schwer,
gäbe es keine Kriegsschiffe mehr!

Wenn du noch atmest lebendig im Licht,
koste das Süße, vergiß es nicht!

ac veluti folia arentes liquere corollas,
   quae passim calathis strata natare vides,
sic nobis, qui nunc magnum spiramus amantes,
   forsitan includet crastina fata dies.

63

Elegiae III 10

Mirabar, quidnam misissent mane Camenae
   ante meum stantes sole rubente torum.
natalis nostrae signum misere puellae
   et manibus faustos ter crepuere sonos.
transeat hic sine nube dies, stent aëre venti,   5
   ponat et in sicco molliter unda minax.
aspiciam nullos hodierna luce dolentes
   et Niobae lacrimas supprimat ipse lapis,
alcyonum positis requiescant ora querelis,
   increpet absumptum nec sua mater Itym.   10
tuque, o cara mihi, felicibus edita pennis,
   surge et poscentes iusta precare deos!
ac primum pura somnum tibi discute lympha
   et nitidas presso pollice finge comas;
dein, qua primum oculos cepisti veste Properti,   15
   indue nec vacuum flore relinque caput;

Ein paar Küsse sind alles für mich.
Gleichwie von Kränzen im herbstlichen Wetter
niedersinken die welken Blätter
und aus den Körben zerstreuen sich,
so werden wir, die noch atmen und lieben,
stürmisch verweht und fortgetrieben.
Birgt nicht vielleicht der heutige Tag
Schicksal, das morgen uns treffen mag?

Erich Fabian

63

Elegien III 10

Heute an meinem Bette, beim ersten Schimmer Aurorens,
   Standen die Musen. Ich staunt', horchend auf ihren
                Befehl.
Und sie gaben das Zeichen von meines Mädchens
                Geburtstag:
   Dreimal klatschten sie laut glücklichen Beifall mir zu.
Ohne Wolke vergehe der Tag; es schweigen die Winde!
   Sanfter küsse des Meers zürnende Woge den Strand!
Jedes traurige Bild soll vor mir heute verschwinden;
   Niobe's Marmor selbst hemme den thränenden Schmerz!
Es verstumme das Klaglied der traurenden Alcyonen;
   Itys' schmerzlichen Fall weine die Mutter nicht mehr!
Aber, o Theure! du mir zum besten Glücke Geborne!
   Wache nun auf! den Dank bringe den Göttern zuerst!
Wasche dir dann mit reinlichem Quell den Schlummer
                vom Auge;
   Lege das glänzende Haar dir mit dem Finger zurecht!
Alsdann nimm dir das Kleid, worin du zuerst mich
                entzücket;
   Lasse die Blume nicht fehlen dem lockigen Haar!

et pete, qua polles, ut sit tibi forma perennis
  inque meum semper stent tua regna caput!
inde coronatas ubi ture piaveris aras,
  luxerit et tota flamma secunda domo,   20
sit mensae ratio, noxque inter pocula currat,
  et crocino naris murreus ungat onyx.
tibia nocturnis succumbat rauca choreis,
  et sint nequitiae libera verba tuae,
dulciaque ingratos adimant convivia somnos,   25
  publica vicinae perstrepat aura viae;
sit sors et nobis talorum interprete iactu,
  quem gravibus pennis verberet ille puer.
cum fuerit multis exacta trientibus hora,
  noctis et instituet sacra ministra Venus,   30
annua solvamus thalamo sollemnia nostro
  natalisque tui sic peragamus iter!

64

Elegiae III 21

Magnum iter ad doctas proficisci cogor Athenas,
  ut me longa gravi solvat amore via.
crescit enim assidue spectando cura puellae:
  ipse alimenta sibi maxima praebet Amor.

Flehe die Götter an, dir ewigen Reiz zu gewähren;
  Ewig stehe mein Haupt unter der Herrschaft von dir!
Hast du den Weihrauch nun auf bekränzten Altären
                                    geopfert,
  Leuchten durchs ganze Haus glückliche Flammen
                                    empor;
So bereite das Mahl! die Nacht vergehe beim Becher!
  Und das Myrrhengefäß hauche mit Safran uns an!
Möge die Flöt' ermüden bei unsern nächtlichen Tänzen!
  Freier hüpfe der Scherz dir von der Lippe hinweg!
Niemand denke des Schlafs beim freudetrunkenen
                                    Schmause;
  Und der fröhliche Lärm schalle die Straßen hindurch!
Uns bezeichne der Würfel das eigne Schicksal von jedem,
  Wen der Flügel des Kinds peitschet mit strengerem
                                    Schlag.
Sind beim trunknen Pokal uns nun die Stunden entflohen,
  Ordnet die Weihe der Nacht Venus, als Dienerin,
                                    selbst.
Dann entrichten auf weicherem Lager wir jährliche
                                    Feier;
Und so vollenden des Fests zirkelnde Freuden sich uns.

Karl Ludwig von Knebel

64

Abschied von Rom

Eine gewaltige Reise zum weisen Athen muß ich machen,
  Daß mir die Länge des Wegs Qualen der Liebe
                                    vertreibt;
Wächst doch beständig durchs Sehn die Neigung zu der
                                    Geliebten,
  Amor bietet ja stets wirksamste Nahrung sich selbst.

omnia sunt temptata mihi, quacumque fugari   5
    possit; at ex omni me premit ipse deus.
vix tamen aut semel admittit, cum saepe negarit;
    seu venit, extremo dormit amicta toro.
unum erit auxilium: mutatis Cynthia terris
    quantum oculis, animo tam procul ibit amor.   10
nunc agite, o socii, propellite in aequora navem,
    remorumque pares ducite sorte vices
iungiteque extremo felicia lintea malo:
    iam liquidum nautis aura secundat iter.
Romanae turres et vos valeatis, amici,   15
    qualiscumque mihi tuque, puella, vale!
ergo ego nunc rudis Hadriaci vehar aequoris hospes,
    cogar et undisonos nunc prece adire deos.
deinde per Ionium vectus cum fessa Lechaeo
    sedarit placida vela phaselus aqua,   20
quod superest, sufferre, pedes, properate laborem,
    Isthmos qua terris arcet utrumque mare.
inde ubi Piraei capient me litora portus,
    scandam ego Theseae bracchia longa viae.

Alles ach! hab ich versucht, was nur möglich, um ihn zu
verjagen;
  Aber nach allem Bemühn peinigt der Gott mich erst
  recht.
Kaum oder einmal nur läßt sie mich zu, während oft sie
mich abweist.
  Kommt sie, so schläft sie verhüllt nur an dem Rande
  des Betts.
Eine Erlösung nur gibt's: wenn das Land ich, Cynthia,
wechsle,
  Dann ist die Liebe der Brust fern wie die Liebste dem
  Blick.
Auf, ihr Gefährten! Und bringt ins offene Meer unser
Fahrzeug!
  Gleichen Wechsel auch lost nun für das Rudern euch
  aus!
Hoch zieht auf an dem Mast jetzt glückverheißende
Segel!
  Heitere Fahrt verspricht gnädig den Schiffern die Luft.
Hohe Paläste von Rom, lebt wohl denn, und ihr auch, ihr
Freunde,
  Wie du auch gegen mich warst, Liebste, auch du lebe
  wohl!
Also fahr ich denn jetzt als der Hadria Gast, noch ein
Neuling,
  Muß zu den Gottheiten jetzt beten, die
  wogenumrauscht.
Kam dann der Kahn durchs Ionische Meer und die Segel,
die müden,
  Fanden in friedlicher Bucht drauf bei Lechaion die Ruh,
Dann, was noch bleibt, ihr Füße, beeilt euch die Arbeit zu
leisten,
  Wo des Isthmos Land beiderseits fernhält das Meer;
Wenn darauf das Gestade des Hafens Piraeus mich
aufnimmt,
  Schreit ich des Theseuswegs mächtige Arme entlang.

illic vel stadiis animum emendare Platonis   25
  incipiam aut hortis, docte Epicure, tuis;
persequar aut studium linguae, Demosthenis arma,
  librorumque tuos, docte Menandre, sales;
aut certe tabulae capient mea lumina pictae,
  sive ebore exactae, seu magis aere, manus.   30
aut spatia annorum aut longa intervalla profundi
  lenibunt tacito vulnera nostra sinu.
seu moriar, fato, non turpi fractus amore;
  atque erit illa mihi mortis honesta dies.

65

Elegiae IV 11

Desine, Paulle, meum lacrimis urgere sepulcrum:
  panditur ad nullas ianua nigra preces;
cum semel infernas intrarunt funera leges,
  non exorato stant adamante viae.
te licet orantem fuscae deus audiat aulae: 5
  nempe tuas lacrimas litora surda bibent.

Dort versuch ich durch Lesen im Platon die Seele zu
bessern
Oder vielleicht, Epikur, Weiser, im Garten bei dir.
Oder ich geh der Sprache auch nach, Demosthenes'
Waffe,
Und in den Dramen von dir, weiser Menander,
dem Witz.
Oder es nehmen gewiß die Gemälde mein Auge gefangen,
Werke aus Elfenbein auch oder noch mehr die aus
Erz.
Dann wird die Spanne der Zeit und die trennende Tiefe
des Meeres
Mir vielleicht doch das Weh lindern in schweigender
Brust.
Sterb ich jedoch, dann ist es mein Los, nicht schmachvolle
Liebe,
Dran ich zerbrach, und mein Tod wird dann ein
ehrbarer sein.

Rudolf Helm

65

Nachruf auf Cornelia,
die Stieftochter des Augustus

Paulus, laß ab, mein Grab mit Tränen dauernd zu netzen!
Öffnet doch keinem Gebet je sich das finstere Tor;
Trat der Tote einmal ins Reich der Unterweltssatzung,
Ist ihm verschlossen der Weg durch unerbittlichen
Stahl.
Mag auch der Gott des dunkelen Reichs dein Bitten
vernehmen,
Bleibt das Gestade doch taub, schlürft deine Tränen
nur ein.

vota movent superos: ubi portitor aera recepit,
  obserat herbosos lurida porta rogos.
sic maestae cecinere tubae, cum subdita nostrum
  detraheret lecto fax inimica caput.   10
quid mihi coniugium Paulli, quid currus avorum
  profuit aut famae pignora tanta meae?
non minus inmites habuit Cornelia Parcas,
  et sum, quod digitis quinque legatur, onus.
damnatae noctes et vos, vada lenta, paludes,   15
  et quaecumque meos implicat unda pedes,
inmatura licet, tamen huc non noxia veni:
  det Pater hic umbrae mollia iura meae!
aut si quis posita iudex sedet Aeacus urna –
  in mea sortita vindicet ossa pila,   20
assideant fratres, iuxta et Minoida sellam
  Eumenidum intento turba severa foro:
Sisyphe, mole vaces, taceant Ixionis orbes,
  fallax Tantaleo corripere ore liquor,
Cerberus et nullas hodie petat improbus umbras   25
  et iaceat tacita laxa catena sera –
ipsa loquor pro me.   si fallo, poena sororum
  infelix umeros urgeat urna meos.

Himmlische rührt ein Gebet; doch empfing der Ferge sein
Geldstück,
Schließt auch das Tor, das so fahl, das überwachsene
Grab.
Traurig verhieß das der Tuba Klang, als die feindlichen
Fackeln,
An das Lager gelegt, leise ergriffen mein Haupt.
Was hat die Ehe mit Paulus genützt, was der Ahnen
Triumphe
Oder der Pfänder soviel für meinen eigenen Ruf!
Fand ich, weil ich Cornelia bin, die Parzen drum
milder?
Schau doch, ich bin eine Last, schon eine Hand hebt
mich auf.
O du Nacht, die verwünscht, du Sumpf, trübfließend
Gewässer,
Und was an Wogen es sei, was meine Füße bespült,
Kam ich auch vor der Zeit, ich kam doch, mit Schuld
nicht beladen:
Pluto, gib milden Spruch für meinen Schatten
deshalb!
Oder wenn an der Urne ein Aiakos waltet als Richter,
Er verfahr' gegen mich, und er bestell' das Gericht!
Seien die Brüder dabei, und am Throne des Minos dann
fälle
Streng vor dem Volke die Schar der Eumeniden den
Spruch!
Sisyphos, ruh von der Last, Ixions Rad möge stillstehn,
Laß dich, du trügerisch Naß, fassen von Tantalos'
Mund!
Keinerlei Schatten soll heut der garstige Kerberos
schrecken,
Still sei der Riegel, es lieg' lose die Kette dabei! –
Selber sprech' ich für mich; und lüg' ich, die Strafe der
Schwestern,
Der unselige Krug, drücke die Schultern mir dann!

si cui fama fuit per avita tropaea decori,
   me decet hic proprie, credite, tantus honos;   29a
Afros insigni cognomine capta paternos   29b
   atque Numantinos regna loquuntur avos;   30
altera maternos exaequat turba Libones
   et domus est titulis utraque fulta suis.
mox, ubi iam facibus cessit praetexta maritis,
   vinxit et acceptas altera vitta comas,
iungor, Paulle, tuo sic discessura cubili: 35
   in lapide hoc uni nupta fuisse legar.
testor maiorum cineres tibi, Roma, colendos,
   sub quorum titulis, Africa, tunsa iaces,
et Persen proavi simulantem pectus Achilli
   quique truces proavo fregit Achille domos: 40
me neque censurae legem mollisse nec ulla
   labe mea vestros erubuisse focos.
non fuit exuviis tantis Cornelia damnum:
   quin et erat magnae pars imitanda domus.
nec mea mutata est aetas, sine crimine tota est: 45
   viximus insignes inter utramque facem.
mi natura dedit leges a sanguine ductas
   nec possis melior iudicis esse metu.
quaelibet austeras de me ferat urna tabellas:
   turpior assessu non erit ulla meo,   50

Dient je einem zur Zier der Ruhm durch der Ahnen
Triumphe,
⟨Glaubt es, genieß' diesen Ruhm sicher vor anderen ich;
Geben den Ahnen des Vaters bezwungen die glänzenden
Namen⟩
Afrikas Reiche doch noch und auch Numantias Stadt.
Gleich aber steht von der Mutter Geschlecht die Zahl der
Libonen,
Sind die Häuser ja doch beide durch Ehren erhöht.
Dann, als mein Kinderkleid der Hochzeitsfackel
gewichen
Und ein anderes Band nun meine Haare umschloß,
Wurde ich, Paulus, mit dir vereint, um so nur zu
scheiden:
Daß ich nur einem vermählt, liest man ja hier auf dem
Stein.
Zeugen sei'n mir die Ahnen, die, Rom, dir wert der
Verehrung,
Denen ein Blatt des Ruhms Afrika ward, da es fiel,
Auch, der den Perseus bezwang, ihn, der den Ahnherrn
Achilleus
Gerne gespielt, und das Haus, stolz auf den Ahnherrn
Achill,
Daß ich nie das Sittengesetz mir gemildert, kein Fehltritt,
Den ich beging, euren Herd jemals erröten gemacht.
Nein, Cornelia war keine Schande für soviel Triumphe,
Ja, auch im Kaiserhaus war sie nur Vorbild und Zier.
Niemals schlug mein Wandel auch um, ohne Schuld war
er immer,
Zwischen den Fackeln die Zeit habe ich rühmlich gelebt.
Mir gab schon die Natur aus dem Blut entstammte
Gesetze;
Besser machte die Furcht vor einem Richter auch nicht.
Mag die Urne auch streng das Urteil über mich fällen,
Durch meine Nähe wird nie jemand entehrt, und auch
du,

vel tu, quae tardam movisti fune Cybelen,
    Claudia, turritae rara ministra deae,
vel cuius, raptos cum Vesta reposceret ignes,
    exhibuit vivos carbasus alba focos.
nec te, dulce caput, mater Scribonia, laesi: 55
    in me mutatum quid nisi fata velis?
maternis laudor lacrimis urbisque querelis,
    defensa et gemitu Caesaris ossa mea.
ille sua nata dignam vixisse sororem
    increpat, et lacrimas vidimus ire deo.   60
et tamen emerui generosos vestis honores
    nec mea de sterili facta rapina domo.
tu Lepide, et tu, Paulle, meum post fata levamen:
    condita sunt vestro lumina nostra sinu.
vidimus et fratrem sellam geminasse curulem,   65
    consule quo facto tempore rapta soror.
filia, tu specimen censurae nata paternae,
    fac teneas unum nos imitata virum!
et serie fulcite genus: mihi cumba volenti
    solvitur uncturis tot mea fata meis.   70

Claudia, nicht, die du einst die zögernde Göttin im
                                    Turmkranz,
    Kybele, zogst an dem Strick als ihre trefflichste Magd.
Oder auch die, deren weißes Gewand die Asche belebte,
    Als die entschwundene Glut Vesta einst wieder
                                    verlangt;
Kränkte auch dich nicht, du Herz wie Gold, Scribonia,
                                    Mutter;
    Was hättst du jemals an mir anders gewünscht als mein
                                    Los?
Tränen der Mutter und Klagen der Stadt sind trefflicher
                                    Leumund,
    Und daß der Kaiser geseufzt, spricht für die Tote erst
                                    recht.
»Wie meine eigene Tochter verbrachte die Schwester ihr
                                    Leben«,
    Rühmte er laut, und man sah's, Tränen vergoß da der
                                    Gott.
Und doch hab ich mich wert des edlen Gewandes
                                    erwiesen;
    Denn das Haus war nicht leer, draus mich der Tod jetzt
                                    entführt.
Lepidus, du, und Paulus, ihr seid mein Trost nach dem
                                    Tode;
    Denn an euerer Brust macht ich die Augen ja zu,
Sah auch zum zweitenmal noch auf dem Ehrensessel den
                                    Bruder;
    Als er zum Consul bestimmt, raffte die Zeit mich
                                    dahin.
Tochter, du Muster für das, was der Vater als Censor
                                    verlangte,
    Eifre mir nach und bleib bei einem einzigen Mann!
Stützt das Geschlecht durch die Reihe, die folgt! Gern
                                    will ich es sehen,
    Daß, nun der Nachen sich löst, hegen so viele mein
                                    Grab.

haec est feminei merces extrema triumphi,
   laudat ubi emeritum libera fama rogum.
nunc tibi commendo communia pignora natos:
   haec cura et cineri spirat inusta meo.
fungere maternis vicibus, pater: illa meorum   75
   omnis erit collo turba ferenda tuo.
oscula cum dederis tua flentibus, adice matris:
   tota domus coepit nunc onus esse tuum.
et si quid doliturus eris, sine testibus illis!
   cum venient, siccis oscula falle genis!   80
sat tibi sint noctes, quas de me, Paulle, fatiges,
   somniaque in faciem credita saepe meam;
atque ubi secreto nostra ad simulacra loqueris,
   ut responsurae singula verba iace!
seu tamen adversum mutarit ianua lectum,   85
   sederit et nostro cauta noverca toro,
coniugium, pueri, laudate et ferte paternum:
   capta dabit vestris moribus illa manus.
nec matrem laudate nimis: collata priori
   vertet in offensas libera verba suas.   90
seu memor ille mea contentus manserit umbra
   et tanti cineres duxerit esse meos,

Das ist der herrlichste Lohn, das ist der Triumph eines
Weibes,
Wird, die den Dienst vollbracht, laut von der Menge
gerühmt.
Nun empfehle ich dir die gemeinsamen Pfänder, die
Kinder;
Das ist die Sorge, die noch tief in der Asche mir lebt.
Vater, vertritt nun die Mutter zugleich; du mußt jetzt am
Herzen
Tragen und sorgend betreun alle, die mir einst gehört.
Schenkst du den Weinenden Küsse, so gib sie auch noch
von der Mutter!
All die Lasten im Haus ruhn von jetzt an auf dir.
Und wenn etwas dich quält, so laß sie niemals es merken!
Kommen sie, täusch sie und küß trockenen Auges sie
nur.
Sei es genug an den Nächten, die, Paulus, du noch um
mich trauerst,
Und an den Träumen, darin du mich zu schauen
vermeinst.
Und sobald du geheim zu meinem Bild einmal redest,
Schweige auch, grade als wollt ich etwas antworten
drauf!
Wenn jedoch etwa der Tür gegenüber das Ehebett
wechselt
Und auf unserem Pfühl ängstlich die Stiefmutter sitzt,
Kinder, so lobt und ertragt in Geduld die Ehe des
Vaters;
Wenn euer Wesen sie euch einmal gewann, wird sie
lieb.
Lobt eure Mutter auch nicht zu sehr! Mit der ersten
verglichen,
Sieht sie im offenen Wort leicht eine Kränkung für sich.
Doch, wenn er, meiner gedenk, mit meinem Schatten
zufrieden
Und meine Asche so hoch in seiner Liebe noch schätzt,

discite venturam iam nunc sentire senectam,
   caelibis ad curas nec vacet ulla via.
quod mihi detractum est, vestros accedat ad annos: 95
   prole mea Paullum sic iuvet esse senem.
et bene habet; numquam mater lugubria sumpsi:
   venit in exsequias tota caterva meas.
Causa perorata est. flentes me surgite, testes,
   dum pretium vitae grata rependit humus.   100
moribus et caelum patuit: sim digna merendo,
   cuius honoratis ossa vehantur avis.

Oh, so lernt es schon jetzt, sein kommendes Alter zu
ahnen;
Bleib' ihm zum Kummer kein Weg frei, daß er einsam
sich fühlt.
Was mir entzogen an Jahren, zu eurem Leben mög's
kommen!
Durch meine Kinder mag so Paulus des Alters sich
freun!
Und es ist gut so; nie mußt ich als Mutter ein Trauerkleid
tragen,
Waren doch an meinem Grab alle die Meinen vereint.
Damit bin ich am Schluß. Steht auf und beweint mich,
ihr Zeugen,
Während fürs Leben den Preis dankbar die Erde mir
zollt.
Stand dem Verdienst der Himmel selbst offen, ich bin
doch wohl würdig,
Daß der Erlesenen Strom meine Gebeine jetzt trägt.

Rudolf Helm

66

Elegiae I 1

Divitias alius fulvo sibi congerat auro
  Et teneat culti iugera multa soli,
Quem labor adsiduus vicino terreat hoste,
  Martia cui somnos classica pulsa fugent:
Me mea paupertas vita traducat inerti,   5
  Dum meus adsiduo luceat igne focus.
Ipse seram teneras maturo tempore vites
  Rusticus et facili grandia poma manu;
Nec spes destituat, sed frugum semper acervos
  Praebeat et pleno pinguia musta lacu.   10
Nam veneror, seu stipes habet desertus in agris
  Seu vetus in trivio florida serta lapis,
Et quodcumque mihi pomum novos educat annus,
  Libatum agricolae ponitur ante deo.
Flava Ceres, tibi sit nostro de rure corona   15
  Spicea, quae templi pendeat ante fores,
Pomosisque ruber custos ponatur in hortis,
  Terreat ut saeva falce Priapus aves.
Vos quoque, felicis quondam, nunc pauperis agri
  Custodes, fertis munera vestra, Lares.   20

Elegien I 1

Mög ein anderer reich an funkelndem Golde sich
          sammeln,
  Mögen mit Saaten ihm weit prangen die Felder umher:
Während im Dienste des Lagers er, nah dem Feinde, sich
          ängstet,
  Schmetternde Hörner ihm scheuchen vom Auge den
          Schlaf.
Mich soll arme Genüge durchs ruhige Leben geleiten,
  Nur daß ein Feuerchen mir helle den eigenen Herd!
Zeitig will ich mir selbst dann kindliche Reben, ein
          Landmann,
  Pflanzen und edleres Obst pfropfen mit glücklicher
          Hand,
Nie von der Hoffnung getäuscht; sie schenke mir Haufen
          der Feldfrucht
  Und mit köstlichem Most fülle die Kufen sie mir.
Ehr ich doch fromm auch das ärmlichste Bild auf der Flur
          und den alten
  Stein, der am Scheideweg pranget mit Blumen
          umkränzt.
Was mir immer das reifende Jahr an Früchten erzogen,
  Gerne dem ländlichen Gott bring ich die Erstlinge dar.
Blonde Ceres, dir spende mein Feld ein Kränzchen von
          Ähren,
  Das, an die Pforte gehängt, deine Kapelle dir schmückt.
Auch im Garten, das Obst mit drohender Hippe
          bewachend,
  Stehe der rote Priap, der mir die Vögel verscheucht.
Euch, des gesegneten einst, nun dürftigen Feldes Beratern,
  Soll das gebührende Teil nimmer, o Laren, entgehn.

Tunc vitula innumeros lustrabat caesa iuvencos,
  Nunc agna exigui est hostia parva soli.
Agna cadet vobis, quam circum rustica pubes
  Clamet "io messes et bona vina date."
Iam modo iam possim contentus vivere parvo   25
  Nec semper longae deditus esse viae,
Sed Canis aestivos ortus vitare sub umbra
  Arboris ad rivos praetereuntis aquae.
Nec tamen interdum pudeat tenuisse bidentem
  Aut stimulo tardos increpuisse boves,   30
Non agnamve sinu pigeat fetumve capellae
  Desertum oblita matre referre domum.
At vos exiguo pecori, furesque lupique,
  Parcite: de magno est praeda petenda grege.
Hic ego pastoremque meum lustrare quotannis   35
  Et placidam soleo spargere lacte Palem.
Adsitis, divi, neu vos e paupere mensa
  Dona nec e puris spernite fictilibus.
Fictilia antiquus primum sibi fecit agrestis
  Pocula, de facili conposuitque luto.   40
Non ego divitias patrum fructusque requiro,
  Quos tulit antiquo condita messis avo:
Parva seges satis est, satis est requiescere lecto
  Si licet et solito membra levare toro.
Quam iuvat inmites ventos audire cubantem   45
  Et dominam tenero continuisse sinu

Damals blutet' ein Kalb, unzählbare Rinder zu sühnen,
  Nun ist der winzigen Flur feierlich Opfer ein Lamm.
Wohl, euch falle das Lamm! und rings soll ländliche
                    Jugend
  Rufen: »Jo! gebt Korn! gebet uns lieblichen Wein!«
– Endlich vermag ich es, froh bei weniger Habe zu leben,
  Und nicht ruhelos nur immer die Welt zu durchziehn,
Sondern zu meiden des Sirius Glut im dunkelen Schatten
  Eines Baumes, am Bord rieselnder Quellen gestreckt.
Doch verdrieß es mich nicht, auch den Karst einmal zu
                    versuchen
  Oder mit spitzigem Stab säumenden Stieren zu drohn,
Gern auch trag ich ein Lamm und gern ein verlassenes
                    Zicklein,
  Wenn es die Mutter vergaß, sorglich im Busen nach
                    Haus;
Aber, ihr Diebe, verschonet, und Wölfe, des wenigen
                    Viehes;
  Gilt es Beute, so sucht größere Herden euch aus!
Hier gewähr ich dem Hirten der Reinigung jährliche
                    Feier,
  Hier bespreng ich dein Bild, friedliche Pales, mit Milch!
Kommt, o ihr Götter! verschmäht vom dürftigen Tisch
                    aus dem reinen
  Irdenen Opfergeschirr nicht das geringe Geschenk!
Hirten der Vorzeit machten zuerst sich irdne Geschirre,
  Aus geschmeidigem Ton höhlten sie selber den Kelch.
Nein, ich wünsche mir nimmer der Väter Besitz und die
                    Nutzung,
  Welche dem Ahnherrn einst lastende Speicher gezollt;
Wenige Saat ist genug, und genug, wenn im Hüttchen ein
                    Lager
  Mich zu erquicklicher Ruh morgen wie heute empfängt.
O wie wonnig, der Stürme Gebraus im Bette zu hören,
  Während ein Liebchen sich fest an den Umarmenden
                    drückt;

Aut, gelidas hibernus aquas cum fuderit Auster,
    Securum somnos imbre iuvante sequi,
Hoc mihi contingat: sit dives iure, furorem
    Qui maris et tristes ferre potest pluvias.   50
O quantum est auri pereat potiusque zmaragdi,
    Quam fleat ob nostras ulla puella vias.

67

Elegiae I 10

Quis fuit, horrendos primus qui protulit enses?
    Quam ferus et vere ferreus ille fuit!
Tum caedes hominum generi, tum proelia nata,
    Tum brevior dirae mortis aperta via est.
An nihil ile miser meruit, nos ad mala nostra   5
    Vertimus, in saevas quod dedit ille feras?
Divitis hoc vitium est auri, nec bella fuerunt,
    Faginus adstabat cum scyphus ante dapes.
Non arces, non vallus erat, somnumque petebat
    Securus sparsas dux gregis inter oves.   10

Oder wenn kalte Gewässer der Süd im Winter
                              herabgießt,
   Sicher zu ruhn, in den Schlaf sanfter durchs Plätschern
                              gewiegt!
Dies sei alle mein Glück! Reich werde mit Recht, wer des
                              Meeres
   Wut und Regen und Sturm kühn zu erdulden vermag:
Mich laßt hier! In den Pfuhl, was an Gold und
                              Smaragden die Welt hegt,
   Ehe *ein* Mädchen auch nur um den Entfernten sich
                              härmt!

Eduard Mörike

67

Preis des Friedens

Welcher der Sterblichen war des grausamen Schwertes
                              Erfinder?
   Wahrlich ein eisernes Herz trug der Barbar in der
                              Brust!
Mord begann nun im Menschengeschlecht, es begannen
                              die Schlachten,
   Und du, gräßlicher Tod, hattest nun kürzeren Weg.
Doch was fluch' ich dem Armen? Wir kehrten zum eignen
                              Verderben,
   Was er gegen die Wuth reißender Thiere nur bot.
Gold, dir danken wir dies! denn damals gab es nicht
                              Kriege,
   Als noch ein buchener Kelch stand vor dem heiligen
                              Mahl.
Keine Veste noch war, kein Wall! Es pflegte des
                              Schlummers
   Sorglos unter den buntwolligen Schafen der Hirt.

Tunc mihi vita foret, vulgi nec tristia nossem
　　Arma nec audissem corde micante tubam;
Nunc ad bella trahor, et iam quis forsitan hostis
　　Haesura in nostro tela gerit latere.
Sed patrii servate Lares: aluistis et idem,　　　　　　　15
　　Cursarem vestros cum tener ante pedes.
Neu pudeat prisco vos esse e stipite factos:
　　Sic veteris sedes incoluistis avi.
Tum melius tenuere fidem, cum paupere cultu
　　Stabat in exigua ligneus aede deus.　　　　　　　　20
Hic placatus erat, seu quis libaverat uva,
　　Seu dederat sanctae spicea serta comae,
Atque aliquis voti compos liba ipse ferebat
　　Postque comes purum filia parva favum.
At nobis aerata, Lares, depellite tela,　　　　　　　　25
　　Hostiaque e plena rustica porcus hara.
Hanc pura cum veste sequar myrtoque canistra
　　Vincta geram, myrto vinctus et ipse caput.
Sic placeam vobis: alius sit fortis in armis,
　　Sternat et adversos Marte favente duces,　　　　　30
Ut mihi potanti possit sua dicere facta
　　Miles et in mensa pingere castra mero.

Hätt' ich damals gelebt! dann kennt' ich nicht Waffen des
                              Volkes,
  Nicht der Trompete Getön hört' ich mit klopfender
                              Brust,
Aber nun reißt man mich fort in den Krieg, und einer der
                              Feinde
  Trägt wohl schon das Geschoß, das mir die Seite
                              durchbohrt.
Häusliche Laren, beschüzt mich, ihr habt mich gepflegt
                              und erhalten,
  Als ich, ein munteres Kind, euch vor den Füßen noch
                              sprang.
Kränk' es euch nicht, daß ihr aus alterndem Holze
                              geformt seyd;
  So herbergte vorlängst hier euch im Hause der Ahn.
Damals gab es noch Treu und Glauben, als, ärmlichen
                              Schmuckes,
  Unter dem niedrigen Dach wohnte der hölzerne Gott.
Ihn versöhnte man leicht, man durft' ihm die Traube nur
                              weihen,
  Oder den Ährenkranz winden in's heilige Haar.
Und wer Erhörung fand, der brachte selber den Kuchen,
  Reinlichen Honigseim trug ihm das Töchterchen nach.
– Götter, verschont mich mit ehr'nem Geschoß! und zum
                              ländlichen Opfer
  Fall' euch ein Schweinchen aus vollwimmelndem Stalle
                              dafür.
Ihm dann folg' ich im weißen Gewand, und myrten-
                              umflocht'ne
  Körbe dann trag' ich, das Haar selber mit Myrte
                              bekränzt.
So gefiel' ich euch gern! Ein Andrer sey tapfer in Waffen,
  Strecke, mit günstigem Mars, feindliche Führer in
                              Staub,
Daß er beim Trunke nachher mir seine Thaten erzähle,
  Und das Lager dabei zeichne mit Wein auf den Tisch.

Quis furor est atram bellis accersere mortem?
  Inminet et tacito clam venit illa pede.
Non seges est infra, non vinea culta, sed audax   35
  Cerberus et Stygiae navita turpis aquae;
Illic percussisque genis ustoque capillo
  Errat ad obscuros pallida turba lacus.
Quam potius laudandus hic est, quem prole parata
  Occupat in parva pigra senecta casa.   40
Ipse suas sectatur oves, at filius agnos,
  Et calidam fesso conparat uxor aquam.
Sic ego sim, liceatque caput candescere canis,
  Temporis et prisci facta referre senem.
Interea pax arva colat. pax candida primum   45
  Duxit araturos sub iuga curva boves,
Pax aluit vites et sucos condidit uvae,
  Funderet ut nato testa paterna merum,
Pace bidens vomerque nitent – at tristia duri
  Militis in tenebris occupat arma situs –   50
Rusticus e lucoque vehit, male sobrius ipse,
  Uxorem plaustro progeniemque domum.
Sed Veneris tum bella calent, scissosque capillos
  Femina perfractas conqueriturque fores.
Flet teneras subtusa genas, sed victor et ipse   55
  Flet sibi dementes tam valuisse manus.

Welche Wuth, durch Kriege den dunkelen Tod zu
berufen!
    Droht er doch immer und hebt leise den nahenden Fuß.
Drunten ist keine grünende Saat, kein Hügel mit Reben,
    Cerberus nur und des Styx scheußlicher Schiffer sind
dort,
Und es irret, verzehrt die Wange, versenget die Locken,
    Traurig die bleiche Schar hier zu dem düsteren Pfuhl.
O glückselig zu preisen ist der, den unter den Kindern,
    Sanft, im Hüttchen von Stroh, müßiges Alter
beschleicht!
Selber treibt er die Schafe hinaus, und das Söhnchen die
Lämmer;
    Und dem Ermüdeten wärmt Wasser zum Bade die Frau.
Wäre doch dies mein Los! und dürft' einst grauen mein
Haupthaar
    Und erzählt' ich als Greis Thaten vergangener Zeit!
Friede bestell' indessen die Flur. Du, Göttin des Friedens,
    Führtest, o heitre, zuerst pflügende Farren im Joch.
Reben erzog der Friede, den Nektar der Traube
verwahrt' er,
    Daß noch der Sohn sich am Wein freuet' aus Vaters
Geschirr.
Pflugschar glänzet im Frieden und Karst, wenn des
grausamen Kriegers
    Jammergeräthe der Rost hinten im Winkel verzehrt.
Weib und Kinderchen führet der Landmann, selig vom
Weine,
    Auf dem Wagen zurück von dem geheiligten Hain.
Nun entbrennen die Kriege Verliebter; das Mädchen
bejammert
    Sein zerrissenes Haar, seine zerbrochene Thür,
Weint, daß die liebliche Wang' ihm der Jüngling schlug,
und der Sieger
    Weint, daß die Faust sinnlos solch' ein Verbrechen
vermocht!

At lascivus Amor rixae mala verba ministrat,
   Inter et iratum lentus utrumque sedet.
A, lapis est ferrumque, suam quicumque puellam
   Verberat: e caelo deripit ille deos.   60
Sit satis e membris tenuem rescindere vestem,
   Sit satis ornatus dissoluisse comae,
Sit lacrimas movisse satis: quater ille beatus,
   Quo tenera irato flere puella potest.
Sed manibus qui saevos erit, scutumque sudemque   65
   Is gerat et miti sit procul a Venere.
At nobis, Pax alma, veni spicamque teneto,
   Perfluat et pomis candidus ante sinus.

Aber Cupido, der Schalk, leiht bittere Worte dem Zanke,
  Während gelassen er sizt zwischen dem zürnenden Paar.
Wahrlich, von Eisen und Stein ist der Unmensch, welcher
                                   sein Mädchen
  Schlägt in der Wuth! der reißt Götter vom Himmel
                                   herab!
Ist's nicht genug, ihr am Leibe das zarte Gewand zu
                                   zerreißen?
  Nicht, daß du tölpisch des Haars schönes Geflechte
                                   zerstörst?
Siehe, sie weint! – was wolltest du mehr? o glücklich, für
                                   welchen,
  Wenn er zürnet und tobt, Thränen das Mädchen noch
                                   hat!
Aber weß' Hand sich grausam vergreift, mag Schild nur
                                   und Stange
  Tragen und ewig fern Venus, der gütigen, seyn!
Komm, o heiliger Friede, die Ähre haltend in Händen,
  Und dir regne das Obst reich aus dem glänzenden
                                   Schoß!

Eduard Mörike

68

Elegiae II 2

Dicamus bona verba: venit Natalis ad aras:
    quisquis ades, lingua, vir mulierque, fave.
urantur pia tura focis, urantur odores,
    quos tener e terra divite mittit Arabs.
ipse suos Genius adsit visurus honores,   5
    cui decorent sanctas mollia serta comas.
illius puro destillent tempora nardo,
    atque satur libo sit madeatque mero.

adnuat et, Cornute, tibi, quodcumque rogabis.
    en age, quid cessas? adnuit ille: roga!   10

auguror, uxoris fidos optabis amores:
    iam reor hoc ipsos edidicisse deos.
nec tibi malueris, totum quaecumque per orbem
    fortis arat valido rusticus arva bove,
nec tibi, gemmarum quidquid felicibus Indis   15
    nascitur, Eoi qua maris unda rubet.
vota cadunt: utinam strepitantibus advolet alis
    flavaque coniugio vincula portet Amor,

68

Geburtstagsglückwunsch

Segen nur wünschen wir heut. Der Geburtstagsgott ist am
Altar.
Drum in Andacht verstummt, Mann oder Weib, die ihr
naht!
Heiliger Weihrauch brenn’ auf dem Herd, es brenne an
Düften,
Was aus dem üppigen Land weichlicher Araber kommt!
Nahe der Schutzgott selbst, seine Ehrengaben zu schauen,
Und ein Blumengewind’ zier’ ihm das heilige Haar!
Mögen die Schläfen ihm auch von reinem Nardenöl
triefen!
Werde am Kuchen er satt, sei er getränkt auch von
Wein!

Dann aber geb’ er auch dir, Cornutus, was immer du
bittest!
Auf! Was zögerst du noch? Bitte! Er winkt dir Gewähr.

Doch ich ahn’s, du erflehst dir die Lieb’ und Treue der
Gattin.
Das aber, glaube ich fest, wissen die Götter schon
selbst.
Nicht willst du lieber für dich, was an Feldern der
tüchtige Bauer
Mit seinem kräftigen Stier rings auf der Erde
durchpflügt,
Noch, was an Edelgestein sich im glücklichen Indien
findet,
Wo des östlichen Meers Wellen erglühen im Rot.
Ja, dein Gebet hat Erfolg! So flieg’ denn mit rauschenden
Schwingen
Amor heran und bring’ goldene Fesseln dem Bund,

vincula, quae maneant semper, dum tarda senectus
  inducat rugas inficiatque comas.   20
sic veniat Natalis avis prolemque ministret,
  ludat et ante tuos turba novella pedes.

Fesseln, die immerdar währen, bis langsam nahend das
Alter
Runzeln euch malt ins Gesicht und auch das Haar euch
entfärbt.
Komm denn der Gott dieses Tags und schenke den Ahnen
die Enkel,
Und vor den Füßen dir spiel' munter ein neues
Geschlecht!

Rudolf Helm

69

Carmina IV 7

Tandem venit amor, qualem texisse pudori
   Quam nudasse alicui sit mihi fama magis.
Exorata meis illum Cytherea Camenis
   Attulit in nostrum deposuitque sinum.
Exsolvit promissa Venus: mea gaudia narret,   5
   Dicetur siquis non habuisse suam.
Non ego signatis quicquam mandare tabellis,
   Ne legat id nemo quam meus ante, velim,
Sed peccasse iuvat, vultus componere famae
   Taedet: cum digno digna fuisse ferar.

69

Elegien IV 7

Endlich nahte die Liebe; aus kleinlicher Scheu es zu
hehlen
    Deucht mir geringerer Ruhm, als zu verkünden mein
Glück.
Hieß Cytherea doch selbst, das klagende Lied mir
erhörend,
    Endlich den Teuersten nahn, sanft mir am Busen zu
ruhn.
Venus hielt ihr Versprechen; die selig empfundenen
Wonnen,
    Zähle der Neid sie, der nie glückliche Liebe genoß!
Nicht versiegelten Tafeln vertrau ich das süße Bekenntnis,
    Welche kein andrer erblickt, eh der Geliebte sie liest.
Wohl mir, daß ich gefehlt! Erheuchelte Tugend verschmäh
ich;
    Wisse die Welt, daß ich nun würdig des Würdigsten
ward.

Heinrich Leuthold

70

Carmina IV 8

Invisus natalis adest, qui rure molesto
    Et sine Cerintho tristis agendus erit.
Dulcius urbe quid est? an villa sit apta puellae
    Atque Arretino frigidus Arnus agro?
Iam, nimium Messalla mei studiose, quiescas,   5
    Neu tempestivae saepe propinque viae
Hic animum sensusque meos abducta relinquo,
    Arbitrii quam vis non satis esse mei.

71

Carmina IV 9

Scis iter ex animo sublatum triste puellae?
    Natali Romae iam licet esse tuo.
Omnibus ille dies nobis natalis agatur,
    Qui nec opinata nunc tibi sorte venit.

70

Elegien IV 8

Wie möchte dieser Geburtstag mich freun? Auf dem
                    langweiligen Lande
  Soll ich ihn ferne dem Freund hinbringen, traurig
                    gestimmt!
Über die Stadt geht mir nichts, was auch soll mir, dem
                    Mädchen, das Landgut?
  Oder der eiskalte Fluß, der durch Aretium strömt?
Ruhe gib endlich, Messala, mir Überfälliger, Ruh gib!
  Unzeitig packt dich gar oft auswärts zu fahren die Lust.
Wohl kannst du auswärts mich führen, in Rom bleibt mir
                    Denken und Fühlen,
  Wenn du mir schon nicht erlaubst, daß ich mich selber
                    entscheid!

Karl Preisendanz

71

Elegien IV 9

Weißt du's? Das Herz deines Mädchens ist ledig der
                    traurigen Reise,
  Denn dein Geburtstagsfest darf sie jetzt feiern in Rom!
Laß uns drum alle zusammen die fröhlichen Stunden
                    begehen,
  Nun dir's Fortuna so schön wider Erwarten gefügt.

Karl Preisendanz

72

Carmina IV 10

Gratum est, securus multum quod iam tibi de me
    Promittis, subito ne male inepta cadam,
Si tibi cura togae potior pressumque quasillo
    Scortum quam Servi filia Sulpicia:
Solliciti sunt pro nobis, quibus illa doloris   5
    Ne cedam ignoto maxima causa toro.

73

Carmina IV 11

Estne tibi, Cerinthe, tuae pia cura puellae
    Quod mea nunc vexat corpora fessa calor?
A ego non aliter tristes evincere morbos
    Optarim, quam te si quoque velle putem.
At mihi quid prosit morbos evincere, si tu   5
    Nostra potes lento pectore ferre mala?

72

Elegien IV 10

Gut ists, daß du mit mir dir so viel schon erlauben zu
dürfen
Glaubst, daß nicht plötzlich für mich peinliche Lagen
entstehn.
Wenn denn ein Kleiderkauf, eine dürftige Dirne am
Spinnrad
Mehr als Sulpicia, als Servius' Tochter dir gilt –
Mancher sorgt sich um mich, weil ihm jene ein Greuel
und weil ich –
Wichtigster Grund – wohl gar weiche dem niedrigen
Bund.

Wilhelm Willige

73

Elegien IV 11

Schwebst du für deine Geliebte, Cerinth, nicht in
ängstlichen Sorgen,
Da den entkräfteten Leib fiebrische Glut mir verzehrt?
Ach, von der heftigen Krankheit errettet zu werden,
verlangt ich
Nur, wenn ich wüßte, daß du selbst die Genesung
ersehnst.
Denn was frommte mir wohl, zu erstehn von der
Krankheit, wofern du
Schmerzlich mich leiden zu sehn, kalt und gefühllos
erträgst?

Heinrich Leuthold

74

Carmina IV 12

Ne tibi sim, mea lux, aeque iam fervida cura,
  Ac videor paucos ante fuisse dies,
Si quicquam tota commisi stulta iuventa,
  Cuius me fatear paenituisse magis,
Hesterna quam te solum quod nocte reliqui,   5
  Ardorem cupiens dissimulare meum.

74

Elegien IV 12

Mögest du nimmer, mein Leben, so wonneberauschend
mich lieben,
Wie du noch jüngst mir gezeigt, daß du zu lieben
vermagst,
Wenn ich Törichte je was begangen im Laufe der Jugend,
Was, ich gesteh es dir frei, so wie das *eine* mich reut,
Daß ich in gestriger Nacht dich verließ trotz des heißen
Verlangens,
Nur, weil es weibliche Scheu dir zu verbergen gebot.

Heinrich Leuthold

75

Elegiae III 1

"Martis Romani festae venere kalendae –
 Exoriens nostris hic fuit annus avis –
Et vaga nunc certa discurrunt undique pompa
 Perque vias urbis munera perque domos:
Dicite, Pierides, quonam donetur honore   5
 Seu mea, seu fallor, cara Neaera tamen."
"Carmine formosae, pretio capiuntur avarae.
 Gaudeat, ut digna est, versibus illa tuis.
Lutea sed niveum involvat membrana libellum,
 Pumicet et canas tondeat ante comas   10
Summaque praetexat tenuis fastigia chartae,
 Indicet ut nomen littera facta tuum,
Atque inter geminas pingantur cornua frontes:
 Sic etenim comptum mittere oportet opus."
"Per vos, auctores huius mihi carminis, oro   15
 Castaliamque umbram Pieriosque lacus,
Ite domum cultumque illi donate libellum,
 Sicut erit: nullus defluat inde color.

Elegien III 1

Heut ist erster März, das Fest des römischen Gottes
  Mars: unsern Ahnen begann einst mit dem Tage das
                    Jahr.
Allseits ist durch die Straßen, die Häuser der Stadt der
                    Geschenke
  Festlich prunkender Zug schweifend auch heut
                    unterwegs.
Sagt mir doch, Musen, was könnt ich denn wohl Neära
                    verehren,
  Die, ob sie mein, ob ich mich täusche, doch teuer mir
                    ist. –
»Schöne gewinnt man durchs Lied, habgierige Mädchen
                    durch Gaben:
  Möge – sie ist es ja wert – *sie* deiner Verse sich freun!
Gelbliches Pergament umhülle das schneeweiße
                    Büchlein:
  Bimsstein reibe zuvor jegliche Faser ihm weg,
Und es verleihe die höchste Würde der zierlichen
                    Dichtung,
  Wenn dein Name genannt wird auf dem Titel der
                    Schrift!
Farbig seien die Knöpfe des Stabes inmitten der Rolle:
  All dieser Zierde bedarfs, willst du ihr senden das
                    Werk.« –
Ihr, von denen dies Lied mir gekommen, ihr Musen,
                    ich bitt euch
  Beim kastalischen Hain, bei dem pierischen See:
Geht in ihr Haus und gebt ihr das schön gestaltete
                    Büchlein,
  So wie es ist, daß ja nichts von der Farbe verblaßt!

(Illa mihi referet, si nostri mutua cura est
　　An minor, an toto pectore deciderim.)　　　　　　20
Sed primum meritam larga donate salute
　　Atque haec submisso dicite verba sono:
'Haec tibi vir quondam, nunc frater, casta Neaera,
　　Mittit et accipias munera parva rogat,
Teque suis iurat caram magis esse medullis,　　　　25
　　Sive sibi coniunx sive futura soror,
Sed potius coniunx: huius spem nominis illi
　　Auferet extincto pallida Ditis aqua.'"

76

Elegiae III 6

Candide Liber, ades (sic sit tibi mystica vitis
　　Semper, sic hedera tempora vincta geras),
Affer et ipse merum, Pater, et medicare dolorem:
　　Saepe tuo cecidit munere victus amor.
Care puer, madeant generoso pocula Baccho　　　　5
　　Et nobis prona funde Falerna manu.
Ite procul, durum curae genus, ite labores:
　　Fulserit hic niveis Delius alitibus.
Vos modo proposito dulces faveatis amici
　　Neve neget quisquam me duce se comitem　　　　10
Aut, si quis vini certamen mite recuset,
　　Fallat eum tecto cara puella dolo.

Sagen wird sie mir dann, ob auch *ihre* Liebe so groß ist,
  Ob nur gering oder ob völlig ihr Herz mich vergaß.
Aber beschenkt sie zuerst mit der Fülle des Heils: sie
                    verdient es.
  Solche Worte sodann sprecht in verehrendem Ton:
Dies hier, keusche Neära, schickt, der künftig dein Gatte,
  Jetzt dein Bruder; er fleht: Nimm dieses kleine
                    Geschenk!
Daß du ihm teurer bist als die eigene Seele, das schwört
                    er,
  Ob du nun Gattin dereinst oder nur Schwester ihm
                    seist.
Lieber doch Gattin: die Hoffnung, dich so zu nennen, die
                    werden
  Ihm, wenn er auslischt erst, rauben die Fluten des Dis.

                                            Wilhelm Willige

76

Elegien III 6

Komm, holder Liber, komm und lindre meine Schmerzen!
  Du bists, dem öfter schon Cytherens Liebling wich.
Auf, Knaben, auf und bringt den Wein von Cales
                    Hügeln,
  Und füllet, ohne Rast, den harrenden Pokal!
Euch, Sorgen, und dich, Gram, geb ich des Sturmwinds
                    Flügeln.
  Mir glänzt an diesem Tag ein neuer Hoffnungsstrahl;
Ihr, deren heitern Sinn kein Unmut noch entweihet,
  Verherrlichet mit mir, ihr Freunde, Libers Macht!
Wer diesen Kampf mit ihm sich zu beginnen scheuet,
  Den täusche durch Betrug sein Mädchen um die
                    Nacht.

Ille facit dites animos deus, ille ferocem
  Contudit et dominae misit in arbitrium
Armeniasque tigres et fulvas ille leaenas   15
  Vicit et indomitis mollia corda dedit.
Haec Amor et maiora valet.   sed poscite Bacchi
  Munera: quem vestrum pocula sicca iuvant?
Convenit ex aequo nec torvus Liber in illos
  Qui se quique una vina iocosa colunt: 20
At venit iratus nimium nimiumque severis:
  Qui timet irati numina magna, bibat.
Quales his poenas deus hic quantasque minetur,
  Cadmeae matris praeda cruenta docet.
Sed procul a nobis hic sit timor, illaque, siqua est   25
  Quid valeat laesi sentiat ira dei.
Quid precor a demens? venti temeraria vota
  Aeriae et nubes diripienda ferant.
Quamvis nulla mei superest tibi cura, Neaera,
  Sis felix, et sint candida fata tua.   30
At nos securae reddamus tempora mensae:
  Venit post nimbos una serena dies.
Ei mihi, difficile est imitari gaudia falsa,
  Difficile est tristi fingere mente iocum,
Nec bene mendaci risus componitur ore,   35
  Nec bene sollicitis ebria verba sonant.
Quid queror infelix? turpes discedite curae:
  Odit Lenaeus tristia verba pater.
Cnosia, Theseae quondam periuria linguae
  Flevisti ignoto sola relicta mari: 40
Sic cecinit pro te doctus, Minoi, Catullus
  Ingrati referens impia facta viri.
Vos ego nunc moneo: felix, quicumque dolore
  Alterius disces posse cavere tuo.
Nec vos aut capiant pendentia brachia collo   45
  Aut fallat blanda subdola lingua prece.
Etsi perque suos fallax iurabit ocellos
  Iunonemque suam perque suam Venerem,

Wahr ist es, Cypripor zermalmt durch Trotz des Kriegers
    Und lehret Jovens Sohn der Schönheit dienstbar sein,
Wahr ists, er zähmt am Phrat den Ungestüm des Tigers
    Und flößet Löwen selbst Gefühl und Sanftmut ein.
Dies alles, und noch mehr, kann er: allein im Becher,
    Wohnt, glaubt mir, eine Kraft, die Amors Kraft bezwingt.
Weiht euch Lyäens Dienst! Er schützt den trunknen Zecher
    Und lächelt jedem zu, der seinen Thyrsus schwingt.
Schon droht dem Nüchternen der Feuerblick des Gottes.
    Es trinke, wer von euch Lyäus' Strafe scheut!
Durch ihn ward einst Lykurg ein Opfer seines Spottes,
    Weh euch, wenn euer Stolz des Rächers Zorn erneut!
Doch nein, versöhnt mit uns, lebt Bacchus; dir, Neäre,
    Dir folge seine Wut, wohin du wandelst nach! –
Was wünscht ich! Winde gebt, gebt meinen Fluch dem
                       Meere!
Ihr, Fittige des Sturms, verwehet, was ich sprach!
Sie ende, mehrt sie gleich der Leiden bittre Schale
    Durch Kaltsinn und Verrat, in Frieden ihren Lauf! –
Indessen schwelgen wir am reichbesetzten Mahle,
    Nach trüben Tagen geht auch uns ein Festtag auf. –
Weh mir! Es ist so schwer, sich selber zu betrügen,
    So schwer, Gram in der Brust, ein freundliches Gesicht
Zu heucheln und, Verdruß im Herzen, Ruh zu lügen,
    Und doch verträgt der Schmerz sich mit Lyäen nicht. –
Wie Theseus grausam einst der Treue Pflicht verkannte,
    Und sie, die, unbesorgt, ihr Herz an ihn verlor,
An Naxos' Strand verließ und seine Segel wandte,
    Sang, holde Schönen, euch Veronens Dichter vor.
Itzt soll mein warnend Lied, ihr Trinker, euch belehren.
    Herzu! Der Weise wird durch fremdes Unglück klug!
Laßt in der Mädchen Arm euch nicht zu schnell betören,
    Und fürchtet, wenn ihr Mund verrätrisch lockt, Betrug!
Verschließet euer Ohr, vor ihren süßen Schwüren,
    Schwört gleich die Schlaue selbst bei ihrer Augen
                       Licht.

Nulla fides inerit: periuria ridet amantum
    Iuppiter et ventos irrita ferre iubet.   50
Ergo quid totiens fallacis verba puellae
    Conqueror? ite a me, seria verba, procul.
Quam vellem tecum longas requiescere noctes
    Et tecum longos pervigilare dies,
Perfida nec merito nobis nec amica merenti,   55
    Perfida, sed, quamvis perfida, cara tamen!
Naida Bacchus amat: cessas, o lente minister?
    Temperet annosum Marcia lympha merum.
Non ego, si fugiat nostrae convivia mensae
    Ignotum cupiens vana puella torum,   60
Sollicitus repetam tota suspiria nocte.
    I, puer, et liquidum fortius adde merum.
Iam dudum Syrio madefactus tempora nardo
    Debueram sertis implicuisse comas.

Sie weiß von Treue nichts; dienstbare Weste führen
  Den leichten Schwur davon und Amor rächt ihn nicht. –
Ich Tor! Was klagt mein Mund? Will ich die Mädchen
                              zwingen?
  Hinweg mit diesem Ernst; hier sieget Lieb allein.
O dürft ich doch mit ihr den langen Tag verbringen,
  O dürft ich doch mit ihr die lange Nacht mich freun!
Treulose, die so ganz, nach Willkür, haßt und liebet,
  Du schenkest deine Gunst dem, der sie nicht begehrt,
Und kränkst durch Stolz ein Herz, das sich um dich
                              betrübet;
  Treulose, ach! und doch so lieb mir und so wert! –
Was säumt ihr Knaben? Auf! gern paart mit den Najaden
  Lyäus sich; vermischt mit ihrem Naß den Wein!
Was soll mein Auge sich umsonst in Tränen baden
  Und meine Brust um sie dem Gram sich ewig weihn?
Sie schmück ein andres Mahl mit ihrem Reiz, sie spare
  Sich Fremden auf! Getrost laß ich die Stolze fliehn. –
Auf, Knaben! Stärkern Wein und Salben für die Haare
  Und einen frischen Kranz aus Rosen und Jasmin.

                         Johann Caspar Friedrich Manso

Eclogae 3

Pan

Nyctilus atque Micon nec non et pulcher Amyntas
Torrentem patula vitabant ilice solem,
Cum Pan venatu fessus recubare sub ulmo
Coeperat et somno laxatas sumere vires;
Quem super ex tereti pendebat fistula ramo.   5
Hanc pueri, tamquam praedem pro carmine possent
Sumere fasque esset calamos tractare deorum,
Invadunt furto; sed nec resonare canorem
Fistula quem suerat nec vult contexere carmen,
Sed pro carminibus male dissona sibila reddit,   10
Cum Pan excussus sonitu stridentis avenae
Iamque videns "pueri, si carmina poscitis" inquit,
"Ipse canam: nulli fas est inflare cicutas,
Quas ego Maenaliis cera coniungo sub antris.
Iamque ortus, Lenaee, tuos et semina vitis   15
Ordine detexam: debemus carmina Baccho."
Haec fatus coepit calamis sic montivagus Pan:
"Te cano, qui gravidis hederata fronte corymbis

Bacchus (oder Pan)

Nyctilus und Mycon und auch der schöne Amyntas
mieden im Schatten der Eiche die sengenden Gluten der
Sonne,
als von der Jagd ermüdet sich Pan unter Ulmen gelagert,
um im Schlummer Entspannung und neue Kräfte zu
finden:
Über ihm hing am runden Aste des Baums seine Pfeife.
Diese erhaschten die Knaben, als ob ein Lied sie
verbürgte
und als ob es erlaubt sei, der Götter Flöten zu spielen.
Aber die Flöte wollte gewohnte Klänge nicht tönen
noch sie zum Liede verflechten, und gab an Stelle der
Lieder
nur mißtöniges Kreischen von sich und rauhes Getöse.
Pan, erweckt aus dem Schlafe vom schrillen Pfeifen des
Rohres,
sah's und sprach: »Wenn Lieder ihr wollt, ihr Knaben, so
will ich
selber singen; es darf kein anderer blasen die Flöte,
die in maenalischer Grotte mit Wachs zusammen ich
fügte.
Nun will deine Geburt und Ursprung der Rebe, Lenaeus,
ich geziemend besingen: wir schulden Lieder dem
Bacchus.«
Dies sprach der Pan, der die Berge durchschweift, und
blies auf den Rohren:
»Dich besing ich, dem Weinlaub umkränzt die Schläfen,
dem schwere

Vitea serta plicas quique udo palmite tigres
Ducis odoratis perfusus colla capillis,   20
Vera Iovis proles; nam cum post sidera caeli
Sola Iovem Semele vidit Iovis ora professum,
Hunc pater omnipotens, venturi providus aevi,
Pertulit et iusto produxit tempore partus.
Hunc Nymphae Faunique senes Satyrique procaces,   25
Nosque etiam Nysae viridi nutrimus in antro.
Quin et Silenus parvum veteranus alumnum
Aut gremio fovet aut resupinis sustinet ulnis,
Evocat aut risum digito motuve quietem
Allicit aut tremulis quassat crepitacula palmis.   30
Cui deus arridens horrentes pectore setas
Vellicat aut digitis aures astringit acutas
Adplauditve manu mutilum caput aut breve mentum
Et simas tenero collidit pollice nares.
Interea pueri florescit pube iuventus   35
Flavaque maturo tumuerunt tempora cornu.
Tum primum laetas extendit pampinus uvas:
Mirantur Satyri frondes et poma Lyaei.
Tum deus 'o Satyri, maturos carpite fetus'
Dixit 'et ignotos proni calcate racemos.'   40
Vix haec ediderat, decerpunt vitibus uvas

Trauben hangen ums Haupt, der Tiger mit weinfeuchtem
Zweige
lenkt, dem duftendes Haar den Hals umwallet, du echter
Sproß des Zeus: denn als Semele sah, was nur Sterne des
Himmels
kannten, nämlich Zeus in voller Gottheit erblickte,
trug der allmächtige Vater, der späteren Zeiten gedenkend,
aus den Knaben und bracht' ihn zur Welt, als die Zeit war
erfüllet.
Nymphen zogen ihn auf und alte Faune und dreiste
Satyrn, und ich mit ihnen, zu Nysa in grünender Grotte.
Auch der greise Silen hält zärtlich den Kleinen am Busen
oder am Schoß oder hält ihn liegend im Arme umfangen,
lockt mit dem Finger ein Lächeln hervor oder wiegt ihn
in Schlummer,
oder schüttelt mit zitternder Hand für das Kindlein die
Klapper.
Lachend rupft wohl aus borstiger Brust ein Haar sich der
Gott aus
oder zieht mit den Fingern sein spitziges Ohr in die Länge
oder betätschelt sein kahles Haupt, sein fliehendes Kinn
sich
oder kneift mit den Fingern die stumpfe Nase zusammen.
Dann aber blüht im Knaben heran die wachsende
Jugend,
und die blonde Schläfe schwillt an mit reifenden Hörnern.
Dann entsprossen zuerst lustbringende Trauben den
Ranken,
und die Satyrn bestaunten das Laub und die Frucht des
Lyaeus.
Da sprach der Gott: ›Pflückt jetzt die reifen Früchte, ihr
Satyrn,
und zertretet die Trauben: noch kennt ihr nicht ihre
Stärke.‹
Kaum sagt' er dies, so pflückten sie ab von den Reben die
Trauben,

Et portant calathis celerique elidere planta
Concava saxa super properant: vindemia fervet
Collibus in summis, crebro pede rumpitur uva
Nudaque purpureo sparguntur pectora musto.   45
Tum Satyri, lasciva cohors, sibi pocula quisque
Obvia corripiunt: quae fors dedit, occupat usus.
Cantharon hic retinet, cornu bibit alter adunco,
Concavat ille manus palmasque in pocula vertit,
Pronus at ille lacu bibit et crepitantibus haurit   50
Musta labris; alius vocalia cymbala mergit
(Excipit aes potum saliensque liquore resultat);
Atque alius latices pressis resupinus ab uvis
Ebibit, inque humeros et pectora defluit humor.
Omnia ludus habet cantusque chorique licentes;   55
Et Venerem iam vina movent: raptantur amantes
Concubitu Satyri fugientes iungere Nymphas
Iamiamque elapsas hic crine, hic veste retentat.
Tum primum roseo Silenus cymbia musto
Plena senex avide non aequis viribus hausit.   60
Ex illo venas inflatus nectare dulci

trugen in Körben sie fort, und mit eilendem Fuß sie zu
quetschen,
hasteten sie zur Höhlung im Fels: zur Weinlese drängt
sich's
auf den Gipfeln der Hügel, vom häufigen Tritt birst die
Traube,
und die nackten Brüste besprenkelt der purpurne Most
jetzt.
Dann ergreifen die Satyrn, die freche Bande, die Kelche,
wie sie gerade zur Hand: was der Zufall bietet, das nutzt
man.
Einer packt einen Krug, aus krummem Horn trinkt ein
andrer,
jener macht hohl die Hände und braucht die Höhlung als
Becher,
jener trinkt, über den Kübel gebeugt, und schmatzt mit
den Lippen,
schlürfend den Most; ein andrer taucht ein seine tönende
Zimbel,
wieder einer liegt rücklings, so daß ihm der Saft in den
Mund träuft;
aber sobald er trunken ist, spritzt aus dem Munde der
Wein ihm,
er erbricht, und Schultern und Brust betrieft ihm das Naß
dann.
Überall herrschen nun Spiel und Gesang und lüsterne
Tänze:
Wein erzeugt die Begierde; es reißt die lüsternen Satyrn
hin das Verlangen, sich mit den fliehenden Nymphen zu
paaren.
Fast schon entkommen, werden am Haar sie, am Kleide
ergriffen.
Dann trank gierig Silenus, der Greis, vom rosigen Moste
volle Krüge – jedoch war *dem* seine Kraft nicht
gewachsen.
Seither sind vom süßen Naß seine Adern geschwollen,

Hesternoque gravis semper ridetur Iaccho.
Quin etiam deus ille, deus Iove natus ab ipso,
Et plantis uvas premit et de vitibus hastas
Integit et lynci praebet cratera bibenti."   65
Haec Pan Maenalia pueros in valle docebat,
Sparsas donec oves campo conducere in unum
Nox iubet, uberibus suadens siccare fluorem
Lactis et in niveas astrictum cogere glebas.

und man lacht, weil immer er schwer ist vom gestrigen
                              Weine.
Und es preßt wahrhaftig der Gott, der aus Zeus ist
                              entsprossen,
mit den Füßen die Trauben und kränzt mit den Reben
                              den Thyrsus,
und er bietet dem Luchs den Mischkrug an mit dem
                              Trunke.«
Solches lehrte Pan die Knaben im Maenalustale,
bis die Nacht gebot, die im Felde schweifenden Schafe
zu versammeln, die Euter der fließenden Milch zu
                              entleeren
und sie zu schneeweißen Klumpen von Käse
                              zusammenzupressen.

Harry C. Schnur

II
Klassische Zeit

78

Fabulae I pr.

Aesopus auctor quam materiam repperit,
hanc ego polivi versibus senariis.
duplex libelli dos est, quod risum movet
et quod prudentis vitam consilio monet.
calumniari siquis autem voluerit,   5
quod arbores loquantur, non tantum ferae,
fictis iocari nos meminerit fabulis.

79

Fabulae I 4

Amittit merito proprium qui alienum adpetit.
canis per flumen carnem quem ferret natans,
lympharum in speculo vidit simulacrum suum,
aliamque praedam iam ab alio ferri putans
eripere voluit; verum decepta aviditas   5
et quem tenebat ore dimisit cibum
nec quem petebat adeo potuit tangere.

78

Fabeln I, Vorwort

Die Weisheit, die Aesopus einmal fand,
Die habe ich in Jamben hier geformt.
Ich bringe beides: einmal Heiterkeit,
Dann für das Leben Klugheit und Belehrung.
Wenn aber einer boshaft kritteln will,
Daß nicht nur Tiere, daß selbst Bäume reden –
Vergiß nicht: Fabeln sind der Dichtung Spiel.

Ludwig Mader

79

Fabeln I 4

Wer allzu gierig strebt nach fremdem Gut,
Verdient es, daß das Seine er verliert. –
Mit Fleisch im Maul schwamm einst ein Hund im Fluß.
Da sah er in der Flut sein Spiegelbild.
»Sieh da, ein andrer«, dacht er, »auch mit Fleisch!«
Und wollt es schnappen. Doch die Gier betrog ihn:
Der fette Brocken, den im Maul er trug,
Fort war er. Der, nach dem er gierig schnappte,
Blieb unerreichbar und zerrann in nichts.

Ludwig Mader

80

Fabulae III 12

In sterevilino pullus gallinacius
dum quaerit escam margaritam repperit.
"iaces indigno quanta res" inquit "loco!
hoc siquis pretii cupidus vidisset tui,
olim redisses ad splendorem pristinum.   5
ego cur te inveni, potior cui multo est cibus?
nec tibi prodesse nec mihi id quicquam potis."
hoc illis narro qui me non intellegunt.

81

Fabulae IV 10

Peras imposuit Iuppiter nobis duas;
propriis repletam vitiis post tergum dedit,
alienis ante pectus suspendit gravem.
hac re videre nostra mala non possumus;
alii simul delinquunt censores sumus.   5

80

Fabeln III 12

Ein Huhn, das auf dem Düngerhaufen einst
Nach Nahrung scharrte, fand da eine Perle.
»Wie kommt nur«, sprach es, »solch ein Wert hierher?
Dich brauchte nur ein Kenner hier zu sehn,
Dann hättest längst du deinen alten Glanz.
Doch mir, das dich hier fand, ist Nahrung lieber!
Du nützest mir so wenig wie ich dir!«
Ich habe diese Fabel dem erzählt,
Der mich und meine Dichtung nicht versteht.

Ludwig Mader

81

Fabeln IV 10

Zwei Bündel gab uns Jupiter zu tragen,
Das eine, voll von eignen Fehlern, auf dem Rücken,
Das andre, schwer von fremden Fehlern, auf die Brust.
Deswegen können wir nicht unsre Mängel sehen,
Vergehen andre sich, so sind wir strenge Richter.

J. G. Gericke

82

Fabulae II 2

A feminis utcumque spoliari viros,
ament amentur, nempe . . . .
. . . . exemplis discimus.
aetatis mediae quendam mulier non rudis
tenebat annos celans elgantia,
animumque eiusdem pulchra iuvenis ceperat.   5
ambae videri dum volunt illi pares,
capillos homini legere coepere invicem.
qui se putaret fingi cura mulierum,
calvus repente factus est; nam funditus
canos puella, nigros anus evellerat.   10

82

Der geprellte Liebhaber

Die Weiber müssen alle Männer plündern,
nicht einmal Liebe kann sie daran hindern.
Ein Frauenzimmer, das nicht unerfahren
war, hatte einen Freund in mittlern Jahren
und hielt ihn, während sie geschickt verhehlte
durch Schminke, daß sie manche Lenze zählte.
Ein hübsches Kind – es mußte wohl so kommen –
hat nun denselben für sich eingenommen;
und beide Dirnen wollten den Galan
für sich gewinnen, jeder lag daran,
daß er nur ihr gehörte; und es kam
dahin, daß jede ihn beim Schopfe nahm
und ihn ein wenig an den Haaren stutzte.
Der Mann war glaubens, daß ihn jede putzte,
und wurde kahl. Denn jede nahm's genau:
die Junge zupft ihn schwarz, die Alte grau.

Rolf Engelsing

83

Fabulae I 21

Quicumque amisit dignitatem pristinam,
ignavis etiam iocus est in casu gravi.
defectus annis et desertus viribus
leo cum iaceret spiritum extremum trahens,
aper fulmineis venit ad eum dentibus   5
et vindicavit ictu veterem iniuriam.
infestis taurus mox confodit cornibus
hostile corpus.   asinus ut vidit ferum
inpune laedi, calcibus frontem extudit.
at ille expirans: "fortis indigne tuli   10
mihi insultare; te naturae dedecus
quod ferre in morte cogor, bis videor mori."

84

Fabulae I 3

Ne gloriari libeat alienis bonis,
suoque ut potius habitu vitam degere,
Aesopus nobis hoc exemplum prodidit.

83

Der alte Löwe

Wer seine Macht und seinen Rang verlor,
dem werfen Feige dieses Schicksal vor.
Ein Eber sah den alten Löwen liegen
der Kraft beraubt und in den letzten Zügen.
Er schäumte auf: »Ich kann der Rache frönen!«
und stieß den Löwen mit den blanken Zähnen.
Der Stier zerstach dem alten Feind den Leib
mit seinen Hörnern. Solcher Zeitvertreib
barg selbst für einen Esel kaum Gefahr.
Der Löwe bot die Stirn den Hufen dar
und sprach im Sterben: »Ich ertrug nur schwer
der beiden Kämpfer Hiebe und Gewehr.
Doch daß sich Esel ihren Ruhm erwerben
an meinem Leichnam, ist wie zweimal sterben.«

Rolf Engelsing

84

Zwischen den Stühlen

Es ist nicht gut,
    mit Fremdem sich zu schmücken.
Daß Du bequemer lebst
    nach eigner Kappe,
beweist Aesopus.
    Eins von seinen Stücken
erzählt der Dohle
    Übermut und Schlappe.

Tumens inani graculus superbia
pennas pavoni quae deciderant sustulit   5
seque exornavit. unde contemnens suos
inmiscet se pavonum formoso gregi.
Illi impudenti pennas eripiunt avi
fugantque rostris.   male mulcatus graculus
redire maerens coepit ad proprium genus;   10
a quis repulsus tristem sustinuit notam.
tum quidam ex illis quos prius despexerat:
'contentus nostris si fuisses sedibus
et quod natura dederat voluisses pati,
nec illam expertus esses contumeliam,   15
nec hanc repulsam tua sentiret calamitas.'

Und das kam so:
    die Dohle, die sich zierte,
fand Federn, die
    dem Pfau entfallen waren.
Kaum war sie ausstaffiert,
    da irritierte
sie ihr Geschlecht.
    Sie eilte zu den Scharen

der Pfauen, um sich
    unter sie zu mischen.
Doch Keckheit kam zu Fall.
    Die Pfauen rissen
der Dohle ihre Federn aus;
    und zwischen
den scharfen Schnäbeln half
    nur Flucht vor Bissen.

Die Dohle war
    erbärmlich dran. Es reute
sie ihr Entschluß.
    Doch als sie heimwärts trollte,
stieß sie auch hier
    auf eine scharfe Meute
und merkte, daß man sie
    daheim nicht wollte.

Und eine Dohle sprach:
    »Wärst Du zufrieden
mit uns gewesen,
    um das Los zu leiden,
das die Natur gab,
    hättest Du vermieden
hier Schimpf, da Schande.
    Jetzt verfielst Du beiden.«

Rolf Engelsing

85

Astronomica IV 883–935

Iam nusquam natura latet; pervidimus omnem
et capto potimur mundo nostrumque parentem
pars sua perspicimus genitique accedimus astris. 885
an dubium est habitare deum sub pectore nostro
in caelumque redire animas caeloque venire,
utque sit ex omni constructus corpore mundus
aeris atque ignis summi terraeque marisque
spiritus et motu rapido, quae iussa, gubernet, 890
sic esse in nobis terrenae corpora sortis
sanguineasque animas animo, qui cuncta gubernat
dispensatque hominem? quid mirum, noscere mundum
si possunt homines, quibus est et mundus in ipsis
exemplumque dei quisque est in imagine parva? 895
an cuiquam genitos, nisi caelo, credere fas est
esse homines? proiecta iacent animalia cuncta
in terra vel mersa vadis, vel in aere pendent,
omnibus una quies, venter censusque per artus,
et, quia consilium non est, et lingua remissa. 900

85

Astrologia (Gott und Mensch)

Nirgends mehr ist die Natur ein Geheimnis, wir schauten
        sie ganz, sind
Herr des eroberten Kosmos, erkennen, als Teil unsres
        Vaters,
unseren Vater und nahen als seine Kinder den Sternen.
Oder besteht ein Zweifel, daß Gott in unseren Herzen
wohnt, die Seelen dem Himmel entstammen und dorthin
        zurückgehn,
daß, wie der Kosmos als ganzer aus Luft, dem Feuer ganz
        oben
und aus Erde und Meer sich zusammensetzt und ihn ein
        großer
Geist, wie befohlen, trotz rasender Eile noch steuert,
wir genauso Körper von irdischem Zuschnitt besitzen,
blutvolle Seelen mit einem Geist, der allem gebietet
und auch den Menschen bestimmt? Was Wunder, wenn
        Menschen den Kosmos
wahrnehmen können, in welchen selber der Kosmos
        enthalten
ist und jeder ein Abbild des Gottes im Kleinformat bildet?
Darf man denn glauben, was anderes habe die Menschen
        geschaffen
wenn nicht der Himmel? Es leben zur Erde gebeugt die
        andren
Wesen oder ins Wasser getaucht oder schweben im
        Luftraum.
Alle verbindet der Schlaf und der Bauch und die Kraft in
        den Gliedern
und, weil Verstand ihnen fehlt, die nicht vorhandene
        Sprache.

unus in inspectus rerum viresque loquendi
ingeniumque capax variasque educitur artes
hic partus, qui cuncta regit: secessit in urbes,
edomuit terram ad fruges, animalia cepit
imposuitque viam ponto, stetit unus in arcem   905
erectus capitis victorque ad sidera mittit
sidereos oculos propiusque aspectat Olympum
inquiritque Iovem; nec sola fronte deorum
contentus manet, et caelum scrutatur in alvo
cognatumque sequens corpus se quaerit in astris.   910
huic in tanta fidem petimus, quam saepe volucres
accipiunt trepidaeque suo sub pectore fibrae.
an minus est sacris rationem ducere signis
quam pecudum mortes aviumque attendere cantus?
atque ideo faciem caeli non invidet orbi   915
ipse deus vultusque suos corpusque recludit
volvendo semper seque ipsum inculcat et offert,
ut bene cognosci possit doceatque videntis,
qualis eat, cogatque suas attendere leges.

Mit der Betrachtung der Welt, der Fähigkeit, Worte zu
bilden,
einem empfänglichen Geist und verschiedenen Künsten
erhebt sich
nur das Geschöpf, das allen gebietet: Er ging in die
Städte,
zwang das Land zu Erträgen, zähmte die Tiere und
legte
Straßen aufs Meer, und als einziger hob er den Kopf in
die Höhe
wie eine Burg und schickt wie ein Sieger hinauf zu den
Sternen
Sternenaugen, erblickt den Olymp aus größerer Nähe,
hält nach Jupiter Ausschau und bleibt mit dem Anblick
der Götter
nimmer zufrieden, er dringt in den innersten Himmel und
sucht sich,
wenn er das Wesen erforscht, das ihm blutsverwandt ist,
in den Sternen.
Dafür verlang ich den gleichen Glauben, den häufig die
Vögel
und die direkt unterm Herzen zuckenden Fasern erfahren.
Hat es denn weniger Wert, mit den heiligen Zeichen zu
rechnen
als die Leichen des Viehs und den Vogelschrei zu
beachten?
Deshalb verweigert Gott selbst nicht der Erde den
Anblick des Himmels
und offenbart sein Gesicht und sein Wesen durch ständige
Drehung,
drängt sich selbst sogar auf und bietet sich an, daß er
richtig
kennengelernt werden kann und die Sehenden lehre,
in welcher
Weise er sich bewegt, und sie zwingt, sein Gesetz zu
beachten.

ipse vocat nostros animos ad sidera mundus   920
nec patitur, quia non condit, sua iura latere.
quis putet esse nefas nosci, quod cernere fas est?
nec contemne tuas quasi parvo in corpore vires:
quod valet, immensum est.   sic auri pondera parvi
exsuperant pretio numerosos aeris acervos;   925
sic adamas, punctum lapidis, pretiosior auro est;
parvula sic totum pervisit pupula caelum,
quoque vident oculi, minimum est, cum maxima cernant;
sic animi sedes tenui sub corde locata
per totum angusto regnat de limite corpus.   930
materiae ne quaere modum, sed perspice vires,
quas ratio, non pondus, habet: ratio omnia vincit.
ne dubites homini divinos credere visus,
iam facit ipse deos mittitque ad sidera numen,
maius et Augusto crescet sub principe caelum.   935

Unseren Geist ruft der Kosmos selbst zu den Sternen,
und seine
Rechtsordnung läßt er nicht unbekannt bleiben, zumal er
sie aufdeckt.
Wer hält für Unrecht, das zu erkennen, was recht ist zu
sehen?
Sei deiner Kräfte bewußt, wiewohl dein Körper nur klein
ist!
Was er vermag, ist unendlich! So übersteigt das Gewicht
von
wenig Gold ganze Haufen von Erz im Preise erheblich;
der Diamant, ein Winzling von Stein, ist mehr wert als
Goldschmuck;
so überschaut die sehr kleine Pupille den riesigen
Himmel,
und was die Augen beim Sehen des Größten benutzen, ist
winzig;
so auch beherrscht der Wohnsitz der Seele, im
schmächtigen Herzen
untergebracht, von dem schmalen Raum aus den Körper
im ganzen.
Such nicht das Ausmaß des Stoffs, sondern lerne die
Kräfte durchschauen,
die die Vernunft, nicht die Masse besitzt: die Vernunft
bezwingt alles.
Zögere nicht, dem Menschen den göttlichen Einblick zu
glauben!
Schon schafft er selber die Götter und schickt eine
Gottheit zum Himmel,
und unter Kaiser Augustus wächst der Himmel noch
weiter.

Wolfgang Fels

86

Amores I 1

Arma gravi numero violentaque bella parabam
  Edere, materia conveniente modis.
Par erat inferior versus; risisse Cupido
  Dicitur atque unum surripuisse pedem.
"Quis tibi, saeve puer, dedit hoc in carmina iuris?   5
  Pieridum vates, non tua turba sumus.
Quid, si praeripiat flavae Venus arma Minervae,
  Ventilet accensas flava Minerva faces?
Quis probet in silvis Cererem regnare iugosis,
  Lege pharetratae virginis arva coli?   10
Crinibus insignem quis acuta cuspide Phoebum
  Instruat, Aoniam Marte movente lyram?
Sunt tibi magna, puer, nimiumque potentia regna;
  Cur opus adfectas, ambitiose, novum?
An, quod ubique, tuum est? tua sunt Heliconia
          tempe?   15
  Vix etiam Phoebo iam lyra tuta sua est?
Cum bene surrexit versu nova pagina primo,
  Attenuat nervos proximus ille meos.
Nec mihi materia est numeris levioribus apta,
  Aut puer aut longas compta puella comas."   20

Liebesgedichte I 1

Waffen und Schlachten begann ich zu singen und stimmte
die Leier
   Ernsthaft, wie es der Stoff, den ich mir wählte, gebot,
Gleich lang reihte sich Vers an Vers: doch es raubte
Cupido
   Sich einen Versfuß, wie's scheint – dann floh er lachend
davon!
»Grausamer Knabe, wer gab dies Recht dir über die
Lieder?
   Wir, die Diener Apolls, sind nicht in deiner Gewalt.
Wie! wenn Venus den Speer der blonden Pallas entführte?
   Wie! wenn Pallas ihr selbst raubte der Fackel Geschoß?
Soll auf hohem Gebirg als Königin Ceres gebieten,
   Und der Pflüger sein Feld fürder Dianen vertraun?
Hat mit der Lanze des Mars sich der blonde Phöbus
bewaffnet,
   Oder der thracische Gott jemals die Leier gespannt?
Groß ist, Knabe, dein Reich und dein Arm gewaltig und
furchtbar.
   Nimmersatter, warum strebst du nach neuem Besitz?
Ist dein, Gott, die weite Natur, dein Helikons Tempe,
   Und die Leier Apolls länger nicht sicher vor dir?
Stolz und tönend begann mit dem ersten Verse mein
neues
   Lied, und verhallend und matt sank's mit dem zweiten
dahin.
Und doch späh ich umsonst nach Stoff für leichtere
Weisen.
   Nirgends entzückt mich ein Mund, nirgends ein
wallendes Haar.«

Questus eram, pharetra cum protinus ille soluta
  Legit in exitium spicula facta meum
Lunavitque genu sinuosum fortiter arcum
  "Quod" que "canas, vates, accipe" dixit "opus!"
Me miserum! certas habuit puer ille sagittas: 25
  Uror, et in vacuo pectore regnat Amor.
Sex mihi surgat opus numeris, in quinque residat.
  Ferrea cum vestris bella valete modis!
Cingere litorea flaventia tempora myrto,
  Musa, per undenos emodulanda pedes!   30

87

Amores I 5

Aestus erat mediamque dies exegerat horam;
  Adposui medio membra levanda toro.
Pars adaperta fuit, pars altera clausa fenestrae,
  Quale fere silvae lumen habere solent,
Qualia sublucent fugiente crepuscula Phoebo,   5
  Aut ubi nox abiit nec tamen orta dies.
Illa verecundis lux est praebenda puellis,
  Qua timidus latebras speret habere pudor.

Also klagt ich und schwieg. Da löste der Knabe den
goldnen
   Köcher und zog ein Geschoß, mich zu verderben,
hervor,
Stemmte wider das Knie den Bogen und krümmte die
Hörner.
   »Lerne«, rief er, »das Lied, das mir zu hören gefällt!«
Wehe! wie zielet der Gott so scharf und sicher! Ich glühe!
   Tief in der ruhigen Brust herrschet nun Amor,
der Gott!
Und im Sechstakt erhebt sich mein Lied, um zu
verklingen im Fünftakt:
   Weg mit dem eisernen Krieg, mit dem pathetischen Ton!
Auch die Muse, welcher im Elftakt die Verse ertönen,
   Bricht sich dennoch mit Recht Myrten zum duftigen
Kranz.

Johann Caspar Friedrich Manso

87

Liebesgedichte I 5

Schwül war's; eben des Tags mittägliche Stunde verflossen:
   Über dem Ruhebett hin hatt ich die Glieder gestreckt.
Halb stand offen das Fenster, und halb von dem Laden
beschattet,
   So wie das Licht hinspielt unter die Wipfel im Wald;
Oder wie dämmernder Schein nachschwebt der
entfliehenden Sonne,
   Oder der sinkenden Nacht, ehe der Tag sich erhebt.
Solch ein gedämpfteres Licht sei schüchternen Mädchen
bewilligt,
   Wo sich die Scham Zuflucht heimlicher Schatten
verheißt.

Ecce Corinna venit, tunica velata recincta,
  Candida dividua colla tegente coma;   10
Qualiter in thalamos formosa Sameramis isse
  Dicitur et multis Lais amata viris.
Deripui tunicam; nec multum rara nocebat,
  Pugnabat tunica sed tamen illa tegi;
Quae cum ita pugnaret tamquam quae vincere
                                    nollet,   15
  Victa est non aegre proditione sua.
Ut stetit ante oculos posito velamine nostros,
  In toto nusquam corpore menda fuit.
Quos umeros, quales vidi tetigique lacertos!
  Forma papillarum quam fuit apta premi!   20
Quam castigato planus sub pectore venter!
  Quantum et quale latus! quam iuvenale femur!
Singula quid referam? nil non laudabile vidi
  Et nudam pressi corpus ad usque meum.
Cetera quis nescit? lassi requievimus ambo.   25
  Proveniant medii sic mihi saepe dies!

Siehe! Corinna, sie kam in entgürtetem Untergewande,
  Frei das gescheitelte Haar wallend am Nacken herab,
Schön wie Semiramis wohl hintrat zu dem purpurnen
                              Brautbett,
  Oder wie Laïs, dem Wunsch wechselnder Buhlen
                              gesellt.
Zwar nicht viel mißgönnte das dünne Gewand der
                              Begierde:
  Sittsam wehrte sie doch, als ich es heftig entriß.
Nun so kämpfend wie eine, die selbst nicht wünschte zu
                              siegen,
  Ward durch eignen Verrat leicht sie, die Schlaue,
                              besiegt.
Als sie dem lüsternen Blick nun frei von Umhüllungen
                              dastand,
  Nirgend ein Fehl zu erspäh'n war an der ganzen
                              Gestalt:
Was für Schultern und Arme zu sehn, zu befühlen gelang
                              mir!
  Für die umspannende Hand schienen die Brüste
                              gewölbt.
Glatt der geebnete Bauch, abwärts von dem strebenden
                              Busen;
  Schlank und erhaben der Wuchs; Hüften wie jugendlich
                              voll!
Doch, was zähl' ich es auf? Untadelig alles erblick ich,
  Drückte die Nackte mir fest gegen den brünstigen Leib.
Wißt ihr das übrige nicht? Wir ruhten ermattet vom Spiel
                              aus.
  Mittagsstunden wie die – würden sie oft mir gewährt!

                                        August Wilhelm Schlegel

88

Amores I 9

Militat omnis amans et habet sua castra Cupido,
  Attice, crede mihi, militat omnis amans.
Quae bello est habilis, veneri quoque convenit aetas:
  Turpe senex miles, turpe senilis amor.
Quos petiere duces animos in milite forti,   5
  Hos petit in socio bella puella viro.
Pervigilant ambo, terra requiescit uterque:
  Ille fores dominae servat, at ille ducis;
Militis officium longa est via: mitte puellam,
  Strenuus exempto fine sequetur amans;   10
Ibit in adversos montes duplicataque nimbo
  Flumina, congestas exteret ille nives,
Nec freta pressurus tumidos causabitur Euros
  Aptaque verrendis sidera quaeret aquis.
Quis nisi vel miles vel amans et frigora noctis   15
  Et denso mixtas perferet imbre nives?
Mittitur infestos alter speculator in hostes,
  In rivale oculos alter, ut hoste, tenet.
Ille graves urbes hic durae limen amicae
  Obsidet; hic portas frangit, at ille fores.   20

88

Liebesgedichte I 9

Jeder der liebt ist Soldat, und sein eigenes Lager hat
Amor;
Atticus, glaube mir nur, jeder der liebt ist Soldat.
Das für den Kriegsdienst taugt, das Alter taugt auch zur
Liebe:
Nutzlos ein greiser Soldat, unnütz zur Liebe ein Greis.
Die ein Feldherr sich wünscht bei schneidigen Kämpfen,
die Jahre
Wünscht auch die Schöne beim Mann, dem sie als
Liebende folgt.
Beide stehen sie Wache, beide schlafen am Boden:
So vor der Liebsten Tür, wie vor des Feldherren Zelt.
Weit marschieren muß der Soldat: schick fort nur das
Mädchen,
Unermüdlich und zäh folgt ihr der Liebhaber nach;
Klimmt das Gebirge empor, das ihn hemmt; vom Regen
geschwollne
Ströme durchschwimmt er und gräbt kühn sich durch
Berge von Schnee.
Geht über Meere die Fahrt, nicht fürchtet er tobenden
Ostwind,
Fragt nicht, ob ein Gestirn glückliche Landung
verheißt.
Nur Soldaten und nur Verliebte ertragen so standhaft
Strömende Regenflut, eisige Nächte voll Schnee.
Oft als Kundschafter schleicht der Soldat in das feindliche
Lager,
Und der Verliebte behält stets den Rivalen im Aug.
Festen belagert der eine, der andre der grausamen
Liebsten
Schwelle; als Kämpfer erbricht Tore und Türen,
wer liebt!

Saepe soporatos invadere profuit hostes
   Caedere et armata vulgus inerme manu;
Sic fera Threicii ceciderunt agmina Rhesi
   Et dominum capti deseruistis equi;
Nempe maritorum somnis utuntur amantes   25
   Et sua sopitis hostibus arma movent.
Custodum transire manus vigilumque catervas
   Militis et miseri semper amantis opus.
Mars dubius nec certa Venus: victique resurgunt,
   Quosque neges umquam posse iacere, cadunt.   30
Ergo desidiam quicumque vocabat amorem,
   Desinat: ingenii est experientis amor.
Ardet in abducta Briseide maestus Achilles;
   Dum licet, Argeas frangite, Troes, opes!
Hector ab Andromaches conplexibus ibat ad arma,   35
   Et, galeam capiti quae daret, uxor erat.
Summa ducum, Atrides, visa Priameide fertur
   Maenadis effusis obstipuisse comis.
Mars quoque deprensus fabrilia vincula sensit;
   Notior in caelo fabula nulla fuit.   40
Ipse ego segnis eram discinctaque in otia natus;
   Mollierant animos lectus et umbra meos;

Oft schon bracht es Gewinn, den schlafenden Feind zu
                                                  beschleichen,
  Ihn mit bewaffneter Hand waffenlos niederzuhaun;
Also erlag des Rhesos Schar, die thrakische, wilde,
  Und des Gebieters Gespann ließ ihn, erbeutet, im
                                                  Stich.
Also machen Verliebte den Schlaf des Gemahls sich
                                                  zunutze,
  Heben die Wehr, indes friedlich schlummert der Feind.
So zu umgehen Wache um Wache und Posten und
                                                  Späher,
  Ist des Soldaten und ist stets auch des Liebenden Amt.
Schwankend ist Mars und unstet ist Venus: Besiegte
                                                  erstehen
  Wieder als Feinde aufs neu, Sieger doch sinken
                                                  dahin. –
Also scheltet nicht länger die Liebe ein müßiges
                                                  Treiben!
  Von unternehmendem Geist scheint mir die Liebe zu
                                                  sein.
Briseus' Tochter entflammte, geraubt, den großen
                                                  Achilleus:
  Troer, es ist an der Zeit, brecht die argivische Macht!
Aus Andromaches Arm zog Hektor fort in die
                                                  Feldschlacht,
  Und seine Gattin selbst setzte den Helm ihm aufs
                                                  Haupt.
Ihm sogar stockte das Herz, der Feldherrn Fürst,
                                                  dem Atriden,
  Als mit bacchantischem Haar Priamus' Tochter er sah.
Mars auch ward einst ertappt und litt die geschmiedeten
                                                  Fesseln:
  Ein im Himmel gar oft hämisch beredeter Fall!
Und ich selber – war träg und zu üppiger Muße geboren,
  Schattige Ruhe und Bett hatten mich weichlich
                                                  verwöhnt;

Inpulit ignavum formosae cura puellae
    Iussit et in castris aera merere suis.
Inde vides agilem nocturnaque bella gerentem.   45
    Qui nolet fieri desidiosus, amet!

89

Amores II 10

Tu mihi, tu certe, memini, Graecine, negabas
    Uno posse aliquem tempore amare duas.
Per te ego decipior, per te deprensus inermis,
    Ecce, duas uno tempore turpis amo.
Utraque formosa est, operosae cultibus ambae,   5
    Artibus in dubio est haec sit an illa prior.
Pulchrior hac illa est, haec est quoque pulchrior illa;
    Et magis haec nobis et magis illa placet.
Erro velut ventis discordibus acta phaselos
    Dividuumque tenent alter et alter amor.   10
Quid geminas, Erycina, meos sine fine dolores?
    Non erat in curas una puella satis?
Quid folia arboribus, quid pleno sidera caelo,
    In freta collectas alta quid addis aquas?

Aber da trieb mich Trägen die Sorg um ein reizendes
Mädchen:
In ihren Diensten erfocht ich mir den täglichen Sold!
Wach und energisch ward ich, geschult in den nächtlichen
Schlachten:
Willst du der Trägheit entgehn, such in der Liebe das
Heil!

Wilhelm Hertzberg

89

Liebesgedichte II 10

Du hast, Gräcinus – gewiß, du warst es – hast mir
bestritten,
Daß man auf einmal zwei Mädchen zu lieben vermag.
Durch dich bin ich getäuscht und waffenlos überrumpelt,
Siehst du, bin ich in zwei schmählich auf einmal
verliebt.
Beide sind schön und gepflegt alle zwei, und auch in den
Künsten
Ist es die Frage, ob die oder die andere führt.
Hübscher als jene ist die, doch jene auch hübscher als
diese,
Und es gefällt mir doch mehr jene und mehr mir auch
die.
So wie ein Nachen auf See bei springenden Winden
umherirrt,
Irr ich, es spaltet mein Selbst dieses und jenes Begehr.
Willst du mir, o Erycina, die endlosen Schmerzen
verdoppeln?
War nicht zur Herzensbeschwer eine Geliebte genug?
Tust du noch Blätter zum Baum, zum funkelnden
Himmel noch Sterne,
Sammelst Wasser und gießt groß es ins flutende Meer?

Sed tamen hoc melius, quam si sine amore iacerem.   15
  Hostibus eveniat vita severa meis.
Hostibus eveniat viduo dormire cubili
  Et medio late ponere membra toro.
At mihi saevus Amor somnos abrumpat inertes
  Simque mei lecti non ego solus onus.   20
Me mea disperdat nullo prohibente puella,
  Si satis una potest; si minus una, duae.
Sufficiam; graciles, non sunt sine viribus artus,
  Pondere, non nervis corpora nostra carent,
Et lateri dabit in vires alimenta voluptas: 25
  Decepta est opera nulla puella mea;
Saepe ego lascive consumpsi tempora noctis,
  Utilis et forti corpore mane fui.
Felix, quem Veneris certamina mutua rumpunt!
  Di faciant leti causa sit ista mei!   30
Induat adversis contraria pectora telis
  Miles et aeternum sanguine nomen emat;
Quaerat avarus opes et, quae lassarit arando,
  Aequora periuro naufragus ore bibat;

Aber doch besser noch das als läge ich ohne die Liebe!
  Nüchtern zu leben und streng   werd meinen Feinden
                    zuteil!
Werd es den Feinden zuteil auf verwitwetem Lager zu
                    schlafen,
  Mitten im Bette bequem   von sich die Glieder zu tun.
Mir aber sprenge den Schlaf, den erschlaffenden, grimmig
                    Verlangen,
  Und meiner Bettstatt sei   ich nicht die einzige Last!
Mich aber soll nach Laune und Lust verschwenden mein
                    Mädchen!
  Wenn es denn eine vermag;   wo nicht die eine, dann
                    zwei!
Ich werd's leisten: nur fein, nicht saftlos sind meine
                    Glieder,
  Nur an Gewicht, nicht an Nerv   steht mir mein
                    Körper zurück,
Und der Lende gibt Lust zu erneuerten Kräften die
                    Nahrung.
  Noch kein Mädchen ist je   um meine Dienste
                    gebracht.
Oft schon hab ich beim Spiel verbraucht die nächtlichen
                    Stunden:
  Tauglich, bei Kräften und wach   war ich am Morgen
                    darauf.
Glücklich der Mann, der erliegt in der Venus tauschenden
                    Kämpfen!
  Geb es die Gottheit, daß einst   dieses zum Tode mich
                    bringt!
Mag entgegen die Brust den feindlich drohenden Speeren
  Halten der Krieger, mit Blut   kaufen beständigen
                    Ruhm,
Wühle nach Schätzen der Geiz, und der Mann, der die
                    Seefahrt verschworen,
  Schlürfe im Scheitern, die er   pflügend ermüdet, die
                    Flut:

At mihi contingat Veneris languescere motu,   35
  Cum moriar, medium solvar et inter opus,
Atque aliquis nostro lacrimans in funere dicat:
  "Conveniens vitae mors fuit ista tuae."

90

Amores II 12

Ite triumphales circum mea tempora laurus!
  Vicimus: in nostro est, ecce, Corinna sinu,
Quam vir, quam custos, quam ianua firma, tot hostes
  Servabant, nequa posset ab arte capi.
Haec est praecipuo victoria digna triumpho,   5
  In qua, quaecumque est, sanguine praeda caret.
Non humiles muri, non parvis oppida fossis
  Cincta, sed est ductu capta puella meo.
Pergama cum caderent bello superata bilustri,
  Ex tot in Atridis pars quota laudis erat?   10
At mea seposita est et ab omni milite dissors
  Gloria, nec titulum muneris alter habet:

Mir aber sei es vergönnt, in der Venus Dienst zu erliegen,
   Scheid ich dahin, und vergehn   möge ich mitten im
                        Werk!
Und dann spricht unter Tränen vielleicht bei meinem
                        Begräbnis
   Jemand: Das war ein Tod,   der deinem Leben
                        entsprach.

Walter Marg / Richard Harder

90

Liebesgedichte II 12

Lorbeer, Zier des Triumphs, komm, winde dich rings um
                     die Schläfen!
   Mein ist der Sieg! Seht, hier   halt ich Corinna im Arm,
Sie, die der Mann, der Wächter, das Tor, so zahlreiche
                    Feinde
   Schirmten, daß ja keine List   sie zu gewinnen
                    vermöcht.
Solch ein Sieg vor allen ist wert des wahren Triumphes,
   Wo, ob klein oder groß,   rein ist die Beute von Blut.
Nicht einen niederen Wall, keinen Platz mit dürftigen
                    Gräben
   Nahm ich, Feldherrntalent   hat mir ein Mädchen
                    erstürmt.
Als nach zehn Jahren Krieg einst Trojas Feste dahinsank,
   Ward den Atriden vom Ruhm   nur ein bescheidenes
                    Teil.
Meiner gehört mir allein und mit keiner Truppe und
                    Hilfsmacht
   Teil ich, kein anderer Mann   streitet um Anspruch und
                    Recht.

Me duce ad hanc voti finem, me milite veni,
   Ipse eques, ipse pedes, signifer ipse fui.
Nec casum fortuna meis inmiscuit actis.   15
   Huc ades, o cura parte triumphe mea!
Nec belli nova causa mea est. nisi rapta fuisset
   Tyndaris, Europae pax Asiaeque foret.
Femina silvestris Lapithas populumque biformem
   Turpiter adposito vertit in arma mero.   20
Femina Troianos iterum nova bella movere
   Impulit in regno, iuste Latine, tuo.
Femina Romanis, etiamnunc Urbe recenti,
   Inmisit soceros armaque saeva dedit.
Vidi ego pro nivea pugnantes coniuge tauros: 25
   Spectatrix animos ipsa iuvenca dabat.
Me quoque, qui multos, sed me sine caede, Cupido
   Iussit militiae signa movere suae.

Ich der Führer und ich der Soldat, so kam ich zum Ziele,
   Fußvolk selber und selbst   Reiter und selber Cornet.
Auch kein Zufall hat mir das Glück meiner Taten
                entwertet.
   Komm denn und kröne, Triumph, was mein Bemühen
                errang.
Neu ist mein Kriegsgrund nicht: wär nicht Helena fort
                mit dem Räuber,
   Asien hätte nicht Krieg   gegen Europa gehabt.
Und was trieb die Lapithen so schnöd ins Gemetzel mit
                jenem
   Zweileibvolk, als erhitzt   beide vom Trunke? Ein Weib.
Was hat, gerechter Latinus, erneuerte Kämpfe den Troern
   In deinem Reiche erregt,   wiederum Kriege? Ein Weib.
Kaum war Rom denn erbaut, wer hetzt nun die eigenen
                Väter
   Gegen die Römer und reicht   wütende Waffen?
                Das Weib.
Ich hab schon Stiere gesehn im Kampf um die schneeige
                Gattin;
   Sie schaut zu und nur sie   schürt so den Kämpfern die
                Wut.
Und wie so vielen, befahl nun auch mir der Kriegsherr
                Cupido,
   Daß ich, doch ich ohne Mord,   trage ins Feld sein
                Panier.

Walter Marg / Richard Harder

91

Amores II 16

Pars me Sulmo tenet Paeligni tertia ruris,
    Parva, sed inriguis ora salubris aquis.
Sol licet admoto tellurem sidere findat
    Et micet Icarii stella proterva canis,
Arva pererrantur Paeligna liquentibus undis   5
    Et viret in tenero fertilis herba solo.
Terra ferax Cereris multoque feracior uvis,
    Dat quoque baciferam Pallada rarus ager,
Perque resurgentes rivis labentibus herbas
    Gramineus madidam caespes obumbrat humum.   10
At meus ignis abest – verbo peccavimus uno:
    Quae movet ardores est procul, ardor adest.
Non ego, si medius Polluce et Castore ponar,
    In caeli sine te parte fuisse velim.
Solliciti iaceant terraque premantur iniqua,   15
    In longas orbem qui secuere vias;
Aut iuvenum comites iussissent ire puellas,
    Si fuit in longas terra secanda vias.
Tum mihi, si premerem ventosas horridus Alpes,
    Dummodo cum domina, molle fuisset iter;   20
Cum domina Libycas ausim perrumpere Syrtes
    Et dare non aequis vela ferenda Notis;
[Non quae virgineo portenta sub inguine latrant,
    Nec timeam vestros, curva Malea, sinus,
Nec quae submersis ratibus saturata Charybdis   25
    Fundit et effusas ore receptat aquas.
Quod si Neptuni ventosa potentia vincit,
    Et subventuros auferet unda deos,
Tu nostris niveos umeris inpone lacertos:
    Corpore nos facili dulce feremus onus.   30
Saepe petens Heron iuvenis transnaverat undas;
    Tum quoque transnasset, sed via caeca fuit.]

91

Der Dichter in der Heimat

Ferne von Rom im Land meiner Heimat verweil ich,
                 in Sulmo:
   klein ist es ja, doch gesund, rings von Gewässern
                 umsäumt.
Immerzu sind seine Auen von blinkenden Flüssen
                 durchrieselt,
   immer auf lockerer Flur grünt hier das üppige Gras.
Reich ist das Feld weithin an Getreide, noch reicher an
                 Trauben,
   Haine auch findest du hier, wo die Olive gedeiht.
Bäche durchgleiten das Gras, das sich beugt und wieder
                 emporhebt,
   um dem befeuchteten Grund schattigen Rasen zu
                 leihn.
Aber mein Feuer ist weg! Doch nein, so darf ich nicht
                 sagen!
   Die mir Gluten entfacht, fehlt nur: die Gluten sind da!
Würd ich zum Himmel erhöht inmitten der funkelnden
                 Sterne,
   wollte ich je ohne sie weilen am Himmelsgezelt?
Oder müßt ich erschauernd die sturmreichen Alpen
                 erklimmen,
   zöge die Liebste nur mit, wäre der Weg mir bequem!
Wäre die Liebste dabei, durchführ ich die glühenden
                 Syrten,
   freudig dem tobenden Süd gäbe die Segel ich preis!
Ihr aber fern, ob rings um mich her mit Reben die
                 Äcker
   reich sich schmücken, die Flur schwellende Ströme
                 durchziehn,
ob in Gräben die rinnenden Fluten ableitet der Bauer,
   kühlender Wind das Laub säuselnder Bäume bewegt,

At sine te, quamvis operosi vitibus agri
  Me teneant, quamvis amnibus arva natent
Et vocet in rivos currentem rusticus undam   35
  Frigidaque arboreas mulceat aura comas,
Non ego Paelignos videor celebrare salubres,
  Non ego natalem, rura paterna, locum,
[Sed Scythiam Cilicasque feros viridesque Britannos
  Quaeque Prometheo saxa cruore rubent.]   40
Ulmus amat vitem, vitis non deserit ulmum;
  Separor a domina cur ego saepe mea?
At mihi te comitem iuraras usque futuram
  Per me perque oculos, sidera nostra, tuos.
Verba puellarum, foliis leviora caducis,   45
  Inrita, qua visum est, ventus et unda ferunt.
Siqua mei tamen est in te pia cura relicti,
  Incipe pollicitis addere facta tuis
Parvaque quamprimum rapientibus esseda mannis
  Ipsa per admissas concute lora iubas.   50
At vos, qua veniet, tumidi subsidite montes,
  Et faciles curvis vallibus este, viae.

Die Verse in [ ] sind in der Übersetzung nicht berücksichtigt.

ist es mir nicht, als leb ich in heilsamer Luft meiner
Heimat,
  nein, wie in fremder Erd, wo die Barbaren zu Haus.
Liebt doch die Ulme die Reb, und die Rebe verläßt nicht
die Ulme,
  Ach, warum werde so oft ich von der Liebsten
getrennt?
Und doch schwurst du, wie fest! mir Begleiterin ewig zu
bleiben,
  bei deinem Augenpaar, meinem Gestirn, und bei mir!
Leichter als fallendes Laub ist ein Wort aus dem Munde
der Mädchen,
  wird von Wogen und Wind dahin und dorthin verweht!
Doch, wenn noch einige Sorge du trägst für mich, den
Verlaßnen,
  auf! und wandle in Tat, was du so lang mir versprachst!
Schirre die flüchtigen Pferdchen gleich jetzt vor den
niedlichen Wagen,
  schwinge die Peitsche du selbst über die Mähnen im
Flug!
Neigt auf dem Weg, so sie naht, euch nieder, ihr
schwellenden Hügel!
  Wege in Schluchten und Tal, macht ihr das Fahren
bequem!

Karl Preisendanz

92

Amores III 7

At non formosa est, at non bene culta puella,
   At, puto, non votis saepe petita meis?
Hanc tamen in nullos tenui male languidus usus
   Et iacui pigro crimen onusque toro
Nec potui cupiens, pariter cupiente puella,   5
   Inguinis effeti parte iuvante frui.
Illa quidem nostro subiecit eburnea collo
   Bracchia Sithonia candidiora nive
Osculaque inseruit cupide luctantia linguis
   Lascivum femori supposuitque femur   10
Et mihi blanditias dixit dominumque vocavit
   Et quae praeterea publica verba iuvant:
Tacta tamen veluti gelida mea membra cicuta
   Segnia propositum destituere meum;
Truncus iners iacui, species et inutile pondus,   15
   Et non exactum, corpus an umbra forem.
Quae mihi ventura est, siquidem ventura, senectus,
   Cum desit numeris ipsa iuventa suis?

92

Liebesgedichte III 7

Dabei ist sie so schön und ist elegant, dieses Mädchen,
   Und ich weiß nicht wie oft   hab ich sie sehnlich
                      begehrt;
Endlich nun hab ich im Arm sie gehabt: ein hilfloser
                      Schwacher
   Lag ich in ruhigem Bett,   Last für das Lager und Spott;
Nichts vermochte mein Wunsch, obschon sie Gleiches
                      gewünscht hat,
   Lust versagte und Dienst   gänzlich erschöpft mir der
                      Leib.
Zärtlich hat mir um den Hals sie die Arme geschlungen,
                      die weißen
   Arme von Elfenbein,   weißer als Schnee im Gebirg,
Hat mich in Küsse verstrickt im begierigen Kampf mit
                      der Zunge,
   Unter den Schenkel gedrängt   schmeichelnd den
                      fordernden Schoß,
Kosende Worte gesagt, mich Herrn und Gebieter geheißen,
   Worte gewagt auch und frei,   weckend und stählend
                      die Kraft:
Trotz alledem, wie behext von erkältenden Schierlings
                      Anhauch
   Machten die Glieder mir träg   Vorsatz und Wünsche
                      zunicht,
Stumpf lag ich da wie ein Klotz, eine leblose Masse, ein
                      Schemen;
   War ich Fleisch noch und Blut   oder nur Rauch und
                      Gespenst?
Schön wird erwarten dereinst, sofern mich's erwartet,
                      das Alter,
   Wenn schon so zeitig des Amts   heut mir die Jugend
                      vergißt!

A! pudet annorum! quo me iuvenemque virumque?
   Nec iuvenem nec me sensit amica virum!   20
Sic flammas aditura pias aeterna sacerdos
   Surgit et a caro fratre verenda soror.
At nuper bis flava Chlide, ter candida Pitho,
   Ter Libas officio continuata meo est;
Exigere a nobis angusta nocte Corinnam   25
   Me memini numeros sustinuisse novem.
Num mea Thessalico languent devota veneno
   Corpora? num misero carmen et herba nocent,
Sagave poenicea defixit nomina cera
   Et medium tenuis in iecur egit acus?   30
Carmine laesa Ceres sterilem vanescit in herbam,
   Deficiunt laesi carmine fontis aquae,
Ilicibus glandes cantataque vitibus uva
   Decidit et nullo poma movente fluunt:
Quid vetat et nervos magicas torpere per artes?   35
   Forsitan inpatiens sit latus inde meum.
Huc pudor accessit facti: pudor ipse nocebat;
   Ille fuit vitii causa secunda mei.
At qualem vidi tantum tetigique puellam
   (Sic etiam tunica tangitur illa sua)!   40

Jung bin ich, bin auch ein Mann – und muß, ach, der
　　　　　　　　　　　　　　　Jugend mich schämen,
　Fühlte die Freundin mich doch　weder als jung noch
　　　　　　　　　　　　als Mann.
So erhebt sich vom Bett und weckt die Vestalin das ewge
　Feuer, so züchtig schläft　Bruder bei Schwester
　　　　　　　　　　　vertraut.
Dabei hab ich noch jüngst zweimal der Chlide, und
　　　　　　　　　　　　　　dreimal
　Pitho und dreimal Libas　ununterbrochen gedient,
Daß in gedrungener Nacht neunmal mich Corinna
　　　　　　　　　　　　　gefordert,
　Weiß ich noch gut, und daß ich　neunmal die Prüfung
　　　　　　　　　　　　bestand.
Welkt mir vielleicht das Gemächt von thessalischen Giften
　　　　　　　　　　　　verzaubert,
　Schlägt mich Jammergestalt　magisch wohl Droge und
　　　　　　　　　　　　Spruch?
Hat meinen Namen gebannt in ein rötliches Wachsbild ein
　　　　　　　　　　　　Wahrweib
　Und meine Leber sodann　spitz mit der Nadel
　　　　　　　　　　　durchbohrt?
Zauber verödet und Fluch zu taubem Stroh das Getreide,
　Quellen, von Zauber behext,　lassen versiegen ihr Naß,
Eichel fällt ab vom Baum, vom Stock die Traube, wenn
　　　　　　　　　　　　Zauber
　Waltet, unheimlich fällt　Apfel auf Apfel herab:
Warum soll Zauberkraft nicht den Nerv auch treffen und
　　　　　　　　　　　　lähmen?
　Daher ist mir vielleicht　träge die Hüfte und taub?
Obendrein dann die Scham: die Scham, die selber noch
　　　　　　　　　　　　lähmte,
　Sie war der andere Grund,　hat mein Versagen
　　　　　　　　　　　bestärkt.
Aber wie herrlich war sie, die ich einzig sah und berührte,
　So nur berührte, wie stets　fühllos ihr Kleid sie berührt.

Illius ad tactum Pylius iuvenescere possit
  Tithonosque annis fortior esse suis.
Haec mihi contigerat, sed vir non contigit illi.
  Quas nunc concipiam per nova vota preces?
Credo etiam magnos, quo sum tam turpiter usus,   45
  Muneris oblati paenituisse deos;
Optabam certe recipi: sum nempe receptus;
  Oscula ferre: tuli; proximus esse: fui;
Quo mihi fortunae tantum? quo regna sine usu?
  Quid, nisi possedi dives avarus opes?   50
Sic aret mediis taciti vulgator in undis
  Pomaque, quae nullo tempore tangat, habet.
A tenera quisquam sic surgit mane puella,
  Protinus ut sanctos possit adire deos.
Sed, puto, non blande, non optima perdidit in me   55
  Oscula, non omni sollicitavit ope?
Illa graves potuit quercus adamantaque durum
  Surdaque blanditiis saxa movere suis:
Digna movere fuit certe vivosque virosque:
  Sed neque tum vixi nec vir, ut ante, fui.   60

Selbst von Pylos der Greis würde jung bei ihrer
                                    Berührung
   Und seinen Jahren zu Trotz   würde Tithonos ein Held –
Mir wards gewährt, aber ihr – kein Mann wars, was ihr
                                    gewährt ward!
   Was soll ich sonst mir denn noch   neu mit Gelübden
                                    erflehn?
Sicherlich reut es bereits die erhabenen Götter, daß einmal
   Seltene Gunst sie gewährt,   die ich so schändlich
                                    vertan,
Einlaß hab ich gewünscht, und wahrlich Einlaß gefunden,
   Küsse gewünscht, ich bekam's,   nah ihr zu sein, und
                                    ich war's –
Soviel Glück, und wozu? Eine Herrschaft ohne zu
                                    herrschen,
   Reichtum besaß ich, und Geiz   machte den
                                    Knausernden arm.
So verschmachtet inmitten des Teichs, der Geheimes
                                    verplaudert,
   Tantalus, über ihm hängt   Frucht, die er niemals
                                    erreicht.
So erhebt sich vielleicht einem zärtlichen Kind von der
                                    Seite
   Morgens ein Mann und betritt   rein so den
                                    Götterbezirk.
War sie vielleicht nicht süß, hat reich nicht die zärtlichsten
                                    Küsse
   An mich verschwendet und nichts,   mich zu beleben,
                                    versäumt?
Eichenstämme vermöcht ihr kosendes Tun zu bewegen,
   Weich wird der härteste Stahl,   dämmernder Felsen
                                    erwacht –
Wer aber Mann ist und lebt, wie leicht mußte den sie
                                    bewegen!
   Aber ich lebte wohl nicht,   war nicht, wie sonst doch,
                                    ein Mann.

Quid iuvet, ad surdas si cantet Phemius aures?
  Quid miserum Thamyran picta tabella iuvat?
At quae non tacita formavi gaudia mente,
  Quos ego non finxi disposuique modos!
Nostra tamen iacuere velut praemortua membra   65
  Turpiter hesterna languidiora rosa.
Quae nunc, ecce, vigent intempestiva valentque,
  Nunc opus exposcunt militiamque suam –
Quin istic pudibunda iaces, pars pessima nostri?
  Sic sum pollicitis captus et ante tuis;   70
Tu dominum fallis, per te deprensus inermis
  Tristia cum magno damna pudore tuli.
Hanc etiam non est mea dedignata puella
  Molliter admota sollicitare manu;
Sed postquam nullas consurgere posse per artes   75
  Inmemoremque sui procubuisse videt:
"Quid me ludis?" ait "quis te, male sane, iubebat
  Invitum nostro ponere membra toro?
Aut te traiectis Aeaea venefica lanis
  Devovet, aut alio lassus amore venis."   80

Sinnlos wäre ein Lied, das vor Tauben Phemius sänge,
  Und ein farbiges Bild   gälte dem Thamyris nichts.
Aber im stillen! was malt ich mir aus für seltene
                              Freuden,
  Stellte die Weisen mir vor,   ordnete sorgsam sie an.
Dennoch lagen zur Schmach mir wie abgestorben die
                              Glieder,
  Schlaff, wie die Rose sich neigt   welkend am anderen
                              Tag.
Heute zur Unzeit, sieh an, jetzt regt sich Kraft und
                              Vermögen,
  Jetzt dies Drängen zur Tat,   wie ein Soldat vor der
                              Schlacht –
Schäm dich und leg dich da hin, du schlechtestes Stück
                              meines Wesens,
  Deine Versprechung hat mich   leider schon einmal
                              betört:
Nein, du betrügst deinen Herrn! Durch dein Verschulden
                              betroffen
  Wehrlos, hab ich zur Scham   kläglichen Schaden
                              gehabt.
Ihn hat sie selbst überdies nicht verschmäht, die Herrin
                              und Freundin,
  Leise mit eigener Hand   aufzuerwecken vom Schlaf;
Als sie dann aber bemerkt, daß fruchtlos alle
                              Bemühung,
  Daß er nur daliegt und träg   Ehre und Pflichten
                              vergißt,
Sagt sie: »Was spottest du mein? Wer hat dich
                              Schwachkopf geheißen,
  Wenn du nicht magst, bei mir   hier auf dem Lager zu
                              ruhn?
Dich hat die Zaubrin verhext mit Gift und
                              durchstochenen Lappen,
  Oder du kommst mir daher   müde von anderem
                              Bett!«

Nec mora, desiluit tunica velata soluta
  (Et decuit nudos proripuisse pedes)
Neve suae possent intactam scire ministrae,
  Dedecus hoc sumpta dissimulavit aqua.

93

Amores III 15

Quaere novum vatem, tenerorum mater Amorum:
  Raditur haec elegis ultima meta meis;
Quos ego conposui, Paeligni ruris alumnus
  (Nec me deliciae dedecuere meae),
Siquid id est, usque a proavis vetus ordinis heres,   5
  Non modo militiae turbine factus eques.
Mantua Vergilio, gaudet Verona Catullo;
  Paelignae dicar gloria gentis ego,
Quam sua libertas ad honesta coegerat arma,
  Cum timuit socias anxia Roma manus.   10
Atque aliquis spectans hospes Sulmonis aquosi
  Moenia, quae campi iugera pauca tenent,

Und schon sprang sie heraus, umwallt vom losen
                              Gewande;
  – Hübsch wie der nackende Fuß   flüchtend sich wagte
                              hervor! –
Aber daß nichts ihr geschehn, diese Schmach zu verbergen
                              den Mägden,
  Ging sie schamhaft und nahm   Wasser und wusch sich
                              zum Schein.

Walter Marg / Richard Harder

93

Liebesgedichte III 15

Suche den Sänger dir neu, du Mutter der zarten Eroten;
  Hiermit biegen zum Ziel   die Elegieen mir ein.
Ich bin's, der sie verfaßt, pälignischen Landen
                              entsprossen
  (Und sie beschämen mich nicht,   sie meine Freude und
                              Lust),
Erbe des Stands von Vater und Ahn, wenn das etwas
                              bedeutet,
  Nicht von den Wirbeln des Kriegs   eben zum Ritter
                              gemacht.
Mantua kann sich Vergils, Catulls Verona erfreuen,
  Ich aber heiße der Ruhm   einst des pälignischen
                              Stamms,
Den sein Freisinn und Stolz zu ehrendem Kampfe
                              getrieben,
  Als die Verbündeten Rom   damals in Schrecken
                              gesetzt.
Irgendein Fremder, der kommt und schaut des
                              durchrieselten Sulmo
  Mauern, deren Geviert   wenige Morgen umschließt,

"Quae tantum" dicet "potuistis ferre poetam,
   Quantulacumque estis, vos ego magna voco."
Culte puer puerique parens Amathusia culti,   15
   Aurea de campo vellite signa meo.
Corniger increpuit thyrso graviore Lyaeus:
   Pulsanda est magnis area maior equis.
Inbelles elegi, genialis Musa, valete,
   Post mea mansurum fata superstes opus.   20

94

Tristia I 3

Cum subit illius tristissima noctis imago,
   qua mihi supremum tempus in urbe fuit,
cum repeto noctem, qua tot mihi cara reliqui,
   labitur ex oculis nunc quoque gutta meis.
iam prope lux aderat, qua me discedere Caesar   5
   finibus extremae iusserat Ausoniae.
nec spatium fuerat nec mens satis apta parandi:
   torpuerant longa pectora nostra mora.
non mihi servorum, comites non cura legendi,
   non aptae profugo vestis opisve fuit.   10

Spricht wohl: »Die ihr's vermocht, uns solch einen Dichter
zu geben,
  Seid, wie ihr wollt, für mich   seid ihr bedeutend und
groß!«
Feiner Knabe und du, Amathusia, Mutter des feinen,
  Zieht die Standarten von Gold   aus meinem Felde
heraus!
Bacchus, hörnergeschmückt, hat mit wuchtigem Stab mich
berufen:
  Mit einem stärkren Gespann   muß ich durch weitere
Bahn.
Sanftes elegisches Lied, leb wohl, du heitere Muse!
  Sind meine Tage erfüllt,   dauerst du weiter, mein Werk!

Walter Marg / Richard Harder

94

Abschied von Rom

Wenn mir das so trübe Bild der Nacht aufsteigt,
in der ich die letzte Zeit in der Stadt verbrachte,
  wenn ich zurückdenke an die Nacht, in der ich soviel mir
Liebes gelassen,
gleitet aus meinen Augen auch jetzt noch der Tropfen.
Schon war das Licht nahe herangerückt, bei dem Caesar
mir aus den Grenzen von Ausoniens Land zu weichen
geheißen.
Und es war keine Zeit und kein Sinn gewesen, genügend
Passendes vorzubereiten:
erstarrt war mein Herz durch das lange Zögern.
Ich trug keine Sorge um Diener, keine, Begleiter
auszuwählen,
  keine um eine für den Verbannten passende Kleidung
oder um Mittel.

non aliter stupui, quam qui Iovis ignibus ictus
   vivit et est vitae nescius ipse suae.
ut tamen hanc animi nubem dolor ipse removit,
   et tandem sensus convaluere mei,
adloquor extremum maestos abiturus amicos,   15
   qui modo de multis unus et alter erant.
uxor amans flentem flens acrius ipsa tenebat,
   imbre per indignas usque cadente genas.
nata procul Libycis aberat diversa sub oris,
   nec poterat fati certior esse mei.   20
quocumque aspiceres, luctus gemitusque sonabant,
   formaque non taciti funeris intus erat.
femina virque meo, pueri quoque funere maerent,
   inque domo lacrimas angulus omnis habet.
si licet exemplis in parvo grandibus uti,   25
   haec facies Troiae, cum caperetur, erat.
iamque quiescebant voces hominumque canumque
   Lunaque nocturnos alta regebat equos.
hanc ego suspiciens et ab hac Capitolia cernens,
   quae nostro frustra iuncta fuere Lari,   30
"Numina vicinis habitantia sedibus", inquam,
   "iamque oculis numquam templa videnda meis,

Nicht anders war ich benommen als einer, der, von
                              Jupiters Feuer getroffen,
doch lebt und selber seines Lebens nicht gewahr wird.
Sobald aber der Schmerz selber diese Wolke der Seele
                              verscheuchte
und endlich meine Sinne erstarkten,
rede ich ein letztes Mal die trauernden Freunde beim
                              Weggehen an,
von denen, aus eben noch vielen, einer und der andere da
                              waren.
Die liebende Gattin hielt den Weinenden, selber heftiger
                              weinend,
ein Tränenregen fiel beständig über ihre Wangen, die es
                              nicht verdienten.
Die Tochter war in der Ferne weit weg unter libyschen
                              Gestaden
und konnte von meinem Geschick nicht wissen.
Wohin du blicken wolltest, tönten Jammern und Klagen,
und drinnen herrschte das Bild eines lauten
                              Begräbnisses.
Frau und Mann, auch die Kinder trauern über mein
                              Begräbnis,
und im Haus hat jeder Winkel seine Tränen.
Wenn es erlaubt ist, bei Geringem große Beispiele zu
                              gebrauchen:
So war der Anblick Trojas, als es genommen wurde.
Und schon ruhten die Stimmen der Menschen und
                              Hunde,
und Luna lenkte in der Höhe ihre nächtlichen Rosse.
Zu ihr schaute ich auf und erblickte bei ihrem Schein das
                              Kapitol,
das vergebens mit unserem Lar verbunden war,
und sagte: »Ihr Mächte, die ihr in den benachbarten Sitzen
                              wohnt,
und ihr Tempel, die nun nie mit meinen Augen zu sehen
                              sind,

dique relinquendi, quos urbs habet alta Quirini,
  este salutati tempus in omne mihi.
et quamquam sero clipeum post vulnera sumo,   35
  attamen hanc odiis exonerate fugam,
caelestique viro, quis me deceperit error,
  dicite, pro culpa ne scelus esse putet,
ut quod vos scitis, poenae quoque sentiat auctor.
  placato possum non miser esse deo."   40
hac prece adoravi superos ego, pluribus uxor,
  singultu medios impediente sonos.
illa etiam ante Lares passis adstrata capillis
  contigit extinctos ore tremente focos.
multaque in adversos effudit verba Penates   45
  pro deplorato non valitura viro.
iamque morae spatium nox praecipitata negabat,
  versaque ab axe suo Parrhasis Arctos erat.
quid facerem? blando patriae retinebar amore,
  ultima sed iussae nox erat illa fugae.   50
a! quotiens aliquo dixi properante "quid urges?
  vel quo festinas ire, vel unde, vide."
a! quotiens certam me sum mentitus habere
  horam, propositae quae foret apta viae.

und ihr Götter, welche die hohe Stadt des Quirinus
                    besitzt, die ich euch verlassen muß,
seid mir für alle Zeit gegrüßt.
Und obwohl ich zu spät nach der Verwundung den Schild
                    nehme,
so entlastet doch diese Flucht von Haß,
und sagt dem göttlichen Manne, welcher Irrtum mich
                    getäuscht hat,
daß er nicht anstelle von Schuld an ein Verbrechen glaubt,
damit, was ihr wißt, auch der Urheber der Strafe merke:
wenn der Gott besänftigt ist, vermag ich nicht elend zu
                    sein.«
Mit solcher Bitte betete ich zu den Himmlischen: mit
                    mehr die Gattin,
wobei das Schluchzen hindernd mitten in ihre Laute
                    drang.
Sie lag auch mit gelöstem Haar vor den Laren
und berührte mit zitterndem Mund den erloschenen Herd
und schleuderte viele Worte gegen die mißgünstigen
                    Penaten,
Worte, die keine Kraft haben sollten für den schon als tot
                    beweinten Mann.
Und schon verweigerte die sinkende Nacht dem Zögern
                    den Raum,
und gewendet von ihrer Achse hatte sich die arkadische
                    Bärin.
Was hätte ich tun sollen? Von verlockender Liebe zur
                    Heimat wurde ich zurückgehalten,
aber jene Nacht war die letzte vor der befohlenen
                    Verbannung.
O wie oft habe ich, wenn jemand eilte, gesagt: »Was
                    drängst du?
Sieh doch, wohin du zu gehen dich mühst, oder von wo
                    hinweg!«
O wie oft log ich vor, ich hätte eine festbestimmte Stunde,
die für die vorgesetzte Reise geschickt sei.

ter limen tetigi, ter sum revocatus, et ipse   55
   indulgens animo pes mihi tardus erat.
saepe "vale" dicto rursus sum multa locutus,
   et quasi discedens oscula summa dedi,
saepe eadem mandata dedi meque ipse fefelli,
   respiciens oculis pignora cara meis.   60
denique "quid propero? Scythia est, quo mittimur",
                              inquam,
   "Roma relinquenda est, utraque iusta mora.
uxor in aeternum vivo mihi viva negatur,
   et domus et fidae dulcia membra domus,
quosque ego dilexi fraterno more sodales,   65
   o mihi Thesea pectora iuncta fide!
dum licet, amplectar: numquam fortasse licebit
   amplius.   in lucro est quae datur hora mihi."
nec mora, sermonis verba inperfecta relinquo,
   complectens animo proxima quaeque meo.   70
dum loquor et flemus, caelo nitidissimus alto,
   stella gravis nobis, Lucifer ortus erat.
dividor haud aliter, quam si mea membra relinquam,
   et pars abrumpi corpore visa suo est.
sic doluit Mettus tunc cum in contraria versos   75
   ultores habuit proditionis equos.

Dreimal berührte ich die Schwelle, dreimal wurde ich
                              zurückgerufen,
und der Fuß selbst, dem Herzen nachgebend, war mir
                              träge.
Oft sagte ich »Lebe wohl!« und redete doch wieder viel,
und als wollte ich weggehen, gab ich letzte Küsse.
Oft gab ich dieselben Aufträge und täuschte mich selbst,
mit meinen Augen schauend die Unterpfänder der
                              Lieben.
Schließlich sagte ich: »Was eile ich? Skythien ist es, wohin
                              wir geschickt werden,
Rom ist zu verlassen. Beides ist gerechte Verzögerung.
Die Gattin wird mir zu Lebzeiten lebend für ewig
                              versagt,
und das Haus und die süßen Glieder des treuen
                              Hauses,
und sie, die Gefährten, die ich auf brüderliche Art geliebt
                              habe,
Herzen, o mir in der Treue eines Theseus verbunden!
Solange es erlaubt ist, will ich sie umarmen. Nie wird es
                              vielleicht mehr erlaubt sein.
Ein Gewinn ist die Stunde, die mir geschenkt wird.«
Kein Säumen mehr und ich lasse unvollendet die Worte
                              der Rede,
umarmend alles, was meinem Herzen am nächsten.
Während ich spreche und wir weinen, war am hohen
                              Himmel
der strahlende Morgenstern, für uns das drückende
                              Gestirn, aufgegangen.
Ich trenne mich, nicht anders, als wenn ich meine Glieder
                              zurückließe,
und ein Teil schien von seinem Körper losgerissen zu
                              werden.
So empfand Mettus damals Schmerz, als er die ins
                              Entgegengesetzte gewendeten
Rosse als Rächer seines Verrates hatte.

tum vero exoritur clamor gemitusque meorum,
  et feriunt maestae pectora nuda manus.
tum vero coniunx umeris abeuntis inhaerens
  miscuit haec lacrimis tristia verba meis: 80
"non potes avelli. simul hinc, simul ibimus", inquit,
  "te sequar et coniunx exulis exul ero.
et mihi facta via est, et me capit ultima tellus:
  accedam profugae sarcina parva rati.
te iubet e patria discedere Caesaris ira,   85
  me pietas. pietas haec mihi Caesar erit."
talia temptabat, sicut temptaverat ante,
  vixque dedit victas utilitate manus.
egredior, sive illud erat sine funere ferri,
  squalidus inmissis hirta per ora comis.   90
illa dolore amens tenebris narratur obortis
  semianimis media procubuisse domo,
utque resurrexit foedatis pulvere turpi
  crinibus et gelida membra levavit humo,
se modo, desertos modo complorasse Penates,   95
  nomen et erepti saepe vocasse viri,
nec gemuisse minus, quam si nataeque virique
  vidisset structos corpus habere rogos,

Da aber erhebt sich Geschrei und Stöhnen der Meinen,
und trauernde Hände schlagen die nackte Brust.
Da aber mischte die Gattin, an der Schulter des
                              Scheidenden hängend,
folgende traurigen Worte unter meine Tränen:
»Du kannst nicht weggerissen werden. Zusammen werden
                  wir, zusammen von hier gehen«, sagte sie,
»ich werde dir folgen und verbannt die Gattin eines
                              Verbannten sein.
Auch für mich ist die Reise gemacht, auch mich empfängt
                          das Ende der Erde:
Ich werde als geringes Gepäck zu dem Verbanntenschiff
                          hinzukommen.
Dich heißt aus dem Vaterland zu gehen der Zorn
                    Caesars,
mich die Gattenliebe. Diese Gattenliebe ist für mich
                    Caesar.«
Solches versuchte sie, wie sie es vorher versucht hatte,
und mühsam streckte sie ihre Hände, besiegt vom
                          Nutzen.
Ich schreite hinaus oder sei's, daß jenes hieß, ohne
                        Begängnis getragen zu werden,
struppig im Haar, das über das rauhe Gesicht hing.
Sie soll sinnlos vor Schmerz in befallendem Dunkel
halbentseelt mitten im Hause zusammengesunken sein.
Und wie sie sich wieder aufgerichtet mit von häßlichem
                        Staub entstelltem
Haar und die kalten Glieder vom Boden erhoben hatte,
habe sie gejammert, daß sie, daß sie die Penaten verlassen,
und habe oft den Namen des entrissenen Gatten
                          gerufen,
und sie habe nicht weniger geschluchzt, als wenn sie
                          gesehen hätte,
wie den Körper von Tochter und Mann der
                  aufgeschichtete Scheiterhaufen besäße,

et voluisse mori, moriendo ponere sensum,
  respectuque tamen non periisse mei.   100
vivat, et absentem, quoniam sic fata tulerunt,
  vivat ut auxilio sublevet usque suo.

95

Tristia III 10

Siquis adhuc istic meminit Nasonis adempti,
  et superest sine me nomen in urbe meum,
suppositum stellis numquam tangentibus aequor
  me sciat in media vivere barbaria.
Sauromatae cingunt, fera gens, Bessique Getaeque,   5
  quam non ingenio nomina digna meo!
dum tamen aura tepet, medio defendimur Histro:
  ille suis liquidis bella repellit aquis.
at cum tristis hiems squalentia protulit ora,
  terraque marmoreo est candida facta gelu,   10
dum prohibet Boreas et nix habitare sub Arcto,
  tum patet has gentes axe tremente premi.
nix iacet, et iactam ne sol pluviaeque resolvant,
  indurat Boreas perpetuamque facit.

und habe sterben wollen, durch Sterben ihr Empfinden
ablegen
und sei doch nicht in Rücksicht auf mich verendet.
Sie soll leben und soll leben, damit sie den Abwesenden,
da es so das Schicksal gefügt hat, mit ihrer Hilfe ständig
stütze.

Karl Büchner

95

Klagelieder III 10

Sorgt sich daheim noch einer um Naso, um den
Verschollnen,
Lebt mein Name noch fort, fern in der ewigen Stadt:
Tief in barbarischen Landen hier weil ich – man mag es
erfahren –
Hier, wo nimmer ins Meer tauchet das hohe Gestirn;
Rings umgeben von wilden Sarmaten, Bessen und Geten,
Völker und Namen, die mir Abscheu nur wecken und
Angst! –
Wenn sich die Lüfte erwärmen, beschützt uns der
trennende Ister,
Fließt er vom Eise befreit, wehren die Fluten dem
Krieg.
Hebt aber grimmig der Winter empor sein grausames
Antlitz,
Legt sich der marmorne Frost weiß über weites
Gebreit,
Wütet der Boreas rings, anstürmend im Trutze des
Nordsterns,
Dann erzittert das Land unter dem Anhauch des Pols.
Schnee, den Sonne und Regen nie schmelzen, bedeckt die
Gefilde,
Den der sausende Wind immer und ewig vereist;

ergo ubi delicuit nondum prior, altera venit,   15
  et solet in multis bima manere locis;
tantaque commoti vis est Aquilonis, ut altas
  aequet humo turres tectaque rapta ferat.
pellibus et sutis arcent mala frigora bracis,
  oraque de toto corpore sola patent.   20
saepe sonant moti glacie pendente capilli,
  et nitet inducto candida barba gelu;
nudaque consistunt, formam servantia testae,
  vina, nec hausta meri, sed data frusta bibunt.
quid loquar, ut vincti concrescant frigore rivi,   25
  deque lacu fragiles effodiantur aquae?
ipse, papyrifero qui non angustior amne
  miscetur vasto multa per ora freto,
caeruleos ventis latices durantibus, Hister
  congelat et tectis in mare serpit aquis;   30
quaque rates ierant, pedibus nunc itur, et undas
  frigore concretas ungula pulsat equi;
perque novos pontes, subter labentibus undis,
  ducunt Sarmatici barbara plaustra boves.
vix equidem credar, sed, cum sint praemia falsi   35
  nulla, ratam debet testis habere fidem.

Ehe es jemals hier taut, beginnt es von neuem zu
schneien,
Und auf so manchem Hang hält sich vom Vorjahr der
Schnee.
Über die Ebenen wütet zerstörerisch heulender
Nordsturm,
Häuser fegt er hinweg, Dächer entführt er als Raub.
Kleider, aus Fellen genäht, kaum wehren der beißenden
Kälte,
Von der vermummten Gestalt einzig bleibt frei das
Gesicht;
Und das vereiste Haupthaar klirrt bei jeder Bewegung,
Weiß überzogen von Reif funkelt der starrende Bart.
Selbst der Wein auch gefriert in der offen stehenden
Schale,
Nimmer trinkt man den Saft, schlürft ihn in Stücken
dafür.
Soll ich berichten, wie im Frosthauch die Bäche gerinnen?
Wie man in Blöcken die Flut bricht aus dem starrenden
Teich?
Frieret doch er, der, breit wie der Papyros-bergende
Strom, sich
Vielfach im Delta verzweigt wälzt in das offene Meer,
Frieret der Ister doch zu, wenn im Wind die Bläue
gerinnt, und
Rollt die Fluten geheim träg unterm Eise zur See.
Wo die Schiffe einst schaukelten, geht man zu Fuß, und
die Wellen,
Reglos im härtenden Frost, stampft mit den Hufen das
Roß.
Hoch auf der Zauberbrücke über der wogenden Tiefe
Zieht der sarmatische Stier seine barbarische Fracht.
Schwerlich nur wird man mir glauben, zu was doch sollte
ich lügen?
Also verdient es mein Wort, daß man Vertrauen ihm
schenkt.

vidimus ingentem glacie consistere pontum,
  lubricaque inmotas testa premebat aquas.
nec vidisse sat est. durum calcavimus aequor,
  undaque non udo sub pede summa fuit.   40
si tibi tale fretum quondam, Leandre, fuisset,
  non foret angustae mors tua crimen aquae.
tum neque se pandi possunt delphines in auras
  tollere; conantes dura coercet hiems;
et quamvis Boreas iactatis insonet alis,   45
  fluctus in obsesso gurgite nullus erit;
inclusaeque gelu stabunt in marmore puppes,
  nec poterit rigidas findere remus aquas.
vidimus in glacie pisces haerere ligatos,
  sed pars ex illis tum quoque viva fuit.   50
sive igitur nimii Boreae vis saeva marinas,
  sive redundatas flumine cogit aquas,
protinus aequato siccis Aquilonibus Histro
  invehitur celeri barbarus hostis equo;
hostis equo pollens longeque volante sagitta   55
  vicinam late depopulatur humum.
diffugiunt alii, nullisque tuentibus agros
  incustoditae diripiuntur opes,
ruris opes parvae, pecus et stridentia plaustra,
  et quas divitias incola pauper habet.   60

Sah ich doch selber vom Eise bedeckt die Fläche des
       Weltmeers,
 Reglos stöhnte die Flut unter der Eisdecke Last.
Nicht nur sahens die Augen: die glatte Fläche betrat ich,
 Hoch über Wellen dahin wandelte trocken der Fuß.
Hätt es, Leander, dereinst auch Wogen wie diese
        gegeben,
 Nimmer trüge das Meer an deinem Tode die Schuld.
Nimmer vermag der Delphin empor in die Luft sich zu
        schnellen,
 Ohne Erbarmen, ach, wehrt ihm der Winter die Lust.
Und wie immer der Nord auch einherschwirrt auf
        stürmischem Fittig,
 Nirgends erhebt sich die Flut über dem schlummernden
       Grund.
Fest wie aus Marmor, vom Frost umschlossen, stehen die
       Ufer,
 Nimmer zerteilt ein Boot, nimmer ein Ruder das Naß.
Selbst auch die Fische sah ich gefesselt, gefangen im Eise,
 Wenn auch mancher vielleicht dennoch am Leben
       verblieb.
Schlug des heulenden Boreas unerbittliches Wüten
 Also in Fesseln das Meer, also in Fesseln den Strom,
Daß im Anhauch des Nordens erstarrte die Fläche des
       Ister,
 Stürmen auf flüchtigem Roß wilde Barbaren heran;
Und der berittene Feind mit weithin reichenden Pfeilen
 Überflutet den Gau, brandschatzt und plündert das
       Land.
Alles zerstiebt vor ihnen und flieht, und während man
       flüchtet,
 Raubt die verwegene Schar rings das verlassene Gut;
Dürftiger Äcker Frucht, das Vieh und die knarrenden
       Wagen,
 Und was ärmliches Volk sonst noch an Schätzen
       besitzt.

pars agitur vinctis post tergum capta lacertis,
  respiciens frustra rura Laremque suum:
pars cadit hamatis misere confixa sagittis:
  nam volucri ferro tinctile virus inest.
quae nequeunt secum ferre aut abducere, perdunt,   65
  et cremat insontes hostica flamma casas.
tunc quoque, cum pax est, trepidant formidine belli,
  nec quisquam presso vomere sulcat humum.
aut videt aut metuit locus hic, quem non videt, hostem;
  cessat iners rigido terra relicta situ.   70
non hic pampinea dulcis latet uva sub umbra,
  nec cumulant altos fervida musta lacus.
poma negat regio, nec haberet Acontius, in quo
  scriberet hic dominae verba legenda suae.
aspiceres nudos sine fronde, sine arbore, campos: 75
  heu loca felici non adeunda viro!
ergo tam late pateat cum maximus orbis,
  haec est in poenam terra reperta meam.

Manchen auch schleppen sie mit, auf dem Rücken
gefesselt die Arme;
  Sehnlich zurück umsonst blickt er auf Heimat und
Herd.
Mancher auch fällt durchbohrt von des Pfeiles unseliger
Spitze,
  Denn an dem Flugstahl vorn haftet das tückische Gift.
Was sich nicht mitschleppen läßt an erbeuteten Gütern,
zerstört man,
  Und aus der Unschuld Dach prasselt die feindliche
Glut.
Mitten im Frieden verzehrt sich alles in Angst vor dem
Kriege,
  Keiner führet den Pflug, Furchen im Boden zu ziehn;
Wenn es den Feind nicht erschaut, so fürchtet ihn stets
doch das Land, und
  Werklos rastet und liegt brach und verlassen die Flur.
Nimmer birgt schattig im Laub süßsaftige Trauben das
Weinland,
  Nie bis zum Rande empor schäumt in den Kufen der
Most.
Äpfel auch weigert die Au, und Akontius fände nicht
einen,
  Drauf zu schreiben ein Wort, Botschaft zu senden der
Frau.
Nimmer erblickt man Baum und Gebüsch auf kahlen
Gefilden,
  Ach, ein furchtbares Land, dem sich kein Glücklicher
naht!
Und indessen so weithin und groß sich das Erdenrund
breitet,
  Ward mir dennoch dies Land, *dieses* als Strafe bestimmt!

Heinrich Wölffel

96

Heroides IX 3–6, 11–48

Deianira Herculi

Fama Pelasgiadas subito pervenit in urbes   3
    Decolor et factis infitianda tuis,
Quem numquam Iuno seriesque immensa laborum
    Fregerit, huic Iolen imposuisse iugum.   6

. . . .

Plus tibi quam Iuno nocuit Venus; illa premendo   11
    Sustulit, haec humili sub pede colla tenet.
Respice vindicibus pacatum viribus orbem,
    Qua latam Nereus caerulus ambit humum;
Se tibi pax terrae, tibi se tuta aequora debent;   15
    Implesti meritis solis utramque domum;
Quod te laturum est, caelum prius ipse tulisti;
    Hercule supposito sidera fulsit Atlans.
Quid nisi notitia est misero quaesita pudori,
    Si maculas stupri facta priora nota?   20
Tene ferunt geminos pressisse tenaciter angues,
    Cum tener in cunis iam Iove dignus eras?
Coepisti melius quam desinis; ultima primis
    Cedunt; dissimiles hic vir et ille puer.
Quem non mille ferae, quem non Stheneleius hostis,   25
    Non potuit Iuno vincere, vincit Amor.
At bene nupta feror, quia nominer Herculis uxor
    Sitque socer rapidis qui tonat altus equis.

96

Dejanira an Herkules

Schnell vernahmen ein schwarzes Gerücht die Pelasgischen
Städte,
  Mache du mit der Tat wieder zur Fabel es mir!
Den nicht Juno bezwang, und die unermeßliche Arbeit,
  Hat Iolens Joch, sagt man, den Nacken gebeugt.
. . . .
Mehr als Juno schadete dir Cythere, denn Junons
  Druck erhub dich, und die tritt dir zu Boden den Hals.
Siehe zurück, du gabst mit rächenden Kräften der Erde
  Frieden, so weit sie nur bläulich der Meergott umfleußt.
Seine Ruhe dankt dir das Land und das ganze Gewässer,
  Voll sind des Sonnengotts Wohnungen beede von dir.
Der dich einst trägt, den Olymp, den hast du selber
getragen,
  So die Sterne trägt, ruhet der Atlas auf dir.
Aber nur, dich erbärmlich zu schämen, errangst du den
Ruhm dir,
  Wenn du mit buhlenden Lüsten die Taten befleckst.
Bist dus wirklich, der einst die beeden Schlangen so
kräftig
  Packte, des Donnerers schon in der Wiege so wert?
Besser fingest du an, als du endest, das letzte verkriecht
sich
  Hinter das erste, der Mann gleichet dem Knaben nicht
mehr.
Den der Bestien Heer und der Steneleische Feind nicht,
  Den nicht Juno bezwang, Amor bezwingt ihn zuletzt.
Bin ich nicht glücklich vermählt? ich heiße Herkules'
Ehweib
  Und mit dem schnellen Gespann donnert im Himmel
mein Schwähr.

Quam male inaequales veniunt ad aratra iuvenci,
    Tam premitur magno coniuge nupta minor;   30
Non honor est sed onus species laesura ferentis;
    Siqua voles apte nubere, nube pari.
Vir mihi semper abest, et coniuge notior hospes
    Monstraque terribiles persequiturque feras;
Ipsa domo vidua votis operata pudicis   35
    Torqueor, infesto ne vir ab hoste cadat;
Inter serpentes aprosque avidosque leones
    Iactor et hausuros terna per ora canes.
Me pecudum fibrae simulacraque inania somni
    Omniaque arcana nocte petita movent.   40
Aucupor infelix incertae murmura famae,
    Speque timor dubia spesque timore cadit.
Mater abest queriturque deo placuisse potenti,
    Nec pater Amphitryon nec puer Hyllus adest;
Arbiter Eurystheus irae Iunonis iniquae   45
    Sentitur nobis iraque longa deae.
Haec mihi ferre parum.   peregrinos addis amores
    Et mater de te quaelibet esse potest.

Aber wie an den Pflug ungleiche Stiere nicht taugen,
  Ist dem geringeren Weib drückend der große Gemahl.
Eine Gestalt, worin wir uns ängstigen, ehrt nicht, sie
                                        lastet,
  Willst du geziemend frein, freie, was ähnlich dir ist.
Immer ist ferne von mir, bekannter als Gast wie als Gatte,
  Ungeuer verfolgt, furchtbare Tiere mein Mann.
Mich die Witwe quälen zu Haus errötende Wünsche
  Und die Sorge, daß ihn fälle der häßliche Feind.
Unter den Schlangen treib ich umher, und den Schweinen
                                    und giergen
  Löwen und Hunden, wo ihn dreifach der Rachen
                                        bedräut.
An den Fibern der Tier' und des Schlummers nichtigen
                                        Bildern
  Häng ich, in heimlicher Nacht seh ich nach Zeichen
                                        mich um.
Trauernd fang ich es auf, der schwankenden Sage
                                        Gemurmel,
  Zweifelnde Hoffnung und Furcht steigen und sinken in
                                        mir.
Fern ist die Mutter und klagt, daß sie der gewaltige Gott
                                        liebt,
  Hyllus, Amphitryon, Vater und Sohn ist mir fern.
Ihn, der Junons grausamen Zorn ausübt, den Eurystheus,
  Wie die Göttin, die nicht sänftiget, fühl ich an mir.
Dies zu tragen, acht ich für nichts, du plagst mit verirrter
  Liebe und Mutter kann jegliche werden von dir.

                                        Friedrich Hölderlin

97

Remedia amoris 715–720

Exiguum est, quod deinde canam, sed profuit illud
  exiguum multis, in quibus ipse fui.
scripta cave relegas blandae servata puellae:
  constantis animos scripta relecta movent.
omnia pone feros (pones invitus) in ignes
  et dic "ardoris sit rogus iste mei."

98

Metamorphoses XI 592–615

Est prope Cimmerios longo spelunca recessu,
mons cavus, ignavi domus et penetralia Somni:
quo numquam radiis oriens mediusve cadensve
Phoebus adire potest; nebulae caligine mixtae   595
exhalantur humo dubiaeque crepuscula lucis.
non vigil ales ibi cristati cantibus oris
evocat Auroram, nec voce silentia rumpunt
sollicitive canes canibusve sagacior anser;

97

Alte Briefe

Wovon ich singen werde, ist gering,
doch auch Geringes ist oft gut gewesen:
so ging es mir. Es ist ein eigen Ding,
verliebte Mädchenbriefe neu zu lesen.

Auch starke Herzen werden dann verführt.
Ich rate, leg die Briefe hübsch zusammen
und bleibe von den Schwüren ungerührt
und wirf das Bündel in die heißen Flammen

und sprich, so weh es deinem Herzen tut:
»Dies sei der Scheiterhaufen meiner Glut.«

Erich Fabian

98

Des Schlummergottes Wohnung

Tief in den Schluchten des Berges, dem Land der
                                    Cimmerier nahe,
haust er in nächtlicher Höhle, der Gott unthätigen
                                    Schlummers.
Weder am Morgen noch auch am Mittag oder am Abend
dringt hier die Sonne herein: trüb' einhüllender Nebel
weht von dem Boden empor, und es senken sich
                                    dämmernde Schatten.
Hier kräht nimmer ein wachsamer Hahn mit gehobenem
                                    Kamme
früh Aurora herauf, kein Hund, der treulich die Wacht
                                    hält,
auch keine wachsame Gans stört je die geheiligte Stille,

non fera, non pecudes, non moti flamine rami   600
humanaeve sonum reddunt convicia linguae:
muta quies habitat; saxo tamen exit ab imo
rivus aquae Lethes, per quem cum murmure labens
invitat somnos crepitantibus unda lapillis.
ante fores antri fecunda papavera florent   605
innumeraeque herbae, quarum de lacte soporem
Nox legit et spargit per opacas umida terras;
ianua nec verso stridorem cardine reddit:
nulla domo tota est, custos in limine nullus;
in medio torus est ebeno sublimis in atra,   610
plumeus, unicolor, pullo velamine tectus,
quo cubat ipse deus membris languore solutis.
hunc circa passim varias imitantia formas
somnia vana iacent totidem, quot messis aristas,
silva gerit frondes, eiectas litus harenas.   615

niemals wird ein Geräusch hier laut von Thieren des
Feldes,
Zweige bewegen sich nicht, und man hört nie menschliche
Stimme.
Hier wohnt schweigende Ruhe, nur unten am Fuße des
Felsens
rinnt der Bach des Vergessens, der über die Kieselchen
gleitet
und einschläfernd mit leisem Gemurmel der Wellen
dahinfließt.
Rings um den Eingang blüht roter Mohn in üppigstem
Flore,
zahllos wachsen die Kräuter, aus denen betäubende Milch
sich
sammelt die Nacht, die umschatteten Lande damit zu
besprengen.
Thüren mit kreischendem Schloß und knarrend sich
drehender Angel
findest du nicht an dem Ort, auch hütet kein Wächter die
Schwelle.
Mitten im Haus auf schwarzem Gestell erhebt sich ein
Lager,
weich, in der Farbe der Nacht, und mit dunkelbezogenen
Decken,
wo die ermatteten Glieder der Gott im Schlummer
dahinstreckt.
Und sein Haupt umschweben in vielfach wechselnden
Formen
lustige Träume, so viel an der Zahl, als Aehren das
Kornfeld
trägt und Blätter der Wald und der Strand Sandkörner des
Meeres.

Carl Bruch

99

Ars amatoria III 103–155

Forma dei munus; forma quota quaeque superbit?
    pars vestrum tali munere magna caret.
cura dabit faciem; facies neclecta peribit,   105
    Idaliae similis sit licet illa deae.
corpora si veteres non sic coluere puellae,
    nec veteres cultos sic habuere viros:
[si fuit Andromache tunicas induta valentes,
    quid mirum? duri militis uxor erat;   110
scilicet Aiaci coniunx ornata venires,
    cui tegimen septem terga fuere boum!]
simplicitas rudis ante fuit; nunc aurea Roma est
    et domiti magnas possidet orbis opes.
[aspice, quae nunc sunt, Capitolia, quaeque fuerunt: 115
    alterius dices illa fuisse Iovis.
Curia consilio nunc est dignissima tanto,
    de stipula Tatio regna tenente fuit;
quae nunc sub Phoebo ducibusque Palatia fulgent,
    quid nisi araturis pascua bubus erant?]   120
prisca iuvent alios, ego me nunc denique natum
    gratulor: haec aetas moribus apta meis,
[non quia nunc terrae lentum subducitur aurum
    lectaque diverso litore concha venit,
nec quia decrescunt effosso marmore montes,   125
    nec quia caeruleae mole fugantur aquae,]
sed quia cultus adest nec nostros mansit in annos
    rusticitas priscis illa superstes avis.
vos quoque non caris aures onerate lapillis,
    quos legit in viridi decolor Indus aqua,   130
nec prodite graves insuto vestibus auro:
    per quas nos petitis, saepe fugatis, opes.
munditiis capimur: non sint sine lege capilli;
    admotae formam dantque negantque manus.

99

Was sich paßt

Schönheit ist Himmelsgeschenk! Wie wenige dürfen sich
               rühmen
   dieser Gabe, und meist blieb sie euch völlig versagt!
Pflege des Körpers verschönt, verwahrloste Schönheit
               verkümmert,
   magst du geschaffen auch sein herrlich, wie Venus es
               war.
Freilich, vor Zeiten, da pflegten die Mädchen nicht so
               ihren Körper,
   war auch der Männerwelt fremd alle verfeinerte Art.
Einfach war man, kulturlos – heut ist es die ›goldene‹
               Roma,
   die den Erdkreis bezähmt, die seine Schätze besitzt . . .
Andere mag sie beglücken, die Vorzeit, doch ich weiß
               mich glücklich,
   heute zu sein: unsre Zeit eignet sich ganz meinem Sinn!
Bildung herrscht jetzt, Kultur, die rohen Sitten
               verschwanden,
   blieben als Eigentum unseren Ahnen zurück . . .
Mädchen, behängt euer Ohr nicht mit lastenden Perlen,
   die aus dem grünlichen Meer holte der Inder herauf.
Schreitet einer nicht in Kleidern, die wuchten von
               goldenem Stickwerk:
   oftmals verscheucht nur den Mann, was seiner Lockung
               doch galt!
Sauberkeit ist es, die reizt, ein Haar, das nicht sinnlos
               frisiert ist:
   je nach Kunst und Geschmack leihst du ihm eigenen
               Reiz.
Wählet nicht *eine* Frisur: was *einer* persönlich wohl
               ansteht,
   dafür entscheide sie sich, wie es der Spiegel ihr rät.

nec genus ornatus unum est: quod quamque decebit,   135
  elegat et speculum consulat ante suum.
longa probat facies capitis discrimina puri:
  [sic erat ornatis Laodamia comis.]
exiguum summa nodum sibi fronte relinqui,
  ut pateant aures, ora rotunda volunt.   140
alterius crines umero iactentur utroque:
  [talis es adsumpta, Phoebe canore, lyra;
altera succinctae religetur more Dianae,
  ut solet, attonitas cum petit illa feras;]
huic decet inflatos laxe iacuisse capillos,   145
  illa sit adstrictis impedienda comis;
[hanc placet ornari testudine Cyllenaea,]
  sustineat similes fluctibus illa sinus.
[sed neque ramosa numerabis in ilice glandes,
  nec quot apes Hybla nec quot in Alpe ferae,   150
nec mihi tot positus numero conprendere fas est:
  adicit ornatus proxima quaeque dies.]
et neclecta decet multas coma: saepe iacere
  hesternam credas, illa repexa modo est.
ars casu similis. . .

Die Verse in [ ] sind in der Übersetzung nicht berücksichtigt.

Einem ovalen Gesicht steht gut der einfache Scheitel,
  aber ists rundlich geformt, fordert es über der Stirn
mäßige Knotung des Haars, und frei sollen bleiben die
                                             Ohren.
  Wieder andern jedoch walle zur Brust ihr Gelock,
oder sie mögen es tragen im Nacken zum Knoten
                                      geschlungen,
  andere kleidet es wohl, wenn es in Wellen sich legt.
Gut macht sich schließlich auch oft jene scheinbare
                               Lässigkeit: manchmal
  denkst du, von gestern her steh eine Frisur, die doch
                                    neu!
Kunst, sie gleiche dem Zufall! . . .

                                 Karl Preisendanz
                               (freie Übersetzung)

Eclogae II

Glyceranus   *Mystes*

G. Quid tacitus, Myste?
M.   curae mea gaudia turbant:
Cura dapes sequitur, magis inter pocula surgit
Et gravis anxietas laetis incumbere gaudet.
G. Non satis accipio.
M.   nec me iuvat omnia fari.
G. Forsitan imposuit pecori lupus?
M.   haud timet hostes 5
Turba canem vigilans.
G.   vigiles quoque somnus adumbrat.
M. Altius est, Glycerane, aliquid, non quod patet:
                                          erras.
G. Atquin turbari sine ventis non solet aequor.
M. Quod minime reris, satias mea gaudia vexat.
G. Deliciae somnusque solent adamare querellas.   10
M. Ergo si causas curarum scire laboras –
G. Quae spargit ramos, tremula nos vestiet umbra
Ulmus, et en tenero corpus summittere prato
Herba iubet: tu dic, quae sit tibi causa tacendi.

100

Auf Nero

Glyceranus   Mystes

G. Mystes, warum so still?
M.   Weil Sorgen die Freuden vertreiben,
Sorge verfolgt mich beim Mahl und wächst noch stärker
                        beim Zechen,
und der Angst macht's Freude, die Fröhlichkeit mir zu
                        belasten.
G. Ganz versteh' ich dich nicht.
M.   Ich möcht' auch nicht alles dir sagen.
G. Hat wohl ein Wolf überlistet dein Vieh?
M.   Meine wachsamen Hunde
fürchten sich nicht.
G.   Den Wachsamen auch überschattet
                        wohl Schlummer.
M. Tiefer liegt's, Glyceranus, du irrst: nichts Offenes
                        ist es.
G. Aufgerührt wird aber das Meer doch meistens durch
                        Winde.
M. Kaum wirst du's glauben: Sättigung ist's, die die
                        Freude mir trübet.
G. Ein Genießer, noch schläfrig dabei, beklagt sich wohl
                        gerne.
M. Ist's dir daran nun gelegen, den Grund meiner Sorgen
                        zu wissen.
G. Unter der Ulme dort, die weit ausladet die Äste,
finden wir flimmernden Schatten; und sieh, es lädt uns der
                        Rasen,
sanft auf der Au uns zu lagern. Sag *du* mir, warum du so
                        schweigsam.

M. Cernis ut adtrito diffusus cespite pagus   15
Annua vota ferat sollemnisque inchoet aras?
Spirant templa mero, resonant cava tympana palmis,
Maenalides teneras ducunt per sacra choreas,
Tibia laeta canit, pendet sacer hircus ab ulmo
Et iam nudatis cervicibus exuit exta.   20
Ergo nunc dubio pugnant discrimine nati
Et negat huic aevo stolidum pecus aurea regna?
Saturni rediere dies Astraeaque virgo
Tutaque in antiquos redierunt saecula mores.
Condit secura totas spe messor aristas,   25
Languescit senio Bacchus, pecus errat in herba,
Nec gladio metimus nec clausis oppida muris
Bella tacenda parant; nullo iam noxia partu
Femina quaecumque est hostem parit. arva iuventus
Nuda fodit tardoque puer domifactus aratro   30
Miratur patriis pendentem sedibus ensem.
Est procul a nobis infelix gloria Sullae
Trinaque tempestas, moriens cum Roma supremas
Desperavit opes et Martia vendidit arma.

M. Siehst du, wie auf zertretenem Gras das Landvolk sich
                                        sammelt,
Jahresgelübde erfüllend dem Altar dient, wie's der Brauch
                                        will?
Tempel duften nach Wein, die Hand schlägt des
                                        Tamburins Höhlung,
Maenalosjugend zieht den Reigen nach heiligem Brauche,
fröhlich klingt Flötenton, am Baum hängt als Opfer der
                                        Geißbock,
durchschnitten sein Hals, seine Eingeweide entfernt
                                        schon.
Kämpft die heutige Jugend wohl noch unsichern
                                        Erfolges
oder bestreitet selbst blödes Vieh, daß die goldene Zeit
                                        herrscht?
Wiedergekehrt ist die Zeit des Saturn und die Jungfrau
                                        Astraea,
und in Sicherheit kehrt man zurück zu Sitten der
                                        Vorzeit.
Sicher erntet man jetzt alle Ähren, die man erhoffte,
Bacchus ist müde und alt, es schweift die Herde im
                                        Grase,
nicht mit dem Schwert wird geerntet, noch schließen
                                        Städte die Wälle,
gräßlichen Krieg zu beginnen; und nirgendwo gibt es
                                        noch Weiber,
die uns Schaden bereiten, indem sie Feinde gebären.
Unbewaffnet gräbt Jugend das Feld; der Knabe, des
                                        trägen
Pfluges gewöhnt, sieht staunend das Schwert an der Wand
                                        seines Hauses.
Fern ist uns jetzt der unheilbringende Ruhm eines Sulla
und der dreifache Sturm, da Rom, dem Sterben schon
                                        nahe,
an seiner Rettung verzweifelnd die Kriegeswaffen
                                        verkaufte.

Nunc tellus inculta novos parit ubere fetus,   35
Nunc ratibus tutis fera non irascitur unda;
Mordent frena tigres, subeunt iuga sueta leones:
Casta fave, Lucina: tuus iam regnat Apollo!

Unbestellt bringt Erde hervor jetzt Früchte aufs neue,
sicher fahren die Schiffe, nicht drohen die wütenden
Wogen.
Tiger knirschen im Zaum, ins grausame Joch zwingt's die
Löwen –
keusche Lucina, sei gnädig: schon jetzt regiert dein Apollo!

Harry C. Schnur

101

Eclogae VII

Lycotas   Corydon

L. Lentus ab Urbe venis, Corydon; vicesima certe
nox fuit, ut nostrae cupiunt te cernere silvae,
ut tua maerentes exspectant iubila tauri.
C. O piger, o duro iam durior axe, Lycota,
qui veteres fagos nova quam spectacula mavis   5
cernere, quae patula iuvenis deus edit harena.
L. Mirabar quae tanta foret tibi causa morandi,
cur tua cessaret taciturnis fistula silvis
et solus Stimicon caneret pallente corymbo:
quem sine te maesti tenero donavimus haedo.   10
Nam, dum lentus abes, lustravit ovilia Thyrsis,
iussit et arguta iuvenes certare cicuta.
C. Sit licet invictus Stimicon et praemia dives
auferat, accepto nec solum gaudeat haedo,
verum tota ferat quae lustrat ovilia Thyrsis.   15
Non tamen aequabit mea gaudia, nec mihi, si quis
omnia Lucanae donet pecuaria silvae,
grata magis fuerint quam quae spectavimus Urbe.
L. Dic age dic, Corydon, nec nostras invidus aures

101

Eklogen 7

Lykotas   Korydon

L. Säumig, Korydon, kehrst aus der Stadt du: die
                     zwanzigste Nacht ja
Schwand, seit dich zu sehen verlanget unsere Waldflur
Und dein heiterer Ruf von deinen Farren ersehnt wird.
K. Du bist träg und härter als harte Achsen, Lykotas:
Lieber siehst du die alten Buchen hier an als die neuen
Spiele, die dort der junge Gott auf geräumigem Platz gibt.
L. Wohl befremdete michs, was Wichtiges sei, daß du
                     ausbliebst,
Warum deine Syring im schweigenden Walde nicht tönte,
Und nur Stimikon sang, bekränzt mit bläßlichem Efeu,
Dem, dich missend mit Trauren, ein zartes Böckchen ich
                     schenkte.
Denn indes du immer dich fernhieltst, sühnte die Hürden
Thyrsis und lud zum Kampf auf tönendem Schierling die
                     Bursche.
K. Stimikon habe gesiegt, er trage bereichert den Preis
                     heim,
Freue sich auch nicht nur des schon erhaltenen Böckleins,
Nein, ganz nehm er sie hin die Hürden, die Thyrsis
                     gesühnet;
Dennoch gleicht er an Lust mir nicht: und schenkte mir
                     jemand
Der lukanischen Trift Viehherden alle zusammen,
Höher schätzt ich sie nicht, als was in der Stadt ich
                     gesehen.
L. Korydon, sage denn an, was du sahst, und neidisch
                     verschmähe

despice: non aliter certe mihi dulce loquere,   20
quam cantare soles, quotiens ad sacra vocatur
aut fecunda Pales aut pastoralis Apollo.
C. Vidimus in caelum trabibus spectacula textis
surgere, Tarpeium prope despectantia culmen
immensosque gradus et clivos lene iacentes.   25
Venimus ad sedes, ubi pulla sordida veste
inter femineas spectabat turba cathedras.
Nam quaecumque patent sub aperto libera caelo,
aut eques aut nivei loca densavere tribuni.
Qualiter haec patulum concedit vallis in orbem   30
et sinuata latus resupinis undique silvis
inter continuos curvatur concava montes,
sic ibi planitiem curvae sinus ambit harenae
et geminis medium se molibus alligat ovum.
Quid tibi nunc referam, quae vix suffecimus ipsi   35
per partes spectare suas? Sic undique fulgor
percussit.   Stabam defixus et ore patenti
cunctaque mirabar necdum bona singula noram,
cum mihi tum senior, lateri qui forte sinistro
iunctus erat: "Quid te stupefactum, rustice", dixit,   40
"ad tantas miraris opes, qui nescius auri
sordida tecta, casas et sola mapalia nosti?
En ego iam tremulus et vertice canus et ista

Nicht mein Ohr: mir wirst ja nicht minder lieblich du
singen,
Als du im Wettstreit pflegst, so oft wir an Festen bald
Pales
Flehn, der befruchtenden, bald dem Herdenhüter Apollo.
K. Ich sah himmelan mit gefügtem Gebälke den
Schauplatz
Steigen, der frei fast blickt auf die tarpejische Zinne,
Stufen unzählbar auch und die Ränge mählich sich hebend.
Ich kam auf zu den Sitzen, wo schlechtgekleidet in
Schwarzbraun
Zwischen den Reihensesseln der Weiber schaute die
Menge,
Denn die Plätze, die freistehn unter offenem Himmel,
Waren von Rittern all und weißen Tribunen gedrängt
voll.
Wie sich weitet dies Tal in eine geräumige Runde
Und an den Seiten gekrümmt mit rings aufsteigender
Waldung
Zwischen den Bergreihn fort in hohler Schweifung sich
windet,
Läuft die Krümme dir rings um den runden ebenen
Kampfplatz,
Und eiförmig schließt sich an beide Massen die Mitte.
Soll ich erzählen nun dir, was nacheinander ich selber
Kaum zu schauen imstand war? so blendete Glanz mich
Allenthalben. Ich stand hinstarrend mit offenem Munde,
Staunete alles an und kannte noch jedes genau nicht.
Da, da, sagt' ein Greis, der mir gerade zur Linken
War: »Du bist vom Land und wunderst dich deines
Erstaunens
Über die große Pracht, da, unbekannt mit dem Golde,
Ärmliche Wohnungen nur und Hütten und Schoppen du
kennest.
Sieh, ich alter Mann, so zitternd, so grau und ein Greis
schon

factus in Urbe senex, stupeo tamen omnia: certe
vilia sunt nobis quaecumque prioribus annis   45
vidimus, et sordet quidquid spectavimus olim."
Balteus en geminis, en illita porticus auro
certatim radiant; nec non, ubi finis harenae
proxima marmoreo peragit spectacula muro,
sternitur adiunctis ebur admirabile truncis   50
et coit in rotulum, tereti qui lubricus axe
impositos subita vertigine falleret ungues
excuteretque feras.   Auro quoque torta refulgent
retia, quae totis in harenam dentibus exstant,
dentibus aequatis; et erat – mihi crede, Lycota,   55
si qua fides – nostro dens longior omnis aratro.
Ordine quid referam? Vidi genus omne ferarum,
hic niveos lepores et non sine cornibus apros,
hic raram silvis etiam quibus editur alcen.
Vidimus et tauros, quibus aut cervice levata   60
deformis scapulis torus eminet aut quibus hirtae
iactantur per colla iubae, quibus aspera mento
barba iacet tremulisque rigent palearia saetis.
Nec solum nobis silvestria cernere monstra
contigit: aequoreos ego cum certantibus ursis   65
spectavi vitulos et equorum nomine dictum,
sed deforme pecus, quod in illo nascitur amne,

Hier in der Stadt, bin doch erstaunt bei allem. Denn
                              wahrlich,
Nichts gilt jedes uns nun, was wir in früheren Jahren
Sahen, und keinen Wert hat, was vor Zeiten wir
                              schauten.« –
Denk, um die Wette strahlt mit Edelstein der Balkon hier,
Dort die Halle mit Gold: und wo am Ende der
                              Kampfbahn
Neben marmorner Mauer die Schaugehetze sich zeigen,
Streckt an davorgelegten Balken sich herrliches Elfbein
Und vereint sich mit ihnen zur Walze, die laufend an
                              glatter
Achse den packenden Klaun in schnellem Wirbel
                              entschlüpfet
Und die Bestien prellt. Auch glänzen von Golde gedrehet
Netze, die auf die Bahn von großen Zähnen herabgehn,
Diese Zähne sind gleich sich, und jeder – glaub es,
                              Lykotas,
Ist mir anders zu traun – war länger wohl noch als der
                              Pflug hier.
Reihen kann ich nicht alles. Was wild von Tieren ist, sah
                              ich,
Hasen so weiß wie Schnee und Eber ohne Gehörn nicht,
Eine Mantichora, auch den Elen mit der heimischen
                              Waldung
Sah ich, Stiere zugleich, bei denen am ragenden Nacken
Ungestaltet ein Höcker den Schultern entsteiget, bei denen
Zottige Mähnen den Hals umflattern, denen ums Kinn her
Wildernder Bart sich legt und die Wamme von zitterndem
                              Haar starrt.
Und nicht kamen allein die großen Tiere des Waldes
Mir zu Gesicht; ich sah Meerkälber mit kämpfenden
                              Bären
Auch und ein Tier, das Pferd wohl heißen könnte, das
                              aber
Übel gestaltet ist und in jenem Strome sich aufhält,

qui sata riparum vernantibus irrigat undis.
Ah! trepidi quotiens sola discedentis harenae
vidimus in partes, ruptaque voragine terrae   70
emersisse feras! Et in iisdem saepe cavernis
aurea cum croceo creverunt arbuta nimbo.
L. O felix Corydon, quem non tremebunda senectus
impedit! O felix, quod in haec tibi saecula primos
indulgente deo dimittere contigit annos!   75
Nunc, tibi si propius venerandum cernere numen
fors dedit et praesens vultumque habitumque notasti,
dic age dic, Corydon, quae sit mihi forma deorum.
C. O utinam nobis non rustica vestis inesset!
Vidissem propius mea numina! Sed mihi sordes   80
pullaque paupertas et adunco fibula morsu
obfuerunt, utcumque tamen conspeximus ipsum
longius; ac nisi me visus decepit, in uno
et Martis vultus et Apollinis esse putavi.

Der die Saaten der Ufer mit steigenden Fluten bewässert.
O wie blickt ich oft bang hin nach den Stellen der tiefen
Hetzbahn, wo hervor aus geöffnetem Schlunde der Erde
Drangen die Bestien; oft entwuchsen auch eben den
　　　　　　　　　　　　　Höhlen
Goldene Erdbeerbäume mit safranfarbiger Rinde.
L. Glücklicher Korydon, du! den nicht das zitternde
　　　　　　　　　　　　Alter
Fesselt! Glücklicher, du! dem Göttermilde gewährte,
Gerade die besten Jahr in dieser Zeit zu verleben!
Gönnte dir nun das Geschick, die verehrungswürdige
　　　　　　　　　　　　　Gottheit
Näher zu schauen und sahst du selber Mien und
　　　　　　　　　　　　　Gestaltung,
Korydon, sage denn an, wie sie ist, die Bildung der
　　　　　　　　　　　　Götter?
K. O daß mich nur nicht umgäbe der bäurische Anzug!
Näher hätt ich geschauet die Gottheit; aber die schlechte
Kleidung, der Armut Braun und die krumm eingreifende
　　　　　　　　　　　　　Schnalle
Hinderten mich; doch sah ich so gut als möglich ihn
　　　　　　　　　　　　selber
Aus der Fern, und täuschte mich nicht mein Auge, so
　　　　　　　　　　　　waren,
Fand ich, in ihm allein Mars und Apollo vereinigt.

　　　　　　　　　　　　Gottlieb Ernst Klausen

102

Satyricon
79,8

Qualis nox fuit illa, di deaeque,
quam mollis torus.   haesimus calentes
et transfudimus hinc et hinc labellis
errantes animas.   valete, curae
mortalis.   ego sic perire coepi.   5

103
126,18

Quid factum est, quod tu proiectis, Iuppiter, armis
    inter caelicolas fabula muta taces?
nunc erat a torva summittere cornua fronte,
    nunc pluma canos dissimulare tuos.
haec vera est Danae.   tempta modo tangere corpus, 5
    iam tua flammifero membra calore fluent.

PETRON

102

Satyricon

Welch eine Nacht! ihr Götter und Göttinnen!
Wie Rosen war das Bett! da hingen wir
Zusammen im Feuer und wollten in Wonne zerrinnen!
Und aus den Lippen flossen dort und hier,
Verirrend sich, unsre Seelen in unsre Seelen! –
Lebt wohl ihr Sorgen! wollt ihr mich noch quälen?
Ich hab in diesen entzückenden Sekunden,
Wie man mit Wonne sterben kann, empfunden!

Wilhelm Heinse

103

Was bedeutet es, Jupiter, daß du wegwarfst die Waffen,
   Unter der Himmlischen Schar thronst wie ein stummes
          Idol?
Zeit wärs, zu pflanzen die Hörner des Stiers auf die
          drohende Stirn,
   Jetzt zu umhüllen dein Haupt mit dem Gefieder des
          Schwans:
Die ist Danaë selbst! versuche den Leib zu berühren,
   Fühle, wie flammende Glut deine Glieder durchwallt!

Carl Fischer

104

127,9

Idaeo quales fudit de vertice flores
terra parens, cum se concesso iunxit amori
Iuppiter et toto concepit pectore flammas:
emicuere rosae violaeque et molle cyperon,
albaque de viridi riserunt lilia prato.

105

128,6

Nocte suporifera veluti cum somnia ludunt   3
errantes oculos effossaque protulit aurum
in lucem tellus: versat manus improba furtum   5
thesaurosque rapit, sudor quoque perluit ora
et mentem timor altus habet, ne forte gravatum
excutiat gremium secreti conscius auri:
mox ubi fugerunt elusam gaudia mentem
veraque forma redit, animus, quod perdidit, optat 10
atque in praeterita se totus imagine versat.

104

So wie dereinst die Hänge des Ida schmückte mit Blumen
Mutter Natur, als liebend zu trautem Bund sich vereinte
Jupiter, der in der Brust empfand die lodernden Gluten:
So erblühten Rosen und Veilchen und samtene Binsen,
Weiße Lilien lachten schimmernd auf grünenden Fluren:
Also lockte die Erde die Lust auf wonnige Wiesen,
Heller erstrahlte der Himmel hoch über der heimlichen
Liebe.

Carl Fischer

105

Wie, wenn die schlummerreichste Nacht
Vom Himmel sinkt und Träume mit uns spielen,
Herausgegrabnes Gold vor unsern Augen lacht
Und wir die Schätze schon in unsern Händen fühlen,
Der Schweiß von Wangen rinnt und Sorge quält den
Geist,
Daß der Besitzer uns nicht seinen Schatz entreißt;
Und nun der Morgensonne Strahlen
Die leere Wahrheit deutlich malen –
Dann wünscht die Seele noch, was sie erwacht verlor,
Und malt die Träume sich mit allen Bildern vor.

Wilhelm Heinse

106

Fragmenta XLIX

Sit nox illa diu nobis dilecta, Nealce,
    quae te prima meo pectore composuit:
sit torus et lecti genius secretaque longa,
    queis tenera in nostrum veneris arbitrium.
ergo age duremus, quamvis adoleverit aetas,   5
    utamurque annis quos mora parva tenet.
fas et iura sinunt veteres extendere amores;
    fac cito quod coeptum est, non cito desinere.

106

Diese Eros-Nacht möge, Nealcus, lang für uns währen,
Die dich zum erstenmal heut finden wird an meiner Brust.
Genius der Liebe, du sollst die bräutliche Feier verklären,
Zärtlich und heimlich und tief sei die vereinigte Lust.
Also halten wir aus, dieweil wir noch jung sind, indessen
Hasten die Jahre, dahin rastlos in flüchtigem Lauf.
Alte Umarmungen laß uns über die neuen vergessen –
Tue so weiter, o schnell! Höre so bald nicht mehr auf!

Alexander von Bernus

Lucius Annaeus Seneca

107

Agamemnon 589–611

Chorus

Heu quam dulce malum mortalibus additum
vitae dirus amor, cum pateat malis   590
effugium et miseros libera mors vocet
portus aeterna placidus quiete.
Nullus hunc terror nec impotentis
procella Fortunae movet aut iniqui
flamma Tonantis.   595–596
Pax alta nullos civium coetus
timet aut minaces victoris iras,
non maria asperis insana Coris,
non acies feras,
pulvereamve nubem   600
motam barbaricis equitum catervis;
non urbe cum tota populos cadentis,
hostica muros populante flamma
indomitumve bellum.
perrumpet omne servitium   605
contemptor levium deorum,
qui vultus Acherontis atri,
qui Styga tristem non tristis videt
audetque vitae ponere finem:

Agamemnon

Chor

Arge Lebenslust, du süßes
Übel, du der Menschheit Feindinn!
Ohne dich blieb' ihr ein Ausweg
In dem Elend, Unglückselge
Riefe Tod, der Allbefreyer
In den Hafen ewger Ruhe.
Wer das fürchterliche Dunkel
Acherons, des Styx betrübte
Wogen, nicht betrübt erblicket,
Wer dem allzu langen Leben
Sich erkühnt, ein Ziel zu setzen,
Diesen lohnet tiefe Ruhe.
Den erschüttern keine Schrecken,
Keine Flammen des erzürnten
Donnerers, kein Sturm des Glückes.
Der scheut nicht der Bürger Rotten,
Nicht des Siegers Grimm und Drohen,
Nicht die Raserey der Fluthen,
Die der Nordwest aufpeitscht, nicht die
Wilden Schlachten, nicht des Staubes
Wolk', aufsteigend vor der Barbarn
Reiterschwarm, er bebet nicht beym
Untergang der Nationen,
Wenn an ihren hohen Wällen
Feindlich Feuer nagt; er zittert
Vor dem ungezähmten Krieg nicht,
Jeder Knechtschaft Bande bricht er
Und verschmäht die wandelbare
Gunst der Götter, einem König,

par ille regi, par superis erit.   610
. . . o quam miserum est nescire mori . . .

108

Phaedra 274–293, 335–357

Chorus

Diva non miti generata ponto,
quam vocat matrem geminus Cupido;   275
impotens flammis simul et sagittis,
iste lascivus puer et renidens
tela quam certo moderatur arcu!
[labitur totas furor in medullas
igne furtivo populante venas.]   280
non habet latam data plaga frontem,
sed vorat tectas penitus medullas.
nulla pax isti puero: per orbem
spargit effusas agilis sagittas;
quaeque nascentem videt ora solem,   285
quaeque ad Hesperias iacet ora metas,
si qua ferventi subiecta cancro est,
si qua Parrhasiae glacialis ursae
semper errantes patitur colonos,
novit hos aestus: iuvenum feroces   290
concitat flammas senibusque fessis
rursus extinctos revocat calores,
virginum ignoto ferit igne pectus –
. . . .
spicula cuius sentit in imis   335
caerulus undis grex Nereidum,
flammamque nequit relevare mari.

Einem Gott gleich; welch ein Unglück
Ist es nicht zu sterben wissen!

Johann von Alxinger

108

Phaedra

Chor

Göttin, nicht erzeugt von gelinder Meerflut,
Mutter du dem doppelgestalten Amor,
Der so launisch wütet mit Pfeil und Feuer!
Ach, der ungebundene Knabe lächelt,
Doch unfehlbar meistert er seinen Bogen.
Keine breite Wunde verrät das Unheil,
Doch er zehrt am innersten Mark des Opfers.
Vogelfrei ist jeder dem Knaben, rastlos
Zielend überschüttet er alle Lande:
Jenes, das der Sonne Geburt begrüßet,
Und das andre, nahe dem Tor des Westens;
Das beherrscht vom glühenden Stern des Krebses,
Und das Land, das unter dem eisgen Bären
Hirtenvölker duldet, die ewig wandern –
Diesen Brand kennt jedes. – *Er* schürt im Jüngling
Wildes Lodern, ruft im verwelkten Greise
Noch einmal zurück die erloschne Wärme;
Unbekannter Funke versengt die Jungfrau.
. . . .

Es spürt in der Tiefe der Wasser der Herr
der Nereiden den göttlichen Pfeil
und kühlt mit dem Meere vergebens die Brunst.

ignes sentit genus aligerum,
Venere instinctus suscipit audax
grege pro toto bella iuvencus;   340
si coniugio timuere suo,
poscunt timidi proelia cervi,
et mugitu dant concepti
    signa furoris;   344
tunc vulnificos acuit dentes   346
aper et toto est spumeus ore: 347
tunc silva gemit murmure sevo.   350
Poeni quatiunt colla leones   348
    cum movit amor;   349
tunc virgatas India tigres   345
    decolor horret.
amat insani belva ponti   351
Lucaeque boves: vindicat omnes
natura sibi, nihil immune est
odiumque perit, cum iussit amor;
veteres cedunt ignibus irae.   355
quid plura canam; vincit saevas
    cura novercas.

Die Verse in [ ] sind in der Übersetzung nicht berücksichtigt.

Die Gluten verspürt das gefiederte Volk;
von Liebe gereizt greift mutig den Feind,
der Herde zum Schutze, der Jungstier an,
und fürchtet für seine Gefährtin der Hirsch,
so stürzt sich der Ängstliche kühn ins Gefecht,
sein Brüllen verrät die empfangene Wut.
Dann graut vor dem Tiger mit streifigem Fell
mißfarbigen Indern; den reißenden Zahn
schärft dann sich der Eber, dann trieft er von Schaum;
dann schüttelt die Mähne der punische Leu.
Ja, Liebe empfindet in stürmischer See
der Wal; sie fühlt der Koloß Elefant.

Er eignet sich zu die gesamte Natur,
und nichts bleibt frei. Wenn Amor es will,
erstirbt auch Haß, und der älteste Zorn
muß weichen dem Feuer. Was brauche ich mehr
zu singen? Genug, Stiefmüttern sogar
zähmt Liebe das Herz.

Wolf-Hartmut Friedrich

109

Epigrammata 1

Omnia tempus edax depascitur, omnia carpit,
  omnia sede movet, nil sinit esse diu.
flumina deficiunt, profugum mare litora siccat,
  subsidunt montes et iuga celsa ruunt.
quid tam parva loquor? moles pulcherrima caeli   5
  ardebit flammis tota repente suis.
omnia mors poscit. lex est, non poena, perire:
  hic aliquo mundus tempore nullus erit.

110

Epigrammata 59

De vino et laetitia

Vince mero curas et, quidquid forte remordet,   5
  comprime deque animo nubila pelle tuo.
nox curam, si prendit, alit: male creditur illi
  cura, nisi a multo marcida facta mero.

109

Epigramme 1

Alles verzehrt und verschlingt die Zeit mit gierigem
Rachen,
  Alles erschüttert sie, nichts läßt sie für immer bestehen.
Flüsse versiechen, die Meere versanden und fliehen die
Küsten,
  Berge versinken, es wankt und kracht der Fels und
zerbricht.
Doch was red ich von Kleinem? Des Weltalls herrlicher
Bau wird
  Einst in Feuer und Flut stehen und plötzlich vergehn.
Alles verfällt dem Tod: nicht Strafe, die ewige Ordnung
  Will es und wird in Staub einst auch zertreten die Welt.

Carl Bruch

110

Der Sorgenbrecher

Trinke die Sorgen dir weg und bezwinge die finstern
Gedanken,
  Mache dir Augen und Herz frei von dem
Sorgengewölk.
Heftiger packt dich die Sorge des Nachts: drum gib dich
der Sorge
  Nachts nur hin, wenn Wein matt sie und müde gemacht.

Carl Bruch

PUBLIUS PAPINIUS STATIUS

111

Silvae I 6

Kalendae Decembres

Et Phoebus pater et severa Pallas
et Musae procul ite feriatae:
Iani vos revocabimus kalendis.
Saturnus mihi compede exsoluta
et multo gravidus mero December   5
et ridens Iocus et Sales protervi
adsint, dum refero diem beatum
laeti Caesaris ebriamque noctem.
    vix aurora novos movebat ortus,
iam bellaria linea pluebant: 10
hunc rorem veniens profudit eurus.
quicquid nobile Ponticis nucetis
fecundis cadit aut iugis Idumes,
quod ramis pia germinat Damascos
et quod percoquit aebosia Caunos   15
largis gratuitum cadit rapinis.
molles gaïoli lucuntulique
et massis Amerina non perustis
et mustaceus et latente palma
praegnates caryotides cadebant.   20
non tantis Hyas inserena nimbis
terras obruit aut soluta Plias,
qualis per cuneos hiems Latinos
plebem grandine contudit serena.
ducat nubila Iuppiter per orbem   25
et latis pluvias minetur agris
dum nostri Iovis hi ferantur imbres.

111

Wälder I 6

Die Kalenden des Dezember

Vater Phoebus und du, gestrenge Pallas,
Auch ihr Musen, geht fort und feiert müßig!
Rufen will ich euch bei des Jahres Wechsel.
Doch Saturnus, gelöst von seinen Fesseln,
Und Dezember, berauscht von vielem Weine,
Jocus lächelnd und heitere Witzesgötter,
Kommt herbei, da des frohen Cäsars Glückstag
Und die trunkene Nacht ich preisend schildre!
Kaum strahlt leuchtend das Morgenrot, da regnen
Näschereien dem Volk im Zirkus nieder,
Wie von Bäumen den Tau der Ostwind schüttelt.
Edle Nüsse von Pontus' reichen Hainen,
Herrlichkeiten von Palästinas Bergen,
Was das heilge Damascus beut an Früchten,
Was am karischen Strande reift bei Caunus,
Unentgeltlich zu reicher Beute fällt es.
Zuckermännchen und andres süßes Backwerk,
Amerinisches Obst, obwohl noch unreif,
Streut man nieder, mit Most gebackne Kuchen,
Dazu Schalen, gefüllt mit süßen Datteln.
Nicht die trüben Hyaden noch Plejaden
Überschütten das Land mit solchem Regen,
Wie mit lustigem Hagel trifft der Winter
Romas Volk in den Reihen des Theaters.
Mag auch über das Land hin Zeus die Wolken
Führen, mag er den Feldern drohn mit Regen,
Wenn nur unser geliebter Zeus läßt strömen
Solchen Regen. Sieh da, durch alle Reihen

        ecce autem caveas subit per omnes
insignis specie, decora cultu
plebes altera, non minor sedente.   30
hi panaria candidasque mappas
subvectant epulasque lautiores;
illi marcida vina largiuntur:
Idaeos totidem putes ministros.
orbem, qua melior severiorque est,   35
et gentes alis insemel togatas,
et, cum tot populos, beate, pascas,
hunc Annona diem superba nescit.
i nunc saecula compara, Vetustas,
antiqui Iovis aureumque tempus: 40
non sic libera vina tunc fluebant
nec tardum seges occupabat annum.
una vescitur omnis ordo mensa,
parvi, femina, plebs, eques, senatus:
libertas reverentiam remisit.   45
et tu quin etiam (quis hoc vocari,
quis promittere possit hoc deorum?)
nobiscum socias dapes inisti.
iam se, quisquis is est, inops beatus,
convivam ducis esse gloriatur.   50
    hos inter fremitus novosque luxus
spectandi levis effugit voluptas:
stat sexus rudis, insciusque ferri
ut pugnas capit improbus viriles!
credas ad Tanain ferumque Phasim   55
Thermodontiacas calere turmas.
hic audax subit ordo pumilorum,
quos natura breves statim peracta
nodosum semel in globum ligavit.
edunt vulnera conseruntque dextras   60
et mortem sibi (qua manu!) minantur.
ridet Mars pater et cruenta Virtus

Schreitet – herrlich zu schaun! – im Schmucke
                                    prangend
Andres Volk, das an Zahl gleich dem, das sitzet.
Körbchen tragen sie her und saubre Tücher,
Glänzend weiße, gefüllt mit leckren Speisen.
Andre spenden in Fülle milde Weine,
Gleichwie göttliche Schenken hoch vom Ida.
Unser Kaiser bewirtet stolze Ritter
Und zugleich die Geschlechter aus dem Adel,
Auch die Menge des ungeheuren Volkes;
Göttin aller Erträge, stolz versagst du
Solchen herrlichen Tag der Menschheit. Auf denn!
Hole, Göttin des Alters, jene grauen,
Goldnen Zeiten des alten Zeus: Da floß nicht
Solch ein herrlicher Wein, nicht sproßt' auf Feldern
Solche Ernte. An einem Tische speisen
Männer, Frauen und Volk, Senat und Ritter;
Furcht und ängstliche Scheu schwand vor der
                                        Freiheit.
Ja, (wer wagte zu bitten, welcher Gott wohl
Könnte solches gewähren?) edler Herrscher,
Selber kamst du zu Tisch mit uns gemeinsam.
Nunmehr, wenn er auch noch so arm, ein jeder
Kann sich rühmen zu sein des Kaisers Tischgast.
Unter solchem Geräusch der leckren Tafel
Schwand im Fluge die Lustbarkeit des Schauens:
Dort der Weiber Geschlecht, wie führt es trotzig,
Ungeübt in den Waffen Männerkämpfe!
Beinah scheint es, daß Amazonenschwärme
Hitzig kämpfen am Don, am wilden Phasis.
Dann tritt auf eine kühne Schar von Zwergen,
Kurz ist ihre Gestalt, weil ausgewachsen
Allzuschnell, einem runden Knäuel gleichend.
Spiele führen sie auf und wackre Kämpfe,
Drohn einander den Tod mit Zwergenhänden.
Mars wohl lächelt und auch der Kriegswut Göttin;

casuraeque vagis grues rapinis
mirantur pugiles ferociores.
  iam noctis propioribus sub umbris   65
dives sparsio quos agit tumultus!
hic intrant faciles emi puellae,
hic agnoscitur omne quod theatris
aut forma placet aut probatur arte.
hoc plaudunt grege Lydiae tumentes,   70
illic cymbala tinnulaeque Gades;
illic agmina confremunt Syrorum,
hic plebs scaenica quique comminutis
permutant vitreis gregale sulpur.

  inter quae subito cadunt volatu   75
immensae volucrum per astra nubes,
quas Nilus sacer horridusque Phasis,
quas udo Numidae legunt sub austro.
desunt qui rapiant, sinusque pleni
gaudent dum nova lucra comparantur.   80
tollunt innumeras ad astra voces
Saturnalia principis sonantes
et dulci dominum favore clamant:
hoc solum vetuit licere Caesar.

  vixdum caerula nox subibat orbem,   85
descendit media nitens harena
densas flammeus orbis inter umbras
vincens Cnosiacae facem coronae.
conlucet polus ignibus nihilque
obscurae patitur licere nocti.   90
fugit pigra Quies inersque Somnus
haec cernens alias abit in urbes.
quis spectacula, quis iocos licentes,
quis convivia, quis dapes inemptas,
largi flumina quis canat Lyaei?   95
iamiam deficio tuaque Baccho

. . . .

in serum trahor ebrius soporem.

Selbst die Kraniche staunen, die gebraten
Dort mit anderen Leckerbissen hangen.
Näher kommen die Schatten dunkler Nacht schon.
Horch! Welch lauten Tumult erzeugt das Werfen
Und das Streun der Geschenke! Mädchen kommen
Käuflich jedem; man schaut hier, was den Augen
Wohlgefällt durch die Kunst und durch Schönheit.
Hier im Chore die üppgen Lyderinnen
Lassen schallen die Cymbeln, dort von Gades
Mädchen schellenbehängt, dort Syrerschwärme,
Hier der Schauspieler Volk und dort Hausierer,
Schwefelfäden für Stückchen Glas verkaufend.
Sieh! da fallen im jähen Flug von oben
Große Massen von wohlgebratnen Vögeln,
Die gefangen am heilgen Nil, am Phasis,
In Numidien, wenn von Süden herwehn
Feuchte Winde. Wer kann die Menge sammeln?
Freudig mustert man seine vollen Taschen,
Bis ein neuer Gewinn kommt. Tausend Stimmen
Preisen jubelnd das Freudenfest des Herrschers,
Und sie rufen dem Kaiser frohen Beifall;
Dies nur hatte der Kaiser sich verbeten.
Kaum legt dunkel die Nacht sich auf den Erdball,
Als von Lichtern ein Kranz sich niedersenkte
Mitten auf der Arena dichtes Dunkel,
Heller strahlend als Ariadnes Krone.
Weithin leuchtet in Flammenglanz der Himmel,
Und die Schatten der dunklen Nacht verschwinden.
Faule Ruhe entflieht, der träge Schlafgott
Zieht in andere Städte, solches schauend.
Wer besänge die Menge allen Schauspiels,
Wer die Scherze, die kostenlosen Mahle,
Zechgelage, des Weines reiche Ströme?
Meine Kräfte verlassen mich, und trunken
Schwer vom Wein schlepp ich mich zum späten Schlaf
                              hin.

> quos ibit procul hic dies per annos!
> quam nullo sacer exolescet aevo,
> dum montes Latii paterque Thybris,   100
> dum stabit tua Roma dumque terris
> quod reddis Capitolium manebit!

112

Silvae II 4

Psittacus Atedi Melioris

Psittace, dux volucrum, domini facunda voluptas,
humanae sollers imitator, psittace, linguae,
quis tua tam subito praeclusit murmura fato?
hesternas, miserande, dapes moriturus inisti
nobiscum, et gratae carpentem munera mensae   5
errantemque toris mediae plus tempore noctis
vidimus. adfatus etiam meditataque verba
reddideras.   at nunc aeterna silentia Lethes
ille canorus habes.   cedat Phaethontia vulgi
fabula: non soli celebrant sua funera cycni.   10
   at tibi quanta domus rutila testudine fulgens
conexusque ebori virgarum argenteus ordo

Wieviel Jahre wird dieser Tag noch dauern?
Nimmer wird er vergehn, zu allen Zeiten
Bleibt er heilig, solang die sieben Hügel,
Vater Tiber und Rom, solange stehn wird
Romas Burg, die du neu schaffst, hehrer Kaiser!

Richard Sebicht

112

Wälder II 4

Der Sittich des Atedius Melior

Armer Sittich, du Herzog der Vögel, dem Herrn zum
Vergnügen
Lustig schwatzend und klug nachahmend die menschliche
Stimme,
Wer verschloß durch den Tod so plötzlich dein munteres
Plaudern?
Solltest sterben so bald und gingst noch in unsrer
Gesellschaft
Gestern zum Mahle, verzehrtest willkommene Gaben des
Tisches,
Spät um Mitternacht sahn wir dich schreiten über die
Polster;
Worte, die eingeübt, doch auch solche, die selber dein
Sinn dir
Eingab, sprachst du zu uns. Nun hält dich, lieblicher
Redner,
Ewiges Schweigen. Die Sage des Volks vom Vogel Apollos
Sinkt an Ruhm: Nicht bloß die Schwäne besingen ihr Ende.
O wie glänzt deines Bauers Dach von rötlichem Golde,
Und auf dem Elfenbeingrunde erhebt sich ein silbernes
Gitter.

argutumque tuo stridentia limina cornu
et querulae iam sponte fores! vacat ille beatus
carcer, et angusti nusquam convicia tecti.   15
    huc doctae stipentur aves quis nobile fandi
ius natura dedit; plangat Phoebeius ales
auditasque memor penitus demittere voces
sturnus et Aonio versae certamine picae
quique refert iungens iterata vocabula perdix   20
et quae Bistonio queritur soror orba cubili.
ferte simul gemitus cognataque ducite flammis
funera, et hoc cunctae miserandum addiscite carmen:
"occidit aeriae celeberrima gloria gentis
psittacus, ille plagae viridis regnator Eoae,   25
quem non gemmata volucris Iunonia cauda
vinceret aspectu, gelidi non Phasidis ales
nec quas umenti Numidae rapuere sub austro,
ille salutator regum nomenque locutus
Caesareum et queruli quondam vice functus amici,   30
nunc conviva levis monstrataque reddere verba
tam facilis, quo tu, Melior dilecte, recluso
numquam solus eras.   at non inglorius umbris
mittitur: Assyrio cineres adolentur amomo
et tenues Arabum respirant gramine plumae   35
Sicaniisque crocis, senio nec fessus inerti
scandet odoratos phoenix felicior ignes."

Oft von des Schnabels Spitze tönte knisternd die Schwelle,
Heftig pochtest du an die Tür: Dein schreiendes Schelten
Ist auf immer verstummt, denn leer ist der herrliche Käfig.
Kommt, ihr gelehrigen Vögel, hierher, die als herrliche
                           Gabe
Von der Natur die Rede empfangen: der Schwan des Apollo
Nahe herbei, der Star, der gehörte Worte zu sprechen
Trefflich versteht, und die Elster, erprobt im musischen
                           Wettstreit,
Ferner das Rebhuhn, klug und kundig menschlicher Worte,
Endlich die Nachtigall, klagend um Itys am einsamen Orte,
Klaget alle zusammen, verbrennt den Teuren mit Flammen,
Feiert das Leichenbegängnis und lernt mir folgende Klage:
»Tot ist der herrlichste Ruhm des luftigen Reiches der
                           Vögel,
Unser grüner Beherrscher an ferner östlicher Küste.
Nicht strahlt schöner der Pfau mit edelsteinfunkelndem
                           Schweife,
Junos Vogel, und nicht der Fasan vom Ufer des Phasis,
Nicht das Perlhuhn, welches die Numider fangen bei
                           Südwind.
Dieser Grüßer der Fürsten, der Caesars Namen gesprochen,
Spielte so oft die Rolle des treu mitfühlenden Freundes,
Und dann war er auch wieder ein heitrer, froher Genosse.
Keiner vermochte so leicht gelernte Worte zu sprechen,
Niemals warst du allein, solange er hauste im Bauer.
Aber nicht ruhmlos sinkt er ins Grab: von assyrischem
                           Balsam
Duftet das Feuer, sizilischer Crocus, arabischer Weihrauch
Wehen vom zarten Gefieder, und nicht vom Alter
                           entkräftet,
Steigt er hinauf zu den duftenden Flammen als glücklicher
                           Phoenix.«

                           Richard Sebicht

113

Silvae II 5

Leo Mansuetus

Quid tibi constrata mansuescere profuit ira,
quid scelus humanasque animo dediscere caedes
imperiumque pati et domino parere minori?
quid, quod abire domo rursusque in claustra reverti
suetus et a capta iam sponte recedere praeda   5
insertasque manus laxo dimittere morsu?
occidis, altarum vastator docte ferarum,
non grege Massylo curvaque indagine clausus,
non formidato supra venabula saltu
incitus aut caeco foveae deceptus hiatu,   10
sed victus fugiente fera.   stat cardine aperto
infelix cavea; et clausas circum undique portas
hoc licuisse nefas placidi tumuere leones.
tum cunctis cecidere iubae, puduitque relatum
aspicere, et totas duxere in lumina frontes.   15

113

Wälder II 5

Der Tod des zahmen Löwen

Half es Dir etwa, die Wut zu verlieren,
  den Zahmen zu spielen
und zu verlernen, Verbrecher zu sein
  und Leute zu morden,
dafür die Herrschaft zu dulden
  und auf den Menschen zu hören?
Half es Dir, aus dem Käfig zu gehn,
  Dich rückwärts zu trollen
und die Beute fahren zu lassen
  und zwischen die Zähne
vorsichtig Hände zu nehmen
  und unverletzt zu entlassen?
Du zerrissest gewaltige Tiere
  und findest Dein Ende
nach der Dressur nicht durch den Spieß
  im finsteren Walde,
noch erliegst Du der Meute der Jäger
  und läufst in das Fangnetz
oder stürzest hinab in die Grube,
  die sie verdeckten,
nein, weil ein Tiger Dich biß!
  Dein Käfig steht offen, die zahmen
Löwen hinter den Gittern
  erzittern wegen des Mordes,
und sie senken die Mähne
  und mögen die Leiche nicht sehen,
und sie runzeln die Stirn
  und bedecken mit Falten die Augen.

at non te primo fusum novus obruit ictu
ille pudor: mansere animi, virtusque cadenti
a media iam morte redit, nec protinus omnes
terga dedere minae.   sicut sibi conscius alti
vulneris adversum moriens it miles in hostem   20
attollitque manum et ferro labente minatur,
sic piger ille gradu solitoque exutus honore
firmat hians oculos animamque hostemque requirit.
magna tamen subiti tecum solacia leti,
victe, feres, quod te maesti populusque patresque,   25
ceu notus caderes tristi gladiator harena,
ingemuere mori, magni quod Caesaris ora
inter tot Scythicas Libycasque et litore Rheni
et Pharia de gente feras, quas perdere vile est,
unius amissi tetigit iactura leonis.   30

Du aber zittertest nicht;
   und als Du vom Bisse getroffen
fielest, fiel die Dressur,
   Dein Mut trat mitten im Sterben
wieder hervor, und Dein Grimm
   war nicht die Grimasse des Flüchtlings,
sondern des Herrn, der die Herrschaft verlor,
   und taumelnden Schrittes
spanntest Du Augen und Sinn,
   um Deinen Gegner zu stellen.
Ebenso geht der Soldat
   todwund im Bewußtsein des Todes
auf den Feind zu und hebt die Hand
   und die wankende Klinge.
Freilich warst Du besiegt,
   doch nimm zum Trost für dein jähes
Ende, daß Volk und Senat Dein Tod bewegte;
   sie stöhnten,
so als stürzte zu Tod
   ein Gladiator mit Namen.
Selbst des Kaisers Gesicht war bewegt,
   und es schmerzte den hohen
Herrn der Verlust eines einzigen Tieres,
   er beklagte den Löwen,
als besäße er nicht einen Zwinger:
   ihm sandte in Menge
Raubtiere jegliches Land
   vom Rhein bis zum Nil und zum Dnjepr.

                    Rolf Engelsing

114

Silvae V 4

Somnus

Crimine quo merui, iuvenis placidissime divum,
quove errore miser, donis ut solus egerem,
Somne, tuis? tacet omne pecus volucresque feraeque
et simulant fessos curvata cacumina somnos,
nec trucibus fluviis idem sonus; occidit horror   5
aequoris, et terris maria adclinata quiescunt.
septima iam rediens Phoebe mihi respicit aegras
stare genas; totidem Oetaeae Paphiaeque revisunt
lampades et totiens nostros Tithonia questus
praeterit et gelido spargit miserata flagello.   10
unde ego sufficiam? non si mihi lumina mille
quae sacer alterna tantum statione tenebat
Argus et haud umquam vigilabat corpore toto.
at nunc, heu, si aliquis longa sub nocte puellae
bracchia nexa tenens ultro te, Somne, repellit,   15
inde veni; nec te totas infundere pennas

114

Wälder V 4

An den Schlaf

Mit welcher Schuld hab ich's verdient, du stiller
               Götterjüngling,
Mit welchem Fehl, ich Unglücklicher, daß deiner Gaben
               ich allein entbehr,
O Schlaf? Es schweigt alles Vieh und Vögel und Wild,
Und es scheinen müde gebeugt die Spitzen im Schlummer
               versunken.
Nicht tönt der wilden Flüsse gleicher Laut, vergangen ist
               das Toben
Der See, und die Meere, an die Lande gelehnt, sie ruhn.
Zum siebten Male schon sieht im Wiederkehrn Phoebe,
               wie mir die kranken
Lider starr'n; gleich viele Male sehen wieder es vom Oita
               und von Paphos
Die Leuchten, gleich oft auch zieht Tithonos' Gemahlin
               an meinen Klagen
Vorüber, und kühlenden Tau sprengt sie erbarmend von
               der Geißel.

Woher genügt mir die Kraft zu ertragen? Vergeblich –
               hätte ich auch die tausend Augen,
Die der Unselige im Wechsel doch nur auf Wacht hielt,
Argus, und darum nie wachen mußte mit seinem ganzen
               Leibe.
Doch jetzt, ach, wenn da einer in langer Nacht seines
               Mädchens
Arme, die umschlingenden, umfängt und gern dich,
               Schlaf, zurückscheucht,
Dorther komm! Nicht daß du mir das volle breitest, das
               Flügelpaar,

luminibus compello meis (hoc turba precatur
laetior); extremo me tange cacumine virgae
(sufficit), aut leviter suspenso poplite transi.

Auf meine Augen, dräng ich dich – das ist's, was die
                    Menge erfleht,
Die frohere –: mit der äußersten Spitze streife mich nur
                    des Stabes,
Schon genügt's – oder mit sacht erhobener Sohle schwebe
                    vorüber.

Bernhard Kytzler

115

I

Carminis incompti lusus lecture procaces,
  conveniens Latio pone supercilium.
non soror hoc habitat Phoebi, non Vesta sacello,
  nec quae de patrio vertice nata dea est,
sed ruber hortorum custos, membrosior aequo,   5
  qui tectum nullis vestibus inguen habet.
aut igitur tunicam parti praetende tegendae,
  aut quibus hanc oculis adspicis, ista lege.

116

II

Ludens haec ego teste te, Priape,
horto carmina digna, non libello,
scripsi non nimium laboriose.
nec Musas tamen, ut solent poetae,
ad non virgineum locum vocavi.   5
nam sensus mihi corque defuisset,
castas, Pierium chorum, sorores
auso ducere mentulam ad Priapi.
ergo quicquid id est, quod otiosus
templi parietibus tui notavi,   10
in partem accipias bonam, rogamus.

115

Willst du die derben Scherze dieser unvollkommnen Verse
            lesen,
bequeme dich und lege ab dein würdevolles Römerwesen.
Hier wird von Vesta nicht und von des Phoebus
            Schwester nicht gesungen,
und auch von jener Göttin nicht, die aus des Iovis Haupt
            entsprungen,
nein, dieser Tempel hier ist jenes roten Gartengottes Bleibe
mit seinem riesengroßen Glied und mit entblößtem
            Unterleibe.
So magst du deinen Mantel drüber werfen, willst du es
            verstecken,
wenn nicht, laß deine Augen sehn, was sie an diesem Ort
            entdecken!

Carl Fischer

116

Mit leichter Hand, Priapus, du bezeugst es mir,
schrieb ich im Spiel die anspruchslosen Verse hier
für deinen Garten nur und nicht für Bücher auch!
Und nicht die Musen, wie es sonst bei Dichtern Brauch,
rief ich an diesen Ort, den brave Mädchen meiden,
denn ungehörig wäre es und unbescheiden,
wollt ich der Musen Chor, dem keuschen Schwesternreigen,
des Gartengottes riesiges Gemächte zeigen.
Allein wie dem auch sei, was müßig meine Hände
im Scherz gekritzelt hier an deines Tempels Wände,
ich wünschte, daß es dennoch deinen Beifall fände!

Carl Fischer

117

III

Obscure poteram tibi dicere: "da mihi, quod tu
   des licet assidue, nil tamen inde perit.
da mihi, quod cupies frustra dare forsitan olim,
   cum tenet obsessas invida barba genas,
quodque Iovi dederat qui raptus ab alite sacra   5
   miscet amatori pocula grata suo,
quod virgo prima cupido dat nocte marito,
   dum timet alterius vulnus inepta loci."
simplicius multo est "da pedicare" Latine
   dicere. quid faciam? crassa Minerva mea est.   10

118

VI

Quod sum ligneus, ut vides, Priapus
et falx lignea ligneusque penis,
prendam te tamen et tenebo prensum
totamque hanc sine fraude, quantacunque est,
tormento citharaque tensiorem   5
ad costam tibi septimam recondam.

117

Wer da durch die Blume redet, der spricht so: »Gewähre
mir,
was du jederzeit gewähren kannst, und ohne daß dichs
reut!
Und gewähre, was vielleicht vergebens du gewährst, wenn
dir
jeder Tag auf deiner Wange ärgerlich den Bart erneut,
was dem Zeus gewährte, als der heilge Adler ihn geraubt,
jener Knabe, der dem Liebenden willkommnen Becher
beut,
was die Braut dem raschen Gatten in der ersten Nacht
erlaubt,
wenn sie andernorts unschickliche Verwundungen noch
scheut!«
Aber lieber spreche ich ganz offen, rede populär:
»Laß dich ficken!« Was denn? Meine Art ist eben ordinär.

Carl Fischer

118

Wenn als Priapus ich aus Holz bin, grundsolid,
die Sichel nur aus Holz ist, nur aus Holz mein Glied,
werd ich dich doch erwischen, werde es auch schaffen,
zur Gänze ohne Umstand diesen Riesengroßen,
wie eine Bogensehne, Zithersaite Straffen,
bis zu der siebten Rippe dir hineinzustoßen!

Carl Fischer

119

VII

Cum loquor, una mihi peccatur littera: nam Te
Pe-dico semper blaesaque lingua mihi est.

120

X

Insulsissima quid puella rides?
non me Praxiteles Scopasve fecit,
non sum Phidiaca manu politus;
sed lignum rude vilicus dolavit
et dixit mihi: "tu Priapus esto."   5
spectas me tamen et subinde rides?
nimirum tibi salsa res videtur
adstans inguinibus columna nostris.

121

XVIII

Commoditas haec est in nostro maxima pene,
laxa quod esse mihi femina nulla potest.

119

Immerzu versprech ich mich und statt »wer stiehlt, der
                                                    wird gezwickt«
sage ich »gefickt« – die Zunge ist da etwas ungeschickt.

Carl Fischer

120

Du albernes Geschöpf, was gibt es denn zu lachen?
Natürlich, weder Phidias noch Skopas machen,
auch kein Praxiteles, so wunderbare Sachen;
ein Bauer wars, der schnitzte mich aus trocknem Holz:
»Du sollst jetzt mein Priapus sein!« sprach er voll Stolz.
Nun schaust und kicherst heimlich du nach
                                            Mädchenbrauch;
kein Wunder ist es, und den Grund sag ich dir auch:
dich freut das riesengroße Ding da unterm Bauch!

Carl Fischer

121

Einen Riesenvorteil bietet dies mein Membrum jederzeit:
nie und nimmer ist ein weiblich Wesen jemals mir zu
                                                    weit!

Carl Fischer

122

XIX

Hic quando Telethusa circulatrix,
quae clunem tunica tegente nulla
altius altiusque motat,
crisabit tibi fluctuante lumbo?
haec sic non modo te, Priape, posset,   5
privignum quoque sed movere Phaedrae.

123

XXVII

Deliciae populi, magno notissima circo
  Quintia, vibratas docta movere nates,
cymbala cum crotalis, pruriginis arma, Priapo
  ponit et adducta tympana pulsa manu:
pro quibus, ut semper placeat spectantibus, orat,   5
  tentaque ad exemplum sit sua turba dei.

124

XXXI

Donec proterva nil mei manu carpes,
licebit ipsa sis pudicior Vesta.
sin, haec mei te ventris arma laxabunt,
exire ut ipse de tuo queas culo.

122

Wenn die Dirne Telethusa gar so geil
mit dem tunikaentblößten Hinterteil
auf und ab und hin und her zu wackeln weiß,
wird dir dann bei diesem Anblick nicht ganz heiß?
Doch, Priapus, nicht bei dir nur glüht der Sinn,
wahrlich, selbst der Stiefsohn Phaedras schmölze hin!

Carl Fischer

123

Liebling allen Volks, im Zirkus wohlbekannt bei allen
                                        Laffen,
Quintia, die so geschmeidig ihren frechen Hintern regt,
weiht Priapus hier die Zymbeln und die Kastagnetten,
                                        Waffen
ihrer Unzucht, samt den Trommeln, die man mit den
                                        Händen schlägt:
dafür bittet sie, daß sie gefalle jedem, der sie sieht,
daß Er allen ganz genauso steht wie dieses Gottes Glied.

Carl Fischer

124

Solange deine dreiste Hand sich hier bei mir nichts
                                        pflückt,
der Vesta Unschuld zu bewahren sicherlich dir glückt,
doch wenn, dann reißt dich diese Waffe unter meinem
                                        Wanst
so auf, daß du durch deinen eignen Hintern kriechen
                                        kannst.

Carl Fischer

125

XXXVIII

Simpliciter tibi me, quodcunque est, dicere oportet,
    natura est quoniam semper aperta mihi:
pedicare volo, tu vis decerpere poma;
    quod peto, si dederis, quod petis, accipies.

126

XLVIII

Quod partem madidam mei videtis,
per quam significor Priapus esse,
non ros est, mihi crede, nec pruina,
sed quod sponte sua solet remitti,
cum mens est pathicae memor puellae.   5

127

LXVIII

Rusticus indocte si quid dixisse videbor,
    da veniam: libros non lego, poma lego.
sed rudis hic dominum totiens audire legentem
    cogor Homereas edidicique notas.
ille vocat, quod nos psolen, ψολόεντα κεραυνόν,   5
    et quod nos culum, κουλεόν ille vocat.

125

Mir geziemt es, frei vor dir zu reden, nicht
herumzudrücken,
einfach bin ich von Natur, drum sprech ichs aus ganz
ungescheut:
ich will ficken, du indessen willst dir einen Apfel pflücken;
gib du mir, was ich begehre, nimm dir dann, was dich
erfreut!

Carl Fischer

126

Wenn ihr den Teil da, der mich zum Priapus macht,
gelegentlich ein wenig angefeuchtet seht,
so handelt es sich nicht um Reif und Tau der Nacht,
vielmehr um das, was ganz von selber vor sich geht,
hat an ein allzu reizend Mägdlein man gedacht!

Carl Fischer

127

Wenn meine Rede bäurisch dir erscheint entsprechend
meinem Wesen,
so bitte ich mir zu verzeihn: kann Bücher nicht, nur Äpfel
lesen.
Ich höre, ungebildet wie ich bin, den Herrn oft rezitieren
und kann als Laie auch aus dem Homer so manches
profitieren.
Spricht er vom »Flammenstrahl des Zeus«, wird er des
Gottes Penis meinen,
»durchbohrt den Feind von hinten«, er durchbohrt den
Hintern, will mir scheinen.

μεϱδαλέον certe nisi res non munda vocatur,
  et pediconum mentula merdalea est.
quod nisi Taenario placuisset Troica cunno
  mentula, quod caneret, non habuisset opus.   10
mentula Tantalidae bene si non nota fuisset,
  nil, senior Chryses quod quereretur, erat.
haec eadem socium tenera spoliavit amica,
  quaeque erat Aeacidae, maluit esse suam.
ille Pelethroniam cecinit miserabile carmen   15
  ad citharam, cithara tensior ipse sua.
nobilis hinc nata nempe incipit Ilias ira,
  principiumque sacri carminis illa fuit.
altera materia est error fallentis Ulixei;
  si verum quaeras, hunc quoque movit amor.   20
hic legitur radix, de qua flos aureus exit,
  quam cum μῶλυ vocat, mentula μῶλυ fuit.
hic legimus Circen Atlantiademque Calypson
  grandia Dulichii vasa petisse viri.

»Und also fand er da den Tod«, soll heißen: ist auf Kot
                                        getroffen,
was ja kein Wunder ist bei Päderastenschwänzen; ich red
                                        offen!
Und hätte nicht der Trojerpenis am Taenarerschoß
                                        Gefallen
gefunden, gäb es jenes Epos nicht, so wohlbekannt uns
                                        allen.
Und wäre nicht das große Glied, das tantalidische,
                                        gewesen,
wir würden nichts von Chryses' Trauer, jenes greisen
                                        Priesters, lesen.
Es raubte dem Gefährten die Geliebte, also geht die
                                        Sage,
aus diesem Grund hub jener an das pelethronische
                                        Geklage
und sang zu seiner Zither, so gespannt wie er, der lüstern
                                        grollte,
daß ihm, dem Aeakiden, man die Bettgenossin rauben
                                        wollte.
Und so beginnt die hehre Ilias gleich mit dem Zorne des
                                        Peliden,
am Anfang jenes Heldenliedes war sein Phallus
                                        unzufrieden.
Die Irrfahrt des Ulixes war ein anderes Begebnis,
und recht betrachtet war auch hier die Liebe wieder
                                        Grunderlebnis.
Man liest von einer Wurzel, daraus eine goldne Blume
                                        blühte,
die Moly heißt, bei uns spricht man in diesem Fall vom
                                        Mannesgliede.
Wir lesen Verse, die von Kirke und Kalypso uns
                                        vermelden,
von ihrer Sehnsucht nach dem ungeheuer großen Schwanz
                                        des Helden.

huius et Alcinoi mirata est filia membrum   25
  frondenti ramo vix potuisse tegi.
ad vetulam tamen ille suam properabat, et omnis
  mens erat in cunno, Penelopea, tuo:
quae sic casta manes, ut iam convivia visas
  utque fututorum sit tua plena domus.   30
e quibus ut scires quicunque valentior esset,
  haec es ad arrectos verba locuta procos:
"nemo meo melius nervum tendebat Ulixe,
  sive illi laterum sive erat artis opus.
qui quoniam periit, vos nunc intendite, qualem   35
  esse virum sciero, vir sit ut ille meus."
hac ego, Penelope, potui tibi lege placere,
  illo sed nondum tempore factus eram.

128

LXXIX

Priape, quod sis fascino gravis tento,
quod exprobravit hanc tibi suo versu
poeta noster, erubescere hoc noli:
non es poeta fascinosior nostro.

Und dieser gleiche Phallus, den ein vollbelaubter Zweig
kaum deckte,
durch seine Größe der Nausikaa Bewunderung erweckte.
Ihn selber aber zog es heim zu seiner Teuren, und er
dachte
bei Tag und Nacht an ihren Schoß, und was Penelope
wohl machte:
du aber warst indes so keusch, Gelage auf Gelag zu feiern
und fülltest den Palast mit einer Schar von wollustwilden
Freiern.
Doch um zu wissen, wer von ihnen wohl der allerstärkste
wäre,
hast also du gesprochen, sie gepackt bei ihrer Männerehre:
»Ach, keiner konnte besser als Ulixes den Gekrümmten
spannen,
seis seiner Meisterschaft zu Dank, seis dank der
Körperkraft, ihr Mannen;
indes, er schwand dahin, drum sollet ihrs versuchen, und
ich schwöre,
daß ich dem Leistungsfähigsten von euch als Gattin
angehöre!«
Für dich, Penelope, hätt ich den Sieg gewiß
davongetragen,
doch war ich leider, ach, noch nicht einmal gemacht in
jenen Tagen!

Carl Fischer

128

Daß, Priapus, dieser steife Phallus dich verschönt,
daß dich unser Dichter deshalb so frivol verhöhnt,
ist kein Grund, der ins Gesicht die rote Scham dir treibt:
phallischer ist keiner als der Dichter, der dies schreibt!

Carl Fischer

129

Epigrammata II 5

Ne valeam, si non totis, Deciane, diebus
  et tecum totis noctibus esse velim.
sed duo sunt quae nos disiungunt milia passum:
  quattuor haec fiunt, cum rediturus eam.
saepe domi non es, cum sis quoque, saepe negaris: 5
  vel tantum causis vel tibi saepe vacas.
te tamen ut videam, duo milia non piget ire;
  ut te non videam, quattuor ire piget.

130

Epigrammata III 63

Cotile, bellus homo es: dicunt hoc, Cotile, multi.
  audio: sed quid sit, dic mihi, bellus homo?
"bellus homo est, flexos qui digerit ordine crines,
  balsama qui semper, cinnama semper olet;
cantica qui Nili, qui Gaditana susurrat, 5
  qui movet in varios bracchia volsa modos;

129

Entschuldigung

So wahr ich lebe, Freund, ich wollte ganze Tage
und ganze Nächte bei dir sein,
um mich mit dir die ganzen Tage,
die ganzen Nächte zu erfreun.
Doch tausend Schritte sinds, die unsre Wohnung trennen,
und hundert wohl noch obendrein.
So weiß ich doch, daß ich am Ende
des langen Wegs dich zwanzigmal nicht fände.
Denn öfters bist du nicht zu Hause
und manchmal bist du's nicht für mich:
wenn nach dem langen Zirkelschmause
der kleinste Gast dir hinderlich.
Ich wollte, wie gesagt, gern tausend Schritte rennen,
dich, liebster Freund, dich sehn zu können:
doch, allzu weiter Freund, dich nicht zu sehn,
verdrießt michs, einen nur zu gehn!

Gotthold Ephraim Lessing

130

Der Gent

Du bist ein Gent: gar mancher so dich nennt!
Ich hör – doch sag: was ist ein Gent?
Ein Gent? Er zieht den Scheitel bis ins Genick,
bewegt die Arme mit besondrem Schick,
er liebt Pomade und ein stark Parfüm,
die neusten Schlager hörst du nur von ihm.

inter femineas tota qui luce cathedras
   desidet atque aliqua semper in aure sonat,
qui legit hinc illinc missas scribitque tabellas;
   pallia vicini qui refugit cubiti;   10
qui scit quam quis amet, qui per convivia currit,
   Hirpini veteres qui bene novit avos."
quid narras? hoc est, hoc est homo, Cotile, bellus?
   res pertricosa est, Cotile, bellus homo.

131

Epigrammata IV 71

Quaero diu totam, Safroni Rufe, per urbem,
   si qua puella neget: nulla puella negat.
tamquam fas non sit, tamquam sit turpe negare,
   tamquam non liceat: nulla puella negat.
casta igitur nulla est? sunt castae mille. quid ergo   5
   casta facit? non dat, non tamen illa negat.

In Boudoirs ist er zu Haus, da lauscht
man seinem Liebesflüstern gern, er tauscht
von hier und dort – sie fliegen ihm so zu –
aus zarter Hand manch duftig Billetdoux.
Und draußen er, der Löwe im Salon,
wenn er nur jemand streift, ruft er: Pardon!
Um jede Liebschaft weiß er dir Bescheid,
versäumt' er ein Diner, es tät ihm leid!
Beim Derbyrennen kennt er jedes Pferd
und Stall und Stammbaum und des Siegers Wert . . .
Was sagst du? Das, das ist ein Gent? Du mein!
Verflucht! Es ist nicht leicht, ein Gent zu sein!

Karl Belau

131

Ja und nein

Lange schon frag ich herum in ganz Rom, ob sich fände
                ein Mädchen,
  das sich der Liebe versag – aber es findet sich keins!
Wie wenn es Unrecht wäre und Schmach, sich je zu
                verweigern,
  wie wenn verboten es wär! Nicht eine einzge sagt nein!
Ist also keine hier keusch? – Zu Hunderten! – Aber was
                tun dann
  Keusche? – Sie geben wohl nicht, aber sie sagen nicht
                nein!

Karl Preisendanz

132

Epigrammata IV 81

Epigramma nostrum cum Fabulla legisset
negare nullam quo queror puellarum,
semel rogata bisque terque neglexit
preces amantis. iam, Fabulla, promitte:
negare iussi, pernegare non iussi.   5

133

Epigrammata XII 31

Hoc nemus, hi fontes, haec textilis umbra supini
    palmitis, hoc riguae ductile flumen aquae,
prataque nec bifero cessura rosaria Paesto,
    quodque viret Iani mense nec alget holus,
quaeque natat clusis anguilla domestica lymphis,   5
    quaeque gerit similes candida turris aves,
munera sunt dominae: post septima lustra reverso
    has Marcella domos parvaque regna dedit.
si mihi Nausicaa patrios concederet hortos,
    Alcinoo possem dicere: "malo meos."   10

132

Epigramme IV 81

Nachdem Fabulla dies Gedicht gelesen,
dreimal sie sagte nein auf alle Bitten
des Freundes! Aber jetzt sag ja, Fabulla!
Versagen hieß ich wohl, doch nicht auf Dauer!

Karl Preisendanz

133

Nach der Heimkehr

Hier das Wäldchen, die Quellen, die Schatten der dichten
    Rebenlaube, der Fluß, der uns bewässert die Flur,
Wiesen und Rosengesträuch, das zweimal erblüht wie zu
                    Pästum,
    Kohl, der im Januar grünt, dann auch den Frost
                    übersteht,
dort wird gezüchtet der Aal, hingleitend im sicheren
                    Becken,
    dort der getünchte Verschlag, der das Geflügel
                    umhegt ...
all das brachte die Liebste mir zu, als ich endlich nach
                    Haus kam:
    Heim und ein kleines Reich hat mir Marcella
                    geschenkt!
Wollte Nausikaa mir ihren Wundergarten verehren,
    spräche ich gleich zu ihr: »Mehr ist mein eigner mir
                    wert!«

Karl Preisendanz

134

Epigrammata I 19

Si memini, fuerant tibi quattuor, Aelia, dentes:
   expulit una duos tussis et una duos.
iam secura potes totis tussire diebus:
   nil istic quod agat tertia tussis habet.

135

Epigrammata I 28

Hesterno fetere mero qui credit Acerram,
   fallitur: in lucem semper Acerra bibit.

136

Epigrammata I 63

Quidquid agit Rufus, nihil est nisi Naevia Rufo.
   si gaudet, si flet, si tacet, hanc loquitur ...
scriberet hesterna patri cum luce salutem,
   "Naevia lux" inquit "Naevia lumen, have."

134

An die Elia

Vier Zähne hattest du, wo ich nicht unrecht bin;
Ein Husten nahm dir zwey, und zwey der ander hin:
Nun huste Tag für Tag, du darfst dich drum nicht grämen,
Der dritte Husten kan dir, Elia, nichts nehmen.

Martin Opitz

135

An den Brüschlern

Es ist falsch, Brüschler, daß dein mund
Von gestrigem Rausch noch solt stincken:
Du pflegest ja die nacht gantz rund
Biß an den morgen durch zu drincken.

Georg Rudolf Weckherlin

136

Stax

Corinnen denkt Herr Stax, Corinnen,
    Denn weiter denkt er nichts,
Vom Morgen an, bis zum Beginnen
    Des Mondenlichts.
Als er einmahl vor einer Weile
    An seinen Vater schrieb,
Schloß er den Brief mit dieser Zeile,
    Behalte mich, Corinna, lieb.

Ludwig Christoph Heinrich Hölty

137

Epigrammata VI 79

Tristis es et felix. sciat hoc Fortuna caveto:
ingratum dicet te, Lupe, si scierit.

138

Epigrammata X 47

Vitam quae faciant beatiorem,
iucundissime Martialis, haec sunt:
res non parta labore, sed relicta;
non ingratus ager, focus perennis;
lis numquam, toga rara, mens quieta;   5
vires ingenuae, salubre corpus;
prudens simplicitas, pares amici;
convictus facilis, sine arte mensa;
nox non ebria, sed soluta curis;
non tristis torus, et tamen pudicus;   10
somnus, qui faciat breves tenebras:
quod sis, esse velis nihilque malis;
summum nec metuas diem nec optes.

137

An Opim

Opim, wie viel ist dir beschehrt!
Du bist gesund und reich; und dennoch voller Klagen.
Was wird das Glück von deinem Undank sagen,
So bald es ihn erfährt?

Friedrich von Hagedorn

138

Epigramme X 47

Geliebter Martial, wünschst Du ein glücklich Leben,
So laß von Göttern Dir nur diese Dinge geben:
Ein angeerbtes Gut, nicht, das durch Müh erst nährt,
Ein nicht undankbar Feld, und immer eigner Heerd,
Nicht Streit und wenig Ruhm, ein ruhiges Gemüthe;
Ein immer heitrer Geist, und ein gesund Geblüte:
Der weisen Einfalt Glück, und gleicher Freunde Gunst,
Ein lieber heitrer Gast, ein Tisch ohn' alle Kunst,
Die Nacht von Sorgen frey, und keinem Wein beschweret;
Ein Weib, das Freude liebt, doch nicht Dein Bett entehret;
Ein Schlaf, bey welchem leicht die Nacht vorüber flieht,
Ein Herz, das nie von Wahn und eitler Hoffnung glüht:
Seyn, was man wünscht zu seyn, nie höhre Wünsche
                             nähren,
Und seinen letzten Tag nicht scheun, und nicht begehren.

Christian Felix Weiße

139

Epigrammata IV 64

Iuli iugera pauca Martialis
hortis Hesperidum beatiora
longo Ianiculi iugo recumbunt:
lati collibus eminent recessus
et planus modico tumore vertex   5
caelo perfruitur sereniore
et curvas nebula tegente valles
solus luce nitet peculiari:
puris leniter admoventur astris
celsae culmina delicata villae.   10
Hinc septem dominos videre montis
et totam licet aestimare Romam,
Albanos quoque Tusculosque colles
et quodcumque iacet sub urbe frigus,
Fidenas veteres brevesque Rubras,   15
et quod virgineo cruore gaudet
Annae pomiferum nemus Perennae.
Illinc Flaminiae Salariaeque
gestator patet essedo tacente,
ne blando rota sit molesta somno,   20
quem nec rumpere nauticum celeuma
nec clamor valet helciariorum,
cum sit tam prope Mulvius sacrumque
lapsae per Tiberim volent carinae.
Hoc rus, seu potius domus vocanda est,   25
commendat dominus: tuam putabis,
tam non invida tamque liberalis,
tam comi patet hospitalitate:

139

Epigramme IV 64

Des Julius Martialis kleines Gut,
reicher als der Hesperiden Gärten,
an des Janiculus langgestrecktem Hange ruht.
Breite Einschnitte sind den Hügeln eingelagert,
und der ebene Kamm mit mäßiger Wölbung
genießt stets heiteren Himmel,
und wenn der Nebel deckt die hohlen Täler,
er allein erglänzt dann noch im eigenen Licht.
Empor zu den klaren Sternen erheben sich linde
der hochragenden Villa reizvolle Giebel.
Von hier aus sieht man die sieben Herrenhügel,
ganz Rom kann man von hier ermessen,
auch die Albaner und die Tuskulaner Berge
und was immer dicht bei der Stadt an kühleren Stätten
                                                liegt,
Fidene, das uralte, und das nahe Saxa Rubra,
und der sich freut an jungfräulichem Blute,
der obstreiche Hain der Anna Perenna.
Von dort sieht man auf der Straße des Flaminius und
                                    auf dem Salzweg
den Reisenden, still ist sein Wagen,
daß kein Rad störe den sanften Schlaf,
den auch nicht zu unterbrechen ein Ruderkommando
noch der Lärm der Treidler zu beunruhigen vermag,
obwohl doch so nah ist die Milvische Brücke und den
                                                heiligen
Tiber entlang rasch dahingleiten die Kähne.
Dieses Gut – ein Herrenhaus ist es eher zu nennen –
gewinnt noch durch seinen Herrn: du fühlst dich zu
                                                Hause,
so wenig karg, so freigebig,
so voll freundlicher Gastlichkeit steht es offen.

credas Alcinoi pios Penates
aut facti modo divitis Molorchi.   30
Vos nunc omnia parva qui putatis,
centeno gelidum ligone Tibur
vel Praeneste domate pendulamque
uni dedite Setiam colono,
dum me iudice praeferantur istis   35
Iuli iugera pauca Martialis.

Du könntest glauben, hier sei des Alkinoos frommes Heim
oder das eines Molorchos, der eben reich geworden sei.
Ihr nun, die ihr das alles gering schätzet,
mit hundert Hacken bebaut nur das kühle Tibur
oder Praeneste, gebt nur den Hang
einem in Setia als Siedler:
Bin ich der Richter, dann ist vorzuziehen diesen
des Julius Martialis kleines Gut.

Bernhard Kytzler

140

Epistulae VII 4

Cum libros Galli legerem, quibus ille parenti
ausus de Cicerone dare est palmamque decusque,
lascivum inveni lusum Ciceronis et illo
spectandum ingenio, quo seria condidit et quo
humanis salibus multo varioque lepore   5
magnorum ostendit mentes gaudere virorum.
nam queritur, quod fraude mala frustratus amantem
paucula cenato sibi debita savia Tiro
tempore nocturno subtraxerit.   his ego lectis
"cur post haec", inquam, "nostros celamus amores   10
nullumque in medium timidi damus atque fatemur
Tironisque dolos, Tironis nosse fugaces
blanditias et furta novas addentia flammas?"

141

Epistulae VII 9

Ut laus est cerae, mollis cedensque sequatur
    si doctos digitos iussaque fiat opus
et nunc informet Martem castamve Minervam,
    nunc Venerem effingat, nunc Veneris puerum,
utque sacri fontes non sola incendia sistunt,   5
    saepe etiam flores vernaque prata iuvant,
sic hominum ingenium flecti ducique per artes
    non rigidas docta mobilitate decet.

140

Briefe VII 4

Als ich gelesen die Schrift des Gallus, worin er dem Vater
Wagt zu geben die Palme, den Rang vor Cicero, fand ich
Ciceros freie Gedichte, die ganz so würdig des Geistes,
Der das Ernsteste schuf und zeigte, wie größere Männer
Sich in gebildetem Witz, an bunten Scherzen erfreuten.
Denn er beklagt sich, daß bei Nacht dem Liebenden
              böslich
Die beim Mahl versprochenen wenigen lieblichen Küsse
Tiro geweigert. Da dacht' ich, als ich solches gelesen:
Was verberg' ich noch die eigenen Liebesgeschichten?
Tue sie furchtsamerweise nicht kund? Warum nicht
              gestehen,
Daß ich kenne des Tiro Betrug, sein fliehendes Stammeln,
Kenne die List, die stets nur neue Flammen erreget?

Helmut Kasten

141

Briefe VII 9

Wie zu loben das Wachs, das weich sich formet und
              fügsam,
Daß es in Künstlers Hand werde zum Werk, das er
              denkt,
Bald als Mars erscheine und bald als keusche Minerva,
Als der Venus Bild oder Cupidos Gestalt;
Wie der heilige Quell nicht nur die Flamme zu löschen,
Auch zu erfrischen dient Blumen und Auen im Lenz,
Also geziemet dem Geist ein vielfach bewegliches Leben,
Wie es die heitere Kunst bildend und schaffend gewährt!

Helmut Kasten

VERGINIUS RUFUS

142

Aus: Plinius,
Epistulae IX 19

Hic situs est Rufus, pulso qui Vindice quondam
imperium adseruit non sibi, sed patriae.

SENTIUS AUGURINUS

143

Aus: Plinius,
Epistulae IV 27

Canto carmina versibus minutis,
his olim quibus et meus Catullus
et Calvus veteresque.   sed quid ad me?
unus Plinius est mihi priores:
mavolt versiculos foro relicto   5
et quaerit, quod amet, putatque amari.
ille o Plinius, ille quot Catones!
i nunc, quisquis amas, amare noli.

Verginius Rufus

142

Aus: Plinius,
Briefe IX 19

Hier liegt Rufus, der einst, nachdem er den Vindex
geschlagen,
Nur seinem Vaterland, nicht sich die Herrschaft gewann.

Helmut Kasten

Sentius Augurinus

143

Aus: Plinius,
Briefe IV 27

In kurzen Strophen sing' ich Lieder
Wie mein Catull einst und mein Calvus
Und all die Alten. Doch was kümmert's mich?
Der eine Plinius ersetzt mir alle,
Der gern den Markt verläßt und lieber dichtet,
Der Liebe sucht und selbst auf Liebe hofft.
Wie viele Catos gehn auf dich, den einen!
Nun denn, wer liebt, der wag' es, nicht zu lieben!

Helmut Kasten

III
Spätantike

144

Ego nolo Caesar esse
ambulare per Britannos
latitare per recessus
Scythicas pati pruinas.

145

Ego nolo Florus esse
ambulare per tabernas,
latitare per popinas,
culices pati rutundos.

146

Animula vagula blandula,
hospes comesque corporis,
quae nunc abibis in loca
pallidula rigida nudula
nec ut soles dabis iocos.

5

144

Ich möchte nicht den Caesar spielen,
ziehen schweifend durch Britannien,
mich verstecken in den Wäldern,
in Skythien den Frost erleiden.

Karl Büchner

145

Ich möchte nicht den Florus spielen,
ziehen schweifend durch die Kneipen,
mich verstecken in den Küchen,
der runden Schnaken Stich erleiden.

Karl Büchner

146

Ach, Seelchen, armes Seelchen!
so lange meine gute Freundin,
so lange Leibes gute Wirthin,
wohin wirst du nun wandern?
auf welcher dunklen Strasse! –
nackt und bleich und blaß und zitternd –
wirst nimmer mehr nun, wie du pflegtest,
so artig mit mir tändeln!

Johann Gottfried Herder

147

Carmen

Tu genus omne deum, tu rerum causa vigorque,
Tu natura omnis, deus innumerabilis unus,
Tu sexu plenus toto, tibi nascitur olim
Hic deus, hic mundus, domus haec hominumque
                                        deumque,
Lucens, augusto stellatus flore iuventae.   5

148

Locus amoenus

Amnis ibat inter herbas valle fusus frigida,
Luce ridens calculorum, flore pictus herbido.
Caerulas superne laurus et virecta myrtea
Leniter motabat aura blandiente sibilo.
Subtus autem molle gramen flore pulcro creverat;   5
Et croco solum rubebat et lucebat liliis.
Tum nemus fragrabat omne violarum spiritu.
Inter ista dona veris gemmeasque gratias
Omnium regina odorum vel colorum lucifer

147

Gebet

Du bist jeglicher Gott, bist Grund und Kraft aller Dinge;
Du die ganze Natur; unzählig bist du und einzig;
Du bist von allem Geschlecht; du zeugtest vor Urzeit
Gott und Welt, das Haus für alle Menschen und Götter,
Leuchtend, besternt mit erhabenem Flor der ewigen
Jugend.

Ernst Robert Curtius

148

Locus amoenus

Zwischen grasigen Gefilden floß ein Strom durch kühles
Tal,
Ließ die Kieselsteine funkeln, war von Blütenflor
umsäumt.
Oben schwarze Lorbeersträucher und der Myrten grün
Gehölz
Ward bewegt vom sanften Lufthauch, der mit Schmeicheln
sie umweht.
Unten aber war des Rasens Pfühl zu schönem Flor
erblüht,
Krokus rötete den Boden, Lilie schuf ihn leuchtend weiß;
Doch den ganzen Hain erfüllte eines Veilchenteppichs
Duft.
Zwischen diesen Frühlingsgaben und der Knospen holder
Zier
Stand die Königin der Düfte, aller Farben Morgenstern:

Auriflora praeminebat flamma Diones, rosa.   10
Roscidum nemus rigebat inter uda gramina:
Fonte crebro murmurabant hinc et inde rivuli,
Quae fluenta labibunda guttis ibant lucidis.
Antra muscus et virentes intus hederae vinxerant.
Has per umbras omnis ales plus canora quam putes   15
Cantibus vernis strepebat et susurris dulcibus:
His loquentis murmur amnis concinebat frondibus,
Quis melos vocalis aurae musa zephyri moverat.
Sic euntem per virecta pulchra odora et musica
Ales amnis aura lucus flos et umbra iuverat.   20

Wie der Liebesgöttin Flamme ragt der Rose goldne Pracht,
Über feuchtem Rasen wölbte sich der Hain, von Tau
benetzt.
Viele Bächlein sprudeln murmelnd hier und dort aus
reichem Quell,
Strömen, gleiten, fluten, perlen in der Tropfen Lichterspiel.
Moose kleiden aus die Grotten, grüner Efeu rankt sich
hin,
Aller Vögel süße Lieder tönten durch den Schatten dort:
Mit des Stromes Murmelrede klang es aus dem Laub in
eins,
Denn des Zephyrs Muse hatte Melodienstrom erregt.
Wer durchwandelt jenen grünen Lustbezirk von Duft und
Klang,
Den hat Vogel, Hain und Windhauch, Schatten, Strom
und Blum erfreut.

Ernst Robert Curtius

149

Bissula

V

Bissula, trans gelidum stirpe et lare prosata Rhenum,
    conscia nascentis Bissula Danuvii,
capta manu, sed missa manu dominatur in eius
    deliciis, cuius bellica praeda fuit.   20
matre carens, nutricis egens nescit tamen erae
    imperium, (domini quae regit ipsa domum).
fortunae ac patriae quae nulla obprobria sensit,
    illico inexperto libera servitio,
sic Latiis mutata bonis, Germana maneret   25
    ut facies, oculos caerula, flava comas.
ambiguam modo lingua facit, modo forma puellam:
    haec Rheno genitam praedicat, haec Latio.

149

Bissula

Bissula – jenseits des Rheins lag kalt ihre Heimat und
Hausung;
  Wo die Donau entspringt, kannte sich Bissula aus.
Sklavin, doch frei dann geworden, herrscht heute sie über
die Freude
  Eben des Mannes, dem sie Beute geworden im Krieg.
Mutter und Amme verlor sie, und doch, nie hat sie die
Weisung
  Eines Gebieters gehört, »stets war sie Herrin im Haus«.
Wie das Geschick sie gekränkt, was die Heimat gelitten,
sie hat es
  Nie verspürt, sie war frei, eh sie die Knechtschaft
gefühlt.
Hat die römische Bildung sie auch verwandelt, im blauen
  Aug und im Blond ihres Haars blieb die Germanin
bestehn.
Wirr nur macht mich die Sprache und wieder die
Schönheit des Mädchens:
  Kündet die erste von Rom, diese verweist sie zum
Rhein.

Hermann Beckby

150

V

Delicium, blanditiae, ludus, amor, voluptas,
barbara, sed quae Latias vincis alumna pupas,   30
Bissula, nomen tenerae rusticulum puellae,
horridulum non solitis, sed domino venustum.

151

VI

Bissula nec ceris nec fuco imitabilis ullo
naturale decus fictae non commodat arti.
sandyx et cerusa, alias simulate puellas: 35
temperiem hanc vultus nescit manus.   ergo age, pictor,
puniceas confunde rosas et lilia misce,
quique erit ex illis color aeris, ipse sit oris.

152

Didoni

Infelix Dido, nulli bene nupta marito:
    hoc pereunte fugis, hoc fugiente peris.

150

Wonne du! Schmeichelndes Glück! O du Scherzspiel
neckischer Anmut!
 Wie die Barbarin doch Latiums Mädchen besiegt!
»Bissula!« Bäuerlich klingt für den Fremden der Name
des Kindes:
 Aber Ausonius tönt hold der berückende Klang.

Felix Dahn

151

Bissula, nimmer vermag dich mit Farben zu schildern der
Maler,
 Bleibt doch dem Bildnis verwehrt jener natürliche Reiz;
Bleiweiß und Mennig genügen, um andere Mädchen zu
malen,
 Aber an deinem Gesicht, ach, da versagt alle Kunst!
Lilien mische, so rate ich, Maler, und purpurne Rosen,
 Und wie sie beide erblühn, also auch male ihr Bild.

Carl Fischer

152

Dido

Unglückseelige Dido, mit keinem Manne gelingt dirs.
 Jener starb; du entflohst. Dieser entfliehet, du stirbst.

Johann Gottfried Herder

153

LXXXVIII

Deformem quidam te dicunt, Crispa: ego istud
    nescio: mi pulchra es, iudice me satis est.
quin etiam cupio, iunctus quia zelus amori est,
    ut videare aliis foeda, decora mihi.

154

LXXXIX

Sit mihi talis amica velim,
iurgia quae temere incipiat,
nec studeat quasi casta loqui;
pulcra procax petulante manu,
verbera quae ferat et regerat   5
caesaque ad oscula confugiat.
nam nisi moribus his fuerit:
casta modesta pudenter agens,
dicere abominor, uxor erit.

153

Verschiedene Urteile

Manche nörgeln, du seist gräßlich:
liebes Kind, das merk ich nicht.
Du bist schön und gar nicht häßlich,
das beschwör ich vor Gericht!
Lieb und Eifer sich verbinden,
darum wünsche ich sogar,
daß dich andre häßlich finden:
mir erscheinst du wunderbar!

Erich Fabian

154

Die ideale Freundin

Solch eine Freundin möchte ich umfassen,
die blind-verwegen Streit anfängt,
die nach der Keuschheit sich nicht drängt,
so schön wie frech und ausgelassen,
die Prügel nimmt und auszuteilen liebt
und dennoch heiße Küsse gibt.
Denn wenn sie andre Züge hat,
bescheiden, keusch und züchtig-fein,
weiß ich mir keinen andern Rat:
dann wird sie meine Gattin sein!

Erich Fabian

155

XL

Uxor, vivamus, quod viximus, et teneamus
　　nomina, quae primo sumpsimus in thalamo:
nec ferat ulla dies, ut commutemur in aevo,
　　quin tibi sim iuvenis tuque puella mihi.
Nestore sim quamvis provectior aemulaque annis　　5
　　vincas Cumanam tu quoque Deiphoben;
nos ignoremus, quid sit matura senectus.
　　scire aevi meritum, non numerare decet.

155

An die Gattin

Geliebte Gattin, laß uns weiterleben
und beibehalten unsre Kosenamen,
die wir uns einst im Brautgemach gegeben,
als wir im ersten Rausch zusammenkamen.

O möge niemals uns der Tag erscheinen,
der unser Älterwerden uns verrät!
Sieh stets in mir den Jüngling noch, den reinen,
der liebend vor dem schönen Mädchen steht!

Und trüge ich auch Nestors weiße Haare
und hättest du im Altersstreit besiegt
die runzelreiche älteste Sibylle –

uns kümmert weder trockne Zahlenfülle
noch Greisenalter, weil uns daran liegt,
Verdienste einzuschätzen, nicht die Jahre.

Erich Fabian

156

Epigrammata V

Parcus amator opum, blandorum victor honorum
  hic studia et Musis otia amica colo,
Iunius Ausoniae notus testudinis ales,
  quodque voluptati est, hinc capio atque fruor:
rura domus, rigui genuinis fontibus horti   5
  dulciaque imparium marmora Pieridum.
vivere sic placidamque iuvat proferre senectam,
  docta revolventem scripta virum veterum.

156

Epigramme 5

Sparsam liebend Besitz, die lockenden Ehren besiegend
pflege ich hier die Kunst, Muße den Musen so lieb,
Junius, der bekannte Schwan der ausonischen Leier,
und was Genuß mir schafft, nehm' und genieß' es von
hier:
Land und Haus, und von echten Quellen bewässerte
Gärten
und der süße Stein ungleicher Pieriden.
So erfreut es zu leben und friedliches Alter zu längen,
auf das gelehrte Werk schlagend des alten Geschlechts.

Karl Büchner

157

Fabulae XXVII

De Cornice et Urna

Ingentem sitiens cornix adspexerat urnam,
  quae minimam fundo continuisset aquam.
hanc enisa diu planis effundere campis,
  scilicet ut nimiam pelleret inde sitim,
postquam nulla viam virtus dedit, admovet omnes   5
  indignata nova calliditate dolos;
nam brevis immersis accrescens sponte lapillis
  potandi facilem praebuit unda viam.
viribus haec docuit quam sit prudentia maior,
  qua coeptum cornix explicuisset opus.   10

157

Fabeln 27

Kraft und Klugheit

Dursterfüllt war eine Krähe, als einen gewaltigen Krug sie
    Sah, der tief auf dem Grund   wenig Wasser nur barg.
Auszuschütten suchte sie lange das Naß auf dem Felde,
    Wollte löschen damit   ihren so schrecklichen Durst.
Doch keine Anstrengung half; da nahm unsre Krähe all
                 ihre
    Listen zusammen und fand   schlau einen ganz neuen
                 Weg:
Steinchen warf sie hinein, das Wasser stieg bald in die
                 Höhe
    Und gewährte ihr so   einen Zugang zum Trunk.
Deutlich zeigt diese Fabel: Klugheit ist größer als Stärke;
    Kaum hat die Kräh' sie genutzt,   schon war vollendet
                 das Werk.

Bernhard Kytzler

158

Fabulae XIV

De Simia

Iuppiter in toto quondam quaesiverat orbe,
    munera natorum quis meliora daret.
certatim ad regem currit genus omne ferarum,
    permixtumque homini cogitur ire pecus;
sed nec squamigeri desunt ad iurgia pisces   5
    vel quicquid volucrum purior aura vehit.
inter quos trepidae ducebant pignora matres,
    iudicio tanti discutienda dei.
tunc brevis informem traheret cum simia natum,
    ipsum etiam in risum compulit ire Iovem.   10
hanc tamen ante alios rupit turpissima vocem,
    dum generis crimen sic abolere cupit:
"Iuppiter hoc norit, maneat victoria si quem;
    iudicio superest omnibus iste meo."

158

Fabeln 14

Affenliebe

Einstmals ließ Jupiter über den ganzen Erdkreis hin
forschen,
  Welches von allem Getier   zeige die edelste Brut.
Rasch um die Wette rennt hin zum Herrscher ein jedes
der Tiere,
  Wilde mit jenen vermischt,   welche sich zähmte der
Mensch,
Schuppenbedeckte Fische fehlen nicht in dem Wettstreit,
  Auch nicht die Vögel der Luft,   wie sie der reine
Hauch trägt.
Aufgeregt führten heran ihre kleinen Kinder die Mütter,
  Schauen soll sie der Gott,   richten wird er ihren Wert.
Als aber gar eine winzige Äffin ihr häßliches Junges
  Anschleppt, wahrlich, da packt's   Jupiter selbst und er
lacht.
Sie, so scheußlich sie ist, ruft schnell doch vor allen den
andern,
  Um von ihrem Geschlecht   abzuwehren die Schmach:
»Jupiter wird es wohl wissen, auf wen der Sieg hier noch
wartet –
  Ich weiß bestimmt: Dies mein Kind   schlägt alle weit
aus dem Feld.«

Bernhard Kytzler

159

CIL IV 5092

Amoris ignes si sentires, mulio,
magi properares, ut videres Venerem ...
Bibisti; iamus! Prende lora et excute,
Pompeios defer, ubi dulcis est amor meus

160

CIL IV 4091

Quisquis amat valeat, pereat qui nescit amare,
bis tanto pereat, quisquis amare vetat

161

CIL IV 2461

Admiror, paries, te non cecidisse ruinis,
qui tot scriptorum taedia sustineas

159

O Maultiertreiber, spürtest du
der Liebe heißes Wehen,
du führest noch viel schneller zu,
um Venus selbst zu sehen!

Den hübschen Jungen hab ich lieb:
peitsch doch des Tieres Fell!
Den Zaum faß! Noch ein Peitschenhieb!
Du hast getrunken: schnell!

Fahr eilig nach Pompeji hin,
dort muß mein Süßer sein,
der liegt mir Tag und Nacht im Sinn,
ich sag ihm: Du bist mein!

Erich Fabian

160

Liebenden Segen und Heil! Nicht-Liebenden Fluch und
Verderben!
Doppelten Fluch über den, welcher die Liebe verfolgt!

Carl Fischer

161

Eines nur wundert mich, Mauer, daß du nicht längst
schon zerfallen:
Versen von Narrenhand hältst du wie lange noch stand?

Carl Fischer

162

Epithalamium de nuptiis Honorii Augusti X 65–68

Vivunt in Venerem frondes omnisque vicissim
felix arbor amat; nutant ad mutua palmae
foedera, populeo suspirat populus ictu
et platani platanis alnoque adsibilat alnus.

163

De raptu Proserpinae II 71–117

Viderat herboso sacrum de vertice vulgus   71
Aetna parens florum curvaque in valle sedentem
conpellat Zephyrum: "pater o gratissime veris,
qui mea lascivo regnas per prata meatu
semper et adsiduis inroras flatibus annum,   75
respice Nympharum coetus et celsa Tonantis
germina per nostros dignantia ludere campos.
nunc adsis faveasque, precor; nunc omnia fetu
pubescant virgulta velis, ut fertilis Hybla
invideat vincique suos non abnuat hortos.   80
quidquid turiferis spirat Panchaia silvis,
quidquid odoratus longe blanditur Hydaspes,

162

Hochzeitslied für Honorius Augustus

Zweige weih'n sich der Venus und Wechsel-Liebe beseeligt
Jeglichen Baum. Es neigen zum gegenseitigen Bunde
Sich die Palmen; es seufzt die Pappel beim Kusse der
Pappel;
Zu Platanen säuseln Platanen, zur Erle die Erle ...

Ungenannter Übersetzer

163

Der Raub der Proserpina

Schauend die göttliche Schaar vom kräuterduftenden
Gipfel
Spricht zum Zephyrus jetzt, der im schöngewundenen
Thal' ruht,
Enna, die Mutter der Blumen: »O holder Erzeuger des
Frühlings,
Der du in lüsternem Flug' durch meine Fluren regierest
Ewiglich, und das Jahr unermüdliches Hauches erquickest,
Siehe der Nymphen Schaar, und des Donnergottes erhabne
Sprößlinge, würdigend uns, in unsern Auen zu spielen!
Jetzt, ich bitte dich, hilf, und erfreue mich! Laß die
Gebüsche
Fröhlicher all' ersprießen, damit die gesegnete Hybla
Mich beneid', und besiegt erkenne die eigenen Gärten.
Was Panchaia haucht in Weihrauch athmenden Hainen,
Was in der Fern' Ergötzliches hegt der duft'ge Hydaspes,

quidquid ab extremis ales longaeva Sabaeis
colligit optato repetens exordia busto,
in venas disperge meas et flamine largo   85
rura fove.   merear divino pollice carpi
et nostris cupiant ornari numina sertis."
dixerat; ille novo madidantes nectare pinnas
concutit et glaebas fecundo rore maritat,
quaque volat vernus sequitur rubor; omnis in herbas
turget humus medioque patent convexa sereno.   91
sanguineo splendore rosas, vaccinia nigro
imbuit et dulci violas ferrugine pingit.
Parthica quae tantis variantur cingula gemmis
regales vinctura sinus? quae vellera tantum   95
ditibus Assyrii spumis fucantur aeni?
non tales volucer pandit Iunonius alas,
nec sic innumeros arcu mutante colores
incipiens redimitur hiemps, cum tramite flexo
semita discretis interviret umida nimbis.   100
forma loci superat flores: curvata tumore
parvo planities et mollibus edita clivis
creverat in collem; vivo de pumice fontes

Was der bejahrte Vogel von weitentlegnen Sabäern
Häuft, in ersehnter Flamm' ein neues Leben beginnend,
Dieß verströme durch mein Geäder, mit üppigerm
                                              Hauche
Schmeichle der Flur! Werth sey ich, daß göttliche Finger
                                              mich pflücken;
Und sich Göttinnen wünschen mit meinen Kränzen zu
                                              zieren.«

Sprach's. Und Jener erhebt das Gefieder, welches von
                                              frischem
Nektar troff, und befruchtet mit nährendem Thaue die
                                              Schollen.
Und wohin er nur fliegt, folgt Frühlingsglanz, das Gefilde
Schwillt allgrünend, es lacht in duftiger Heitre der
                                              Himmel.
Rosen kleidet er hell in Blut, Vaccinien färbt er
Schwarz und mit lieblichem Blau, dem dunkelnden, malt
                                              er Violen.
Welche Parthische Gürtel, um Prachtgewande zu binden,
Strahlen so bunt von Edelgestein? Welch Vließ von dem
                                              reichen
Schaume des Kessels geschminkt, des Assyrischen,
                                              schimmert so herrlich?
Nicht entfaltet die Fittige so der Junonische Vogel,
So nicht kränzt den beginnenden Regen der Bogen, in
                                              zahllos
Wechselnden Farben spielend, wann auf dem gebogenen
                                              Pfade
Zwischen getheiltem Gewölk die Straße fruchtend
                                              erblühet.

Doch die Blumen besiegt der Gegend Schöne. Die Ebne
Wand sich in sanften Erhöhungen fort, und mit blumigen
                                              Hängen
Stieg sie zum Hügel empor, und aus lebendigem Bimstein

roscida mobilibus lambebant gramina rivis,
silvaque torrentes ramorum frigore soles   105
temperat et medio brumam sibi vindicat aestu:
apta fretis abies, bellis accommoda cornus,
quercus amica Iovi, tumulos tectura cupressus,
ilex plena favis, venturi praescia laurus;
fluctuat hic denso crispata cacumine buxus,   110
hic hederae serpunt, hic pampinus induit ulmos.
haud procul inde lacus (Pergum dixere Sicani)
panditur et nemorum frondoso margine cinctus
vicinis pallescit aquis: admittit in altum
cernentes oculos et late pervius umor   115
ducit inoffensos liquido sub flumine visus
imaque perspicui prodit secreta profundi.

Netzten das thauige Grün die Quellen mit hüpfenden
                              Bächen.
Brennende Sonnen mildert ein Wald mit der Kühlung der
                              Zweige,
Welcher inmitten des Sommers des Winters Frische
                              behauptet.
Tannen, dem Meere bequem, und die kriegerische
                              Kornelle,
Eichen, dem Jupiter werth, Cypressen, die Gräber
                              beschattend,
Honig gefüllte Steineichen, der Lorbeer, kundig der
                              Zukunft,
Prangen; auch wogt hier zitternd mit dichtem Laube der
                              Buxbaum,
Hier schleicht Epheu, hier umwindet die Ulmen das
                              Weinlaub.
Nahe daran verbreitet ein See sich, (es nennen Sikaner
Pargus ihn) und umkränzt vom laubigen Borde der
                              Waldung
Bleicht er im nächsten Gewässer. Doch nimmt er die
                              spähenden Augen
Auf in die Tief'; es führen die weit durchdringlichen
                              Fluthen
Unter die klaren Wellen die ungehinderten Blicke,
Und verrathen das tiefste Geheimniß des lauteren
                              Grundes.

Georg Friedrich Messerschmid

164

De concha Serenae

Transferat huc liquidos fontes Heliconia Nais
et patulo conchae divitis orbe fluat;
namque latex doctae qui laverit ora Serenae
ultra Pegaseas numen habebit aquas.

164

Die Muschel der Serena

Hier in die offene Schale der köstlichen Muschel ergieße,
　Helicons Nymphe, mit Lust sprudelnd den lauteren
　　　　　Quell!
Denn im Born, worin Serena die sinnende Stirne
　Netzt, lebt ewig die Kraft heiliger Pegasus-Flut.

Georg von Wedekind

165

Hymnus

Deus, creator omnium
polique rector, vestiens
diem decoro lumine,
noctem soporis gratia,

Artus solutos ut quies   5
reddat laboris usui
mentesque fessas allevet
luctusque solvat anxios;

Grates peracto iam die
et noctis exortu preces,   10
voti reos ut adiuves,
hymnum canentes solvimus.

Te cordis ima concinant,
te vox canora concrepet,
te diligat castus amor,   15
te mens adoret sobria.

Ut, cum profunda clauserit
diem caligo noctium,
fides tenebras nesciat,
et nox fide reluceat.   20

Dormire mentem ne sinas,
dormire culpa noverit,
castos fides refrigerans
somni vaporem temperet.

Hymne

O Gott, du Schöpfer aller Welt,
des Himmels Lenker, der den Tag
mit schmuckem Licht bekleidet hat,
die Nacht mit Gnade tiefen Schlafs,

daß Ruhe den entspannten Leib
dem Gebrauch der Arbeit wiedergibt,
erhebt der Seele Mattigkeit,
beklommnes Jammern wieder löst,

Dank, da nun jetzt der Tag vollbracht
und beim Beginn der Nacht Gebet,
daß Hilfe bringst Erhörten du,
den Hymnus singend zahlen wir's.

Dich sing' des Herzens tiefster Grund,
dich schall der Stimme voller Ton,
dich liebe keusche Leidenschaft,
dich bete nüchtern an der Sinn,

daß wenn die tiefe Finsternis
der Nacht den Tag verschlossen hat,
der Glaube Dunkelheit nicht kennt
und Nacht vom Glauben widerstrahlt,

daß du den Geist nicht schlafen läßt,
doch zu schlafen lernt die böse Schuld,
der Glaube Keuschen Frische bringt,
des Schlafes Dünste lindert so:

Exuta sensu lubrico   25
te cordis alta somnient,
nec hostis invidi dolo
pavor quietos suscitet.

Christum rogemus et patrem,
Christi patrisque spiritum,   30
unum potens per omnia,
fove precantes, trinitas.

Entrückt der Sinne Schlüpfrigkeit
des Herzens Tiefe träume dich,
damit durch List des scheelen Feinds
der Schreck die Ruhenden nicht stört.

Zum Sohn, zum Vater beten wir,
zu Christi und des Vaters Geist:
das einzig Mächtige im All,
hör gnädig uns Dreieinigkeit.

Karl Büchner

166

De statua Veneris

In gremio Veneris quoddam genus herba virescit.
Sensit dura silex, quo foco exaestuet ignis.

167

In eum qui, cum senior dici nollet, multas sibi concubas faciebat et . . .

Accusas proprios cur longo ex tempore canos,
    Cum sis Phoenicis grandior a senio,
Et quotiens tardam quaeris celare senectam,
    Paelicibus multis te facis esse virum?
Incassum reparare putas hac fraude iuventam;   5
    Harum luxus agit, sis gravis ut senior.

166

Statue der Venus

Im Schoß der Venus sprießt
ein grünes Kraut hervor,
woraus du deutlich siehst:
der harte Stein sogar
ist sich darüber klar,
wo Feuer flammt empor!

Erich Fabian

167

An einen liebeshungrigen Greis

Warum klagst du denn schon lange
über deine grauen Haare?
Macht dein Greisentum dir bange,
weil so nah die Totenbahre?

Warum suchst du denn vergebens
Altersschwäche zu verhehlen?
Brauchst am Ende deines Lebens
keine Kraft herauszuquälen!

Willst dich ganz umsonst betrügen
und erschwindeln Jugendschein;
laß das Protzen und das Lügen,
mußt ein würdiger Alter sein!

Erich Fabian

168

De templo Veneris, quod ad muros
[extruendos dirutum est]

Caeduntur rastris veteris miracula templi
   Inque usum belli tecta sacrata ruunt.
Nam qua delectis volvuntur saxa catervis,
   Hac sunt murorum mox relocanda minis.
Pilati Mavors conpendia cepit Amoris: 5
   Per muros quaerit iam sua templa Venus!

168

Der Venustempel stürzt

Der alte Tempel, einst so wunderbar,
wird mit der Hacke jetzt zerschlagen,
und wo ein heiliges Gebäude war,
für rauhe Kriege abgetragen.

Wo man die Marmorsteine mit Gewalt
herunterwälzt in hellen Haufen,
da stehen trotzig-dicke Mauern bald,
und Krieger werden blutig raufen.

Die Liebe schwand, es triumphiert der Krieg.
Gewinn hat Mars davongetragen,
und Venus, ohne den gewohnten Sieg,
kann an der Mauer nur noch klagen!

Erich Fabian

169

Cras amet qui numquam amavit quique amavit cras amet.
   Ver novum, ver iam canorum: vere natus orbis est,
   Vere concordant amores, vere nubunt alites,
   Et nemus comam resolvit de maritis imbribus.
   Cras amorum copulatrix inter umbras arborum   5
   Inplicat casas virentis de flagello myrteo;
   Cras Dione iura dicit fulta sublimi throno.
Cras amet qui numquam amavit quique amavit cras amet.
   Tum cruore de superno spumeo pontus globo
   Caerulas inter catervas inter et bipedes equos   10
   Fecit undantem Dionem de marinis imbribus.
Cras amet qui numquam amavit quique amavit cras amet.
   Ipsa gemmis purpurantem pingit annum floribus,
   Ipsa surgentes papillas de Favoni spiritu
   Urget in notos penates, ipsa roris lucidi   15

Wer niemals liebte, liebe morgen,
auch morgen liebe, wer schon liebt!
   Frühling wieder, Frühlingslieder:
   Frühling unsre Welt gebar,
   Frühling, und die Liebe regt sich,
   Frühling heckt im Vogelnest.
   Und des Waldes Laubdach bräutlich
   sich dem Regen schon erschließt.
   Morgen wird der Liebe Herrin
   in der Bäume Schattenhain
   aus den frischen Myrtenzweigen
   ihre grünen Lauben baun.
   Morgen wird Dione hoch vom
   Thron verkünden ihr Gesetz.
Wer niemals liebte, liebe morgen,
auch morgen liebe, wer schon liebt!
   Ehdem ließ das Meer des Himmels
   Kind aus seinem Wogenschaum
   mitten zwischen blauen Scharen,
   mitten zwischen Wellenrossen,
   ließ Dione steigen aus der
   Tiefe seiner Wasserflut.
Wer niemals liebte, liebe morgen,
auch morgen liebe, wer schon liebt!
   Sie ists, die mit Blumenknospen
   schmückt das farbenbunte Jahr,
   sie ists, die der Knoten Schwellen
   in des Westwinds lauem Wehn
   in des Triebes Hüllen nötigt,
   sie ists die des hellen Taus,

Noctis aura quem relinquit spargit umentis aquas.
Emicant lacrimae trementes de caduco pondere:
Gutta praeceps orbe parvo sustinet casus suos.
En pudorem florulentae prodiderunt purpurae:
Umor ille, quem serenis astra rorant noctibus,   20
Mane virgineas papillas solvit umenti peplo.
Ipsa iussit mane totae virgines nubant rosae.
Facta patrio de cruore deque Amoris osculis,
Deque gemmis deque flammis deque solis purpuris,
Cras ruborem, qui latebat veste tectus ignea,   25
Unico marita voto non pudebit solvere.
Cras amet qui numquam amavit quique amavit cras amet.
Ipsa Nymphas diva luco iussit ire myrteo:
It puer comes puellis: nec tamen credi potest
Esse amorem feriatum, si sagittas vexerit.   30
Ite Nymphae, posuit arma, feriatus est Amor:
Iussus est inermis ire, nudus ire iussus est,
Neu quid arcu, neu sagitta, neu quid igne laederet.

den der Hauch der Nacht gespendet,
frische Feuchte ausgestreut.
Große Tränenperlen zittern
unter ihrer eignen Last:
halten sich nur in der Schwebe
durch die Kraft der runden Form.
Siehe, minder schamhaft öffnen
bunte Blumen ihren Kelch:
jene Feuchte, die den Sternen
in der lauen Nacht entsank,
morgen keusche Herzen aus der
nassen Blütenhülle löst.
Ja, die Göttin hieß, daß jede
Rose morgen sich vermählt.
Sie, aus Cypris Blut gewoben
und aus Amors Liebeskuß,
aus Juwelen und aus Flammen,
aus der Sonne hellem Glanz,
morgen soll die zarte Röte,
die der Knospe Hülle barg,
einem Gatten anvermählt, sie
ganz enthüllen ohne Scheu.
Wer niemals liebte, liebe morgen,
auch morgen liebe, wer schon liebt!
Alle Nymphen hieß die Göttin
ziehen in den Myrtenhain,
Amor soll die Mädchen führen,
keine doch verlaß sich drauf,
daß von seinem Tun er ruhe,
wenn er seine Pfeile trägt.
Kommt nur, Nymphen, Amor rastet,
hat die Waffen abgelegt!
Hat Befehl, jetzt waffenlos, und
hat Befehl, jetzt nackt zu gehn,
soll mit Bogen nicht, noch Pfeilen,
nicht mit seiner Fackel drohn.

Sed tamen, Nymphae, cavete, quod Cupido pulcher est:
Totus est in armis idem quando nudus est Amor.   35
Cras amet qui numquam amavit quique amavit cras amet.
"Compari Venus pudore mittit ad te virgines:
Una res est quam rogamus: cede, virgo Delia,
Ut nemus sit incruentum de ferinis stragibus.
Ipsa vellet te rogare, si pudicam flecteret,   40
Ipsa vellet ut venires, si deceret virginem.
Iam tribus choros videres feriatis noctibus
Congreges inter catervas ire per saltus tuos
Floreas inter coronas, myrteas inter casas.
Nec Ceres, nec Bacchus absunt, nec poetarum deus.   45
Continenter tota nox est perviglanda canticis:
Regnet in silvis Dione: tu recede Delia."
Cras amet qui numquam amavit quique amavit cras amet.
Iussit Hyblaeis tribunal stare diva floribus;
Praeses ipsa iura dicet, adsidebunt Gratiae.   50

Trotzdem hütet euch, ihr Nymphen,
denn Cupido ist auch schön.
Amor ist vollauf gerüstet,
auch wenn nackt der Bursche geht.
Wer niemals liebte, liebe morgen,
auch morgen liebe, wer schon liebt!
Dir an Zucht und Sitte ähnlich,
Venus Jungfraun zu dir schickt,
und um eines wir dich bitten:
fern bleib, keusche Delia,
daß den Hain kein Blut entweihe
des von dir erlegten Wilds,
daß sie grüne Lauben baue
über dieser Blütenau.
Gern hätt sie dich eingeladen,
wäre deine Strenge nicht,
gern hieß sie dich hier willkommen,
stünd es deiner Keuschheit an.
Jubelchöre sähst du dorten
drei geweihte Nächte lang,
fest umschlungen Paar um Paar in
deinem Haine sich ergehn
mitten zwischen Blütenkelchen,
mitten zwischen Myrtenlauben.
Ceres fehlt nicht, Bacchus fehlt nicht,
noch auch fehlt der Dichtkunst Gott.
Feierlich mit Liederklängen
wird die ganze Nacht durchwacht:
herrschen soll im Hain Dione,
ferne bleibe Delia!
Wer niemals liebte, liebe morgen,
auch morgen liebe, wer schon liebt!
Stellen hieß die Göttin ihren
Thron auf Hyblas Blütenau;
selber wird sie Recht hier sprechen,
von den Grazien umringt.

Hybla, totos funde flores, quidquid annus adtulit;
Hybla, florum sume vestem, quantus Aetnae campus
est.
Ruris hic erunt puellae vel puellae montium,
Quaeque silvas, quaeque lucos, quaeque fontes
incolunt.
Iussit omnes adsidere pueri mater alitis,   55
Cras amet qui numquam amavit quique amavit cras amet.

Desunt aliquot versus

Et recentibus vegentes ducat imbres floribus.
Cras erit quom primus Aether copulavit nuptias,
Ut pater totum crearet vernis annum nubibus,   60
In sinum maritus imber fluxit almae coniugis,
Unde fetus mixtus omnis aleret magno corpore.
Ipsa venas atque mentem permeanti spiritu
Intus occultis gubernat procreatrix viribus,
Perque caelum perque terras perque pontum
subditum   65
Pervium sui tenorem seminali tramite
Inbuit iussitque mundum nosse nascendi vias.
Cras amet qui numquam amavit quique amavit cras amet.
Ipsa Troianos nepotes in Latinos transtulit,

Hybla, schmücke dich mit Blumen,
wie ein ganzes Jahr sie beut,
Hybla, trag ein Kleid von Blüten,
wie des Ätna Hänge weit!
Kommt, ihr Töchter aus den Bergen
und ihr Töchter aus dem Tal,
die ihr auf den Fluren, in den
Wäldern und an Quellen wohnt!
Alle hieß des Flügelamor
Mutter niedersitzen jetzt,
und sie hieß die Mädchen, diesem
nackten Burschen nicht zu traun.
Wer niemals liebte, liebe morgen,
auch morgen liebe, wer schon liebt!
Morgen jährt der Tag sich wieder,
da sich Äther einst vermählt;
daß aus Frühlingswolken Leben
väterlich er schüf dem Jahr,
sank der Gatte als ein Regen
in der fruchtbarn Gattin Schoß,
bis aus ihrem Mutterleibe
jegliches Geschöpf erwuchs.
Und in jede Ader, jeden
Geist, mit ihres Odems Hauch
dringt sie ein, die Schaffende, aus
tief geheimer Lebenskraft.
· Und den Himmel und die Erde
und das unterworfne Meer
schon seit Ewigkeiten mit des
Samens Fruchtbarkeit sie tränkt,
und des Werdens Weg und Weise
sie die Welt begreifen ließ.
Wer niemals liebte, liebe morgen,
auch morgen liebe, wer schon liebt!
Sie wars, die nach Latium einstens
Trojas Enkel heimgeholt,

    Ipsa Laurentem puellam coniugem nato dedit,   70
    Moxque Marti de sacello dat pudicam virginem:
    Romuleas ipsa fecit cum Sabinis nuptias,
    Unde Ramnes et Quirites proque prole posterum
    Romuli matrem crearet et nepotem Caesarem.
Cras amet qui numquam amavit quique amavit cras
                    amet.   75

    Rura fecundat voluptas, rura Venerem sentiunt;
    Ipse Amor, puer Dionae, rure natus dicitur.
    Hunc, ager cum parturiret, ipsa suscepit sinu:
    Ipsa florum delicatis educavit osculis.
Cras amet qui numquam amavit quique amavit cras
                    amet.   80

    Ecce iam subter genestas explicant tauri latus:
    Quisque tutus quo tenetur coniugali foedere.
    Subter umbras cum maritis ecce balantum greges,
    Et canoras non tacere diva iussit alites.
    Iam loquaces ore rauco stagna cygni perstrepunt: 85
    Adsonat Terei puella subter umbras populi,

sie wars, die Laurentiums Tochter
ihrem Sohn zum Manne gab,
aus dem Tempel einst die keusche
Jungfrau zugeführt dem Mars.
Sie hat die Sabinerinnen
einst den Männern Roms vermählt,
schuf die Ramnen und Quiriten
und in spätren Zeiten die
Mutter auch des Romulus und
Caesars Adoptivsohn auch.
Wer niemals liebte, liebe morgen,
auch morgen liebe, wer schon liebt!
Und die Au befruchtet Wollust,
und die Au spürt Venus Werk;
Amor selbst, der Sohn Diones,
heißt es, sei ein Kind der Au.
Als die Mutter ihn empfangen,
kreißte ringsum alle Flur,
Venus zog ihn mit der Blumen
süßen Blütenküssen auf.
Wer niemals liebte, liebe morgen,
auch morgen liebe, wer schon liebt!
Sehet zwischen Ginsterbüschen
Stiere lagern starken Leibs,
alle sorglos im Vertrauen
auf der Gattenliebe Bund.
Und im Schatten, stets zu zweien,
seht der Schafe Herde dort,
und die Göttin auch die Vöglein
alle laut zu singen hieß:
selbst die Teiche hallen wider
von der Schwäne rauhem Ruf,
während Tereus' Freundin flötet
in der Pappeln Schattenhain,
ja, der Liebe Sehnsucht, scheint es,
klingt aus ihrem Liedermund,

Ut putes motus amoris ore dici musico,
Et neges queri sororem de marito barbaro.

Illa cantat: nos tacemus. Quando ver venit meum?
Quando fiam ut chelidon, et tacere desinam?   90
Perdidi Musam tacendo, nec me Phoebus respicit.
Sic Amyclas, cum tacerent, perdidit silentium.
Cras amet qui numquam amavit quique amavit cras amet.

nein, sie klagt nicht über ihres
Schwestermannes Grausamkeit.

Sie kann singen, ich muß schweigen;
wann wird Frühling auch für mich?
Wann ergreif ich meine Leier,
daß ich wieder singen kann?
Ich vergaß der Muse schweigend,
Phoebus achtet meiner nicht.
So auch ging Amyklas durch sein
Schweigen selber einst zugrund!
Wer niemals liebte, liebe morgen,
auch morgen liebe, wer schon liebt!

Carl Fischer

170

De Adventu Veris

Sentio, fugit hiemps; Zephyrisque animantibus orbem
   iam tepet Eurus aquis: sentio, fugit hiemps.
parturit omnis ager, persentit terra calores,
   germinibusque novis parturit omnis ager.
laeta virecta tument, folio sese induit arbor: 5
   vallibus apricis laeta virecta tument.
iam Philomela gemit modulis, Ityn impia mater
   oblatum mensis iam Philomela gemit.
monte tumultus aquae properat per levia saxa,
   et late resonat monte tumultus aquae.   10
floribus innumeris pingit sola flatus Eoi,
   Tempeaque exhalant floribus innumeris.
per cava saxa sonat pecudum mugitibus Echo,
   voxque repulsa iugis per cava saxa sonat.
vitea musta tument vicinas iuncta per ulmos;   15
   fronde maritata vitea musta tument.

170

Das Frühjahr kommt

Fort ist der Winter, ich spür's! Und Zephyr belebt rings
den Erdkreis,
   Schon bringt der Südwind das Naß: Fort ist der
Winter, ich spür's!
Frucht bringt hervor jedes Feld, die Erde empfindet die
Wärme,
   Mit frischer Knospen Schar   Frucht bringt hervor
jedes Feld.
Freudig knospet das Grün, es schmückt der Baum sich
mit Blättern,
   In den Tälern voll Licht   freudig knospet das Grün.
Schon die Nachtigall schluchzt uns ihr Lied, und die
ruchlose Mutter
   Bringt den Itys zu Tisch: Schon die Nachtigall
schluchzt.
Strudelnd vom Berg strömt das Naß über rund
geschliffene Steine,
   Und mit tönendem Schall   strudelnd vom Berg strömt
das Naß.
Blumen erblühn sonder Zahl, der Ostwind färbt alle
Gefilde,
   Duft erfüllt jedes Tal,   Blumen erblühn sonder Zahl.
Hin durch das hohle Gestein erschallt das Echo der
Herden,
   Hallt, gebrochen am Fels,   hin durch das hohle
Gestein.
Reben schwellen voll Wein, den stützenden Ulmen
verbunden,
   Mitten im bräutlichen Laub   Reben schwellen voll
Wein.

nota tigilla linit iam garrula luce chelidon;
    dum recolit nidos, nota tigilla linit.
sub platano viridi iucundat somnus in umbra,
    sertaque texuntur sub platano viridi.   20
tunc quoque dulce mori, tunc fila recurrite fusis:
    inter et amplexus tunc quoque dulce mori.

Zwischen den Ziegeln am Dach wirkt schon früh die
                                geschwätzige Schwalbe,
   Während sie baut sich ihr Nest   zwischen den Ziegeln
                               am Dach.
Grün der Platanen Geäst lädt ein im Schatten zum
                                Schlummer,
   Kränze zieren als Schmuck   grün der Platanen Geäst.
Süß wäre da selbst der Tod – spinnt rückwärts die Fäden
                               des Schicksals:
   In der Umarmung Genuß   süß wäre da selbst der Tod.

Bernhard Kytzler

171

De origine rosarum

Dicitur alma Venus, dum Martis vitat amores
   et pedibus nudis florea prata premit:
sacrilega placidas irrepsit spina per herbas
   et tenero plantas vulnere mox lacerat.
funditur inde cruor, vestitur spina rubore;   5
   quae scelus admisit, munus odoris habet.
sanguine cuncta rubent croceos dumeta per agros,
   et sancit vepres astra imitata rosa.
quid prodest, Cypris, Martem fugisse cruentum,
   cum tibi puniceo sanguine planta madet?   10
sanguineis Cytherea genis, sic crimina punis,
   uracem ut spinam flammea gemma tegat?
sic decuit doluisse deam, sic numen amorum,
   vindicet ut blandis vulnera muneribus!

171

Der Rosen Ursprung

Einst entzog sich, erzählt man, der Liebe des Mars die
erhabne
　Venus, und barfuß schritt über die Blumen sie hin.
Aber es hatte ins Gras ruchlos ein Dorn sich geschlichen
　Und er verwundete nun stechend den zierlichen Fuß.
Da fließt Blut aus der Wunde, da kleidet der Dorn sich in
Purpur.
　Der das Verbrechen beging freut sich der Gabe des
Dufts.
Rot färbt jeglicher Busch auf der blühenden Flur sich vom
Blute,
　Rosen, wie Sterne so schön, weihen ringsum das
Gestrüpp.
Kypris, was nützt es dir nun, dem blutigen Mars zu
entrinnen,
　Wenn nun Scharlach des Bluts doch aus der Sohle dir
tropft?
Ahndest du so, Cytherea, blutwangige, dieses Verbrechen,
　Daß du den bissigen Dorn krönst mit der Glut des
Rubins?
Dies ist dem göttlichen Schmerze gemäß und der Göttin
der Liebe,
　Daß sie für Wunden sogar nur mit Geschenken sich
rächt!

Wolf-Hartmut Friedrich

172

Per sordes gradior, sed sordis conscia non sum,
sic rosa in spinis nescit compungi mucrone.
piratae rapuerunt me gladio ferientis iniquo.
lenoni nunc vendita non violavi pudorem.
ni fletus luctus lacrimae de amissis essent,   5
nobilior me nulla, pater si nosset ubi essem.
regali genere et stirpe propagata piorum,
sed contemptam habeo et iubeor adeo laetari!
fige modum lacrimis curasque resolve dolorum,
redde oculos caelo atque animos ad sidera tolle!   10
mox aderit deus ille creator omnium et auctor,
non sinet hos fletus casso maerore relinqui.

Schreite ich auch durch Schmutz, so bleibe ich rein doch
vom Schmutze,
So wie inmitten der Dornen die Rose bleibt frei von dem
Stachel.
Räuber haben mich erst entrissen dem Schwert, das mich
angriff;
Bin nun vom Kuppler gekauft – doch nie verletzt' ich die
Keuschheit.
Müßt' ich nicht weinen und klagen um meine verlorenen
Eltern,
Würd'ger als ich wäre keine – wenn nur mein Vater mich
fände!
Königlich ist mein Stamm, ich stamme aus edlem
Geschlechte;
Niedrigkeit heißt nun mein Los – und dennoch soll ich
nun froh sein.
Du aber ende die Tränen, vergiß die Sorgen und
Schmerzen!
Himmelwärts richte die Augen, erheb' dein Gemüt zu den
Sternen:
Beistehn wird dir Gott, der Schöpfer und Lenker des
Weltalls;
Nicht in vergeblichem Leid läßt ER solche Tränen
vergehen.

173

Est domus in terris clara quae voce resultat.
ipsa domus resonat, tacitus sed non sonat hospes.
ambo tamen currunt, hospes simul et domus una.

174

Dulcis amica dei semper vicina profundis,
suave canens Musis, nigro perfusa colore
nuntia sum linguae digitis signata magistri.

175

Longa feror velox formosae filia silvae,
innumera pariter comitum stipata caterva.
curro vias multas, vestigia nulla relinquo.

176

Nos sumus, ad caelum quae scandimus alta petentes,
concordi fabrica quas unus conserit ordo.
quicumque alta petunt, per nos comitantur ad auras.

173

Steht auf Erden ein Haus, das hallt wider mit lautem
Erklingen.
Laut ertönt das Haus, doch schweigsam bleibt sein
Bewohner.
Beide bewegen sich fort, der Gast zugleich mit dem
Hause.

174

Liebliche Freundin des Ufers und stets benachbart der
Tiefe,
Sanften Tons für die Musen; mit schwarzer Farbe
bestrichen,
Bin ich Botin des Munds, von den Fingern des Meisters
geleitet.

175

Rasch zieh ich hin, die lange Tochter des herrlichen
Waldes,
Zahllos ist die Schar der Genossinnen, die mich begleiten;
Viele Wege durchlauf ich und lasse doch keinerlei Spuren.

176

Wir sind's, die himmelwärts steigend in höchste Höhen
aufstreben,
Uns verbindet als einendes Band harmonische Ordnung,
Wer auch immer zur Höhe hinstrebt – wir sind's, die ihn
leiten.

Bernhard Kytzler

Consolatio Philosophiae

I 3

Tunc me discussa liquerunt nocte tenebrae
  Luminibusque prior rediit vigor.
Ut, cum praecipiti glomerantur nubila Coro
  Nimbosisque polus stetit imbribus,
Sol latet ac nondum caelo venientibus astris,   5
  Desuper in terram nox funditur;
Hanc si Threicio Boreas emissus ab antro
  Verberet et clausum reseret diem,
Emicat et subito vibratus lumine Phoebus
  Mirantes oculos radiis ferit.   10

177

Trost der Philosophie

Nach der vertriebnen Nacht entwichen auch die Schatten,
Die meiner Augen sich bisher bemächtigt hatten.
Ich richtete das Haupt empor
Und sahe alles wie zuvor.
Wie, wenn der nasse West schnell ein Gewölke stellt,
Daß der Gesichtskreis sich verdunkelt,
Die Sonne sich verkriecht, kein Stern am Himmel funkelt
Und mit der Nacht die Furcht auf unsre Erde fällt!
Bis Aeolus die Winde lenket
Und uns von Norden oder Ost erst aufgeklärten Himmel
schenket,
Daß das mit neuem Glanz erwachte Sonnenlicht
In vor Verwunderung erstaunte Augen bricht.

Johann Gottfried Richter

178

II 5

Felix nimium prior aetas,
Contenta fidelibus arvis
Nec inerti perdita luxu,
Facili quae sera solebat
Ieiunia solvere glande.   5
Non Bacchica munera norant
Liquido confundere melle,
Nec lucida vellera Serum
Tyrio miscere veneno.
Somnos dabat herba salubres,   10
Potum quoque lubricus amnis,
Umbras altissima pinus.
Nondum maris alta secabat
Nec mercibus undique lectis
Nova litora viderat hospes.   15
Tunc classica saeva tacebant
Odiis neque fusus acerbis
Cruor horrida tinxerat arva.
Quid enim furor hosticus ulla
Vellet prior arma movere,   20
Cum vulnera saeva viderent
Nec praemia sanguinis ulla?
Utinam modo nostra redirent
In mores tempora priscos.
Sed saevior ignibus Aetnae   25
Fervens amor ardet habendi.
Heu primus quis fuit ille,
Auri qui pondera tecti
Gemmasque latere volentes
Pretiosa pericula fodit?   30

178

Beglückt sind die Zeiten der Väter,
Zufrieden mit treulichem Acker,
Verschont von träger Verschwendung,
Gewöhnt den verspäteten Hunger
Bequem mit Eicheln zu stillen.
Noch nicht verstanden sie Gaben
Des Bacchus mit Honig zu mischen,
Nicht leuchtend Gewebe der Serer
Mit tyrischem Safte zu färben.
Erquickenden Schlaf gab der Rasen,
Den Trank der hingleitende Waldstrom,
Den Schatten hochragende Fichten.
Noch nicht durchfuhren sie Meere
Mit weithin erlesenen Waren,
Ein fremdes Gestade zu schauen.
Noch schwiegen die wilden Trompeten,
Kein Blut vom bitteren Hasse
Vergossen färbte die Felder.
Wie hätte auch feindliches Wüten
Zuerst die Waffen ergriffen,
Wenn grausige Wunden sie sähen
Und nicht den Lohn dieses Blutes!
O daß doch unsere Zeiten
Zu früheren Sitten sich kehrten.
Doch wilder als Flammen des Ätna
Braust heiß die Begier zu besitzen.
O wehe, wer ist's, der zuerst einst
Des Goldes verborgene Lasten,
Juwelen, die gern sich verstecken,
Gefährliche Kostbarkeit aufgrub?

Eberhard Gothein

179

II 8

Quod mundus stabili fide
Concordes variat vices,
Quod pugnantia semina
Foedus perpetuum tenent,
Quod Phoebus roseum diem   5
Curru provehit aureo,
Ut quas duxerit Hesperos
Phoebe noctibus imperet,
Ut fluctus avidum mare
Certo fine coerceat,   10
Ne terris liceat vagis
Latos tendere terminos;
Hanc rerum seriem ligat
Terras ac pelagus regens
Et caelo imperitans amor.   15
Hic si frena remiserit,
Quidquid nunc amat invicem,
Bellum continuo geret,
Et quam nunc socia fide
Pulchris motibus incitant,   20
Certent solvere machinam.
Hic sancto populos quoque
Iunctos foedere continet,
Hic et coniugii sacrum
Castis nectit amoribus,   25
Hic fidis etiam sua
Dictat iura sodalibus.
O felix hominum genus,
Si vestros animos amor,
Quo caelum regitur, regat.   30

179

Daß die Welt mit beständger Treu
Eintracht mitten im Wechsel hält,
Daß im Zwist ihrer Keime doch
Stets das ewige Bündnis bleibt,
Daß mit goldnem Gespann herauf
Phöbus führet den rosigen Tag,
Und geleitet von Hesperus
Phöbe herrscht in duftiger Nacht,
Daß das gierige Meer die Flut
In gesicherten Grenzen hält,
Daß das Land nicht hinaus ins Meer
Seine Küsten zu schieben wagt;
Solche Ordnung der Dinge knüpft
Sie, die Länder und Meere lenkt,
Liebe, die Himmelsbeherrscherin!
Wenn sie lockert den straffen Zaum,
Fällt, was eben einander geliebt,
In beständigem Krieg sich an,
Und die Kräfte, die, wenn vereint,
Schön bewegen den Weltenbau,
Eifern jetzt zu zerstören ihn.
Sie umschließet den heiligen Bund,
Der die Völker vereinigt hält,
Und der Ehe geheiligten Schwur
Knüpft sie keusch in der Liebe fest,
So auch schreibt ihr hohes Gesetz
Hier die Treue den Freunden vor.
O glückseliges Menschengeschlecht,
Wenn die Liebe auch euren Geist
Lenkt, so wie sie den Himmel lenkt.

Eberhard Gothein

180

III 2

Quantas rerum flectat habenas
Natura potens, quibus inmensum
Legibus orbem provida servet
Stringatque ligans inresoluto
Singula nexu, placet arguto   5
Fidibus lentis promere cantu.
Quamvis poeni pulchra leones
Vincula gestent manibusque datas
Captent escas metuantque trucem
Soliti verbera ferre magistrum.   10
Si cruor horrida tinxerit ora,
Resides olim redeunt animi
Fremituque gravi meminere sui.
Laxant nodis colla solutis
Primusque lacer dente cruento   15
Domitor rabidas imbuit iras.
Quae canit altis garrula ramis
Ales, caveae clauditur antro;
Huic licet inlita pocula melle
Largasque dapes dulci studio   20
Ludens hominum cura ministret;
Si tamen arto saliens texto
Nemorum gratas viderit umbras,
Sparsas pedibus proterit escas,
Silvas tantum maestra requirit,   25
Silvas dulci voce susurrat.
Validis quondam viribus acta
Pronum flectit virga cacumen:
Hanc si curvans dextra remisit,
Recto spectat vertice caelum.   30
Cadit hesperias Phoebus in undas,
Sed secreto tramite rursus
Currum solitos vertit ad ortus.
Repetunt proprios quaeque recursus

180

Die du lenkst den Zügel der Schöpfung,
Mächt'ge Natur: Unendliche Räume
Sorglich zwingst du in ew'ge Gesetze,
Knüpfst in feste Knoten der Dinge
Unlösbar Band. Mit tönendem Sange
Nie matter Treue preise mein Lied dich.
Lang schleppt der Löwe die Last schöner Ketten,
Leckt die Hand, die ihm reicht sein Futter,
Feige scheut er, gewohnt der Peitsche,
Seines Herren drohende Blicke.
Doch netzt Blut ihm grausig den Rachen,
Dann kehrt zurück der verhaltene Mut ihm,
Laut aufbrüllend denket er seiner.
Seine Fesseln zersprengt der Nacken,
Und zerfleischt vom blutigen Zahn sinkt
Erstes Opfer des Zorns der Zwingherr.
Hoch in Zweigen girrte der Vogel,
Nun umschließt ihn des Käfigs Gefängnis;
Ihm reicht die Schale bestrichen mit Honig,
Reichlich Bissen voll freundlichem Eifer
Bietet ihm tändelnde Sorge der Menschen.
Aber hüpft er zum niederen Dache,
Schaut er die Schatten des heimischen Haines,
Mit den Füßen zerstreut er sein Futter;
Nach den Wäldern sehnt er sich traurig,
Nach den Wäldern sein süßes Singen.
Packt die kräftige Faust den Baumstamm,
Neigt zur Erde herab sich der Gipfel;
Läßt ihn los die krümmende Rechte,
Aufwärts steigt sein Scheitel zum Himmel.
Phöbus sinkt in nächtliche Wogen,
Aber zurück auf verborgenem Pfade
Führt den Wagen er wieder zum Aufgang.
So sucht alles die eigenen Bahnen,

Redituque suo singula gaudent;   35
Nec manet ulli traditus ordo,
Nisi quod fini iunxerit ortum
Stabilemque sui fecerit orbem.

Alles fühlt die Wonnen der Rückkehr.
Das nur bleibt in der ewigen Ordnung,
Was den Anfang eint mit dem Ende,
Was sich schließt zum gefestigten Kreise.

Eberhard Gothein

Anhang

Anmerkungen

CATO

1

7 Suovetaurilia: Opfer eines Schweines, eines Schafes und eines Stieres.

LUKREZ

2

1 Nachkommen des Aeneas, Römer.
11 favonius: dem Westwind Favonius zugehörig.

3

611 idaea: zum phrygischen Idagebirge gehörig.
629 Curetae: vom Dikte, einem Berg auf Kreta, stammende Ureinwohner der Insel.

BIBACULUS

4

1 Valerius Cato war der führende neoterische Dichter, als Poet wie als Gelehrter gleichermaßen bewundert.

CATULL

5

1 Licinius Calvus: ein befreundeter Dichter.

13

1 Falernerwein aus einer kampanischen Region, die für ihren besonders guten Wein berühmt war.

14

6 fides: personifizierte ›Treue‹ oder ›Zuverlässigkeit‹.

17

12.14 Idalium, Amathunta: zypriotische Örtlichkeiten, der Liebesgöttin heilig.

18

Mit Ausnahme der letzten Strophe ein von der griechischen Dichterin Sappho geschaffenes, von Catull lateinisch gefaßtes Gedicht.

19

5 Remus: Bruder des sagenhaften Stadtgründers Romulus.

20

4 hymenaeus: Hochzeitslied.
20 Hesperus: Abendstern.

VERGIL

27

Bucolica I: Huldigung an Octavian, den späteren Augustus, der, wie es heißt, dem durch Landenteignungen gefährdeten Dichter geholfen hat (vgl. V. 42–45).

28

Bucolica IV: Geburtslied auf einen wunderbaren Knaben, der als Heilsbringer eine neue Glückszeit heraufbringen soll. Seit 325 vielfach als Prophezeiung auf das Kommen Christi angesehen und christlich umgedeutet.

1 Sizilien ist die Geburtsstätte bukolischer Dichtung.
3.12 Asinius Pollio war Konsul des Jahres 42 v. Chr.
10 Lucina: römische Geburtsgöttin.
34–36 Mythologische Beispiele sagenhafter Kriegszüge: Tiphys, der Steuermann der Argo, des ersten Schiffes, mit dem Jason die Argonauten gegen Kolchis führte; Achilleus, der größte griechische Held vor Troja.

APPENDIX VERGILIANA

31

Für die Copa galt Vergil als Verfasser.

20 Bromius: »der Lärmende«, Beiname des Bacchus.

32

27 Ceres: Mehl, die gemahlene Gabe der Göttin der Feldfrucht
   Ceres.
52 Vulcanus und Vesta: Gott des Feuers und Göttin des Herdes.
113 Palladii: Der Göttin Pallas war der Ölbaum heilig.

HORAZ

33

1 Maecenas (um 70–8), dem durch die an den Anfang gestellte Na-
  mensnennung zugleich Gedicht, Buch und Odensammlung
  (Buch 1–3) gewidmet sind; der bekannte Förderer der Künste
  und Künstler (›Mäzen‹); Freund des Horaz wie des Augustus.
4 Die beiden Wendesäulen im Zirkus galt es möglichst eng zu um-
  fahren.
8 Die drei wichtigsten Stationen der römischen Ämterlaufbahn:
  Ädilität, Prätur, Konsulat.
12 Attalos III.: König von Pergamon, vererbte 133 Reich und Besitz
   an Rom.
14 Das Meer östlich der Peloponnes.
15 Das Meer zwischen den Inseln Samos und Ikaria.
19 Massikerwein vom Mons Massicus bei Sinuessa. Der Falerner
   wuchs im Norden des Volturnus.
33 Musennamen, hier Flöten- und Leierspiel bezeichnend.
34 »Lesbische« Leier als Hinweis auf die Anknüpfung der horazi-
   schen Lyrik an Sappho und Alkaios.

34

14f. Votivbilder wurden überaus häufig in antiken Tempeln (wie
   heute noch in südlichen Kirchen) als Dankgabe angebracht; hier
   stiftet der in der Liebe »Schiffbrüchige« seine Gewänder.

35

1 ff. Der Eingang des Gedichtes gestaltet nach Alkaios 338.
2 Freistehender auffälliger Berg nördlich Roms.
6 Thaliarch: »Festführer«.

36

2 Die chaldäische (babylonische) Astrologie war weithin berühmt und befragt.
6 Das Meer westlich von Italien. – Der Wein wurde wegen seines starken Bodensatzes in der Antike durch ein Sieb oder Seihtuch geklärt.

37

1 ff. Gestaltet nach Anakreon.
10 Marokkanisch bzw. afrikanisch.

38

1 f. Styx: Unterweltsfluß. – Tainaros: Schlucht an der Südspitze der Peloponnes, als Eingang zur Unterwelt angesehen.

39

1 f. Gestaltet nach Alkaios 332.
2 Die Salier ein kultischer Verein, begingen ihre Feste mit einer für die Götter ausgerichteten Mahlzeit.
7 Kleopatra.
20 Das Haimosgebirge bezeichnet Thessalien.

41

1 Septimius ist sonst nicht näher bekannt, die Identität mit dem ep. 1,9 und dem in der vita Hor. genannten S. bleibt offen.
2 Die Kantabrer in Nordspanien wurden 29 besiegt, doch erst 25 bis 19 völlig unterworfen.
5 Tiburnus: einer der drei Enkel des Amphiaraos und sagenhafter Gründer von Tibur.
11 Fluß in der Nähe von Tarent; die dort gezogenen Schafe wurden zum Schutz für ihre Wolle bedeckt gehalten.
12 Anführer der spartanischen Kolonisten, die um 705 Tarent gründeten.

14 Attischer Gebirgszug, berühmt durch blauen Marmor und besonders guten Honig.
16 Ort im fruchtbaren Tal des oberen Volturnus, dessen Öl besonders berühmt war.
18 Weinbaugebiet bei Tarent.

42

1 Sonst nicht bekannter Freund des Horaz.
7 Pluton als Herrscher der Unterwelt und Gebieter der Toten.
8 Geryon: Sohn des Chrysaor, dreiköpfiger Riese, von Herakles überwunden. – Tityos: Sohn der Gaia, dem zur Strafe wegen seines Vergehens an Leto in der Unterwelt Geier die Leber zerfleischten.
18 Cocytus: Unterweltsfluß. – Danaos: ägyptischer König, der seine Töchter, die Danaiden, in der Hochzeitsnacht ihre Männer töten ließ, die dafür zur Strafe in der Unterwelt Wasser in ein durchlöchertes Faß schöpfen müssen. Allein Hypermestra widersetzte sich dem grausigen Gebot.
20 Sisyphos: König von Korinth, der wegen eines Frevels gegen die Götter zur Strafe in der Unterwelt einen Felsblock in die Höhe wälzen mußte, der stets wieder herunterrollte.
23 Die Zypresse als den Göttern der Unterwelt geheiligter Baum, deren Zweige auch den Scheiterhaufen schmückten.
28 Die aufwendigen Mähler der römischen Priesterkollegien waren wegen ihres Luxus sprichwörtlich.

43

9f. Auf dem Marsfeld wurden die Wahlen für die öffentlichen Ämter abgehalten.
17 Anspielung auf die bekannte Erzählung, Dionys, der Tyrann von Syrakus, habe dem Damokles die dauernde Gefährdung eines Gewaltherrschers demonstriert, indem er ihm beim Festmahl über sein Haupt an einem dünnen Faden ein scharfes Schwert aufhängen ließ (Cicero, Tusc. 5,60).
27f. Der Frühuntergang des Sternes Arkturos am 22./23. Mai als Sturmzeichen ebenso wie der Spätaufgang der zwei Haedi genannten Sterne im Fuhrmann Ende September.
44 Die achaemenidischen Perserkönige als Inbegriff für Reichtum.

44

8 Ilia: die Mutter von Romulus und Remus.

45

1 ff. Möglicherweise wiedergefundene Quelle oberhalb der als Landsitz des Horaz angesehenen Villenreste bei Licenza.

46

10 Thrakischer Fluß (Maritza).
12 Thrakischer Berg (Despoto Dagh).

47

3 ff. Symbolische Niederlegung der dem Liebeskrieg dienenden Werkzeuge in einem Venustempel.
10 Memphis, alte Hauptstadt Unterägyptens und Kultort der Isis. – Sithonisch: thrakisch.

48

9 Die Vestalin.
10 Aufidus (Ofanto): Fluß in Apulien in der Nähe der Heimat des Horaz.
11 Daunus: sagenhafter süditalischer König.

49

2–4 Daidalos floh auf mit Wachs verbundenen Federschwingen von Kreta; sein Sohn Ikaros begleitete ihn, flog zu nahe an die Sonne heran, so daß das Wachs schmolz und er ins Meer stürzte, das nach ihm seinen Namen trug.
10 ff. Die Gattungen der Dichtungen Pindars: Dithyramben, Hymnen und Paiane, Epinikien (Siegeslieder) und Threnoi (Klagelieder).
16 Chimära: ein Mischwesen (Löwe, Ziege, Schlange), wurde von Bellerophon, der auf dem Flügelpferd Pegasus ritt, getötet.
17 Landschaft der Peloponnes, in der Olympia liegt.
25 Bei Pindars Heimat Theben fließt das Flüßchen Dirke.
26 Iullus Antonius: Sohn des Marcus Antonius und der Fulvia, geb. 44/43, von seiner Stiefmutter Octavia aufgezogen, 21 mit ihrer Tochter Octavia vermählt, Konsul 10, später Selbstmord im Zu-

sammenhang mit dem Fall der Julia. Schrieb ein Epos »Diomedias«.

27 Die Identifizierung des Matinus in Apulien oder Calabrien ist nicht sicher.

34 f. Im Triumphzug auf der Via Sacra zur Velia.

36 Der Triumphator hat Lorbeer auf dem Haupt und in der Hand; auch sein Wagen war damit geschmückt. – Die Sygambrer, ein germanischer Stamm an der Sieg, besiegten 16 den Legaten Lollius zusammen mit den Usipetern und Tenkterern, unterwarfen sich jedoch beim Kommen des Augustus.

43 f. Das Forum Roms war der Gerichtsplatz, jedoch durften an staatlichen Feiertagen keine Prozesse geführt werden.

50

3 Die isthmischen athletischen Wettkämpfe zählten zu den großen panhellenischen Spielen.

5 Achaisch: griechisch.

6 Laub des Lorbeerbaumes.

51

1 f. Augustus weilte 16–13 in Spanien, um teils militärische, teils organisatorische Aufgaben zu erfüllen.

31 f. Beim Nachtisch wurde den Laren geopfert; Augustus wird hier also den Hausgöttern beigesellt.

53

7 f. Zwei Bereiche der »Geschäfte«: Auf dem Forum fanden die Prozesse statt; am Morgen wurden die einflußreichen Bürger (*patroni*) von ihren Klienten begrüßt.

9 Die Reben wurden an Pappeln und Ulmen in die Höhe gezogen.

21 Priap: Gartengottheit; vgl. »Carmina Priapea«, S. 376, und dort Anm. zu 115–127.

22 Silvanus: Waldgottheit.

59 Fest des Terminus, des Gottes der Grenzgemarkung, am 23. Februar.

54

79 Die Fabel ist Aesop 297 und Babrius 108 überliefert. Horaz lockte das Aufeinanderprojizieren zweier Welten, wie so oft sonst und bei der Identitätsmetapher. Es ist als Travestie des

Menschlichen eine neue Möglichkeit der Fabel, die im übrigen
schon Ennius in die Satire eingeführt hatte.

109 Daß sie im Gegensatz zur Landmaus alles vorher kostet, soll
wohl ihre Naschhaftigkeit, nicht feines Benehmen (Sitte der
praegustatio erst später) bezeichnen.

114 Das Haus hallt wider von den großen Molosserhunden.

55

1 Phoebus: Beiname Apolls.

7 Die sieben Hügel Roms.

13 ff. Diana als Geburtsgöttin.

17 ff. Ehegesetze zur Förderung der Heiraten und Mehrung der Ge-
burten wurden 18 vom Senat erlassen.

29 Tellus: die Erdgöttin.

37 ff. Hinweis auf die Sage von der Neugründung Trojas in Rom
durch Aeneas und seine Nachkommen.

50 Augustus hier dem Aeneas angenähert, der selbst Sohn des An-
chises mit Venus war.

54 Alba Longa: die Mutterstadt Roms. – Die Beile in den Ruten-
bündeln der Liktoren bekundeten die Strafmacht der Amtsträ-
ger.

57–60 Vergöttlicht verstandene Wertbegriffe, die in der späteren
Kaiserzeit im öffentlichen Kult einen bedeutenden Platz beka-
men.

61–64 Die vier Fertigkeiten des Gottes: Seherkunst, Bogenkunst,
Dichtkunst, Heilkunst.

69 Algidus: Bergzug bei Rom mit Heiligtum der Diana; auf dem
Aventin stand der städtische Diana-Tempel.

70 Dem Priesterkollegium der Fünfzehn Männer oblag u. a. Hut,
Konsultation und Auslegung der Sibyllinischen Bücher.

PROPERZ

56

9 ff. Milanion: Sohn des Amphidamas, bezwang durch List Ata-
lante, Tochter des Arkaderkönigs Iasus. Sie wettete, im Schnell-
lauf ihre Freier besiegen zu können, und tötete die Unterlege-
nen. Milanion ließ nacheinander drei goldene Äpfel fallen, so
daß Atalante abgelenkt und er Sieger wurde.

24 Colchis als Heimatland der Hexerei.

57

1–6 Drei mythologische Beispiele schlafend ruhender Heroinen:
a) Ariadne, die Kreterin aus Knossos, von Theseus auf Naxos
verlassen; b) Andromeda, Tochter des Äthiopierkönigs Cepheus
und der Cassiope, war als Opfer für ein Meerungeheuer an einen
Felsen gekettet, jedoch von Perseus befreit worden; c) Edonerin,
aus Thrakien stammende Bacchantin.

19f. Argus: hundertäugiger Riese, bewachte die in eine Kuh ver-
wandelte Io.

60

3 Perugina: heute Perugia in Umbrien, wurde im Kampf zwischen
Antonius und Octavian 41/40 von diesem erobert.

61

20 Aganippa: Musenname und Musenquelle am Helikon.
21 Corinna: griechische Dichterin um 200 v. Chr.

62

15 Endymion: Jäger oder Hirte, Geliebter der Mondgöttin, die ihn
heimlich im Schlaf küßte.

63

8–10 Drei mythologische Beispiele unstillbaren Schmerzes: a) Nio-
be, Tochter des Tantalus, verlor wegen ihrer Überheblichkeit alle
ihre Kinder durch die Pfeile Apolls und der Artemis; b) Alkyone,
Tochter des Aiolos, wurde aufgrund ihrer Trauer um den ertrun-
kenen Keyx wie dieser in einen Vogel verwandelt (Königsfischer
und Möwe); c) Itys, Sohn des Thrakerkönigs Tereus und seiner
Frau Procne. Als Tereus die Schwester seiner Frau, Philomela,
verführte und ihre Zunge verstümmelte, um ihre Zeugenschaft zu
verhindern, teilte sie ihre Schmach der Schwester bildlich mit. Die
Frauen töteten Itys und setzten ihn seinem Vater zum Mahle vor.

65

11 Die sog. »Königin der Elegien«, *Regina Elegiarum*, eine der
Cornelia, der Stieftochter des Augustus, in den Mund gelegte

Abschiedsrede, die bereits Züge der Heroinen-Briefe Ovids vorwegnimmt.

18 Pluto als göttlicher Herrscher des Totenreiches.

19.21 Aeacus und Minos als Richter über die Toten im Jenseits.

23 ff. Beispiele für Büßer in der Unterwelt: Sisyphus mußte einen schweren Stein bergauf wälzen, der stets kurz vor dem Gipfel zurückrollte (»Sisyphus-Arbeit«); Ixion war, weil er Hera vergewaltigen wollte, auf ein Rad geflochten worden; Tantalus litt unter Hunger und Durst, doch Früchte und Wasser wichen vor ihm zurück (»Tantalus-Qualen«).

25 Cerberus: der dreiköpfige Höllenhund.

51 Erinnerung an die Sage, bei der Überführung der Göttin Magna Mater aus Kleinasien nach Rom sei das Schiff im Tiber steckengeblieben und nur durch eine Jungfrau (Claudia) fortzubewegen gewesen.

TIBULL

66

15 Ceres: Göttin der Feldfrucht.

18 Priapus: s. unter »Carmina Priapea«, S. 376, und dort Anm. zu 115–127.

20 Lares: Schutzgötter im römischen Haus und auf der Feldmark.

36 Pales: Hirtengöttin.

67

15.25 Siehe Anm. zu 66,20.

30 Marte favente: »mit günstigem Mars«, mit Hilfe des Kriegsgottes.

45 ff. Pax: der als Göttin personifizierte Frieden.

SULPICIA

69

3 Cytherea: Aphrodite von Kythere.

7 tabellis: mit Wachs überzogene Tafeln, die als Schreibmaterial und Brief dienten.

70

4 Arretino: heute Arezzo in Etrurien.

LYGDAMUS

75

1 Liber: Beiname des Bacchus.
16 Namen zweier Musenorte.
28 Gott der Unterwelt.

76

17 Amor: der Liebesgott.
19 Liber: Beiname des Bacchus.
19.22 Lyaeus: Beiname des Bacchus.
38 Lenaeus: Beiname des Bacchus.
39 ff. Theseus verließ Ariadne heimlich auf Naxos.
57 Naida: Metapher für ›Wasser‹.

NEMESIANUS

77

14 Maenalus: Gebirge in Arkadien, dem Pan heilig.
21 Semele wünschte, ihren Geliebten, den Gott Zeus, in seiner wahren Gestalt zu schauen, und verglühte in seinem Feuer; dieser rettete seinen Sohn Dionysos-Bacchus und trug ihn selbst in seinem Schenkel aus.
38 Lyaeus: Beiname des Bacchus.
66 Vgl. Anm. zu 14.

OVID

86

1 ff. Schilderung des Übergangs vom (heroischen) Hexameter zum (elegischen) Distichon mit dem nur jeweils fünf Versfüße zählenden Pentameter als zweitem Vers, so daß sich (V. 30) elf Versfüße ergeben.
7 ff. Aufzählung verkehrter Zuständigkeiten für die Gottheiten als Zeichen der »verkehrten Welt«.

87

11 Sameramis (Semiramis): aus Babylon, um 800 v. Chr., assyrische Königin.

12 Laïs: berühmte korinthische Hetäre.

88

23 Rhesos wurde mit seiner Truppe vor Troja im Schlaf erschlagen.

33 Briseïs wurde als Beute Achilles zuteil, der sie aber an Agamemnon abtreten mußte (»Zorn des Achilles« als Anfangsmotiv der *Ilias* des Homer).

37 Agamemnon und Cassandra.

39f. Ein von Homer berichteter Schwank erzählt, wie Hephaistos seine Gattin Aphrodite mit ihrem Liebhaber, dem Kriegsgott Ares (Mars), in einem Netz fing und beide so den Göttern zeigte.

89

11 Erycina: die Liebesgöttin als Herrin des Heiligtums zu Eryx bei Trapani auf Sizilien.

90

19f. Die Lapithen, ein nordthessalischer Stamm, kämpften gegen die aus Mensch- und Pferdleib gebildeten, trunken lüsternen Kentauren bei der Hochzeit ihres Königs Perithoos.

21f. Aeneas kämpfte gegen Turnus um Lavinia, die Tochter des Königs Latinus.

91

1 Sulmo: Ovids Geburtsort, Gebirgsstadt in Mittelitalien.

92

41 Nestor: der Älteste der Griechen vor Troja, stammte aus Pylos.

42 Tithonos: Bruder des Trojanerkönigs Priamos, wurde als anziehender Jüngling von der in ihn verliebten Göttin der Morgenröte Eos geraubt. Sie erbat von Zeus für ihren Geliebten Unsterblichkeit, vergaß aber, auch die ewige Jugend zu erbitten; er schwand dahin und wurde schließlich in eine Heuschrecke verwandelt.

61 Phemius: von Homer in der *Odyssee* gefeierter Sänger.

62 Thamyris wagte es, sich mit den Musen im Wettgesang zu messen, und verlor den Kampf sowie, als Strafe für seinen Hochmut, sein Augenlicht.

93

3 Paeligner: ein Stamm im Apennin.
15 Amor und Venus, nach ihrem Tempel in Amathus auf Zypern.

94

6 Ausonien: alter Name Italiens.
30 Lares: die römischen Hausgötter, denen die Nähe des Capitolinischen Jupiter nun auch nicht hilft.
33 Quirinus: Romulus.
66 Der mythische Heros Theseus wurde besonders von den athenischen Tragikern als Helfer der Schwachen und Streiter für Gerechtigkeit dargestellt.
75 Als Strafe für Verrat wurde Mettus durch voneinander abgewendete Pferde zerrissen.

95

7 Hister: die untere Donau.
27 Der Nil.
41 Hero und Leander: berühmtes Liebespaar; Leander ertrank, als er über den Hellespont zu Hero schwimmen wollte.
73 Acontius schrieb für Cydippe auf einen Apfel: »Ich schwöre, ich werde Acontius heiraten!« Als sie das (laut!) gelesen hatte, mußte sie ihren Schwur halten und die Ehe eingehen.

96

6 Ioles Vater Eurytos versprach seine Tochter dem, der ihn im Bogenschießen überträfe. Als er Herakles unterlag, hielt er sein Versprechen nicht. Der Heros tötete ihn und machte Iole zu seiner Konkubine. Darauf bezieht sich der Brief seiner Gattin Deianira.
25 Stheneleius: der Vater des Eurystheus; s. auch Anm. zu 45.
45 Eurystheus: lebenslanger Feind und Gebieter des Herakles, der diesem die berühmten zwölf Arbeiten auferlegte, die zu seinem Tod führen sollten, ihm jedoch Ruhm und schließlich die Aufnahme unter die Götter des Olymp brachten.

Eclogae Einsidlenses

100

18 Maenalos: Gebirge in Arkadien, dem Pan heilig.
23 Saturn als Herrscher der Goldenen Zeit. – Astraea: die zu den Gestirnen emporgestiegene ›Gerechtigkeit‹.
38 Lucina: römische Geburtsgöttin.

Calpurnius Siculus

101

22 Pales: römische Hirtengöttin, an deren Fest, dem 21. April, der Geburtstag der Stadt Rom gefeiert wurde.
24 Der Tarpejische Felsen, ein Teil des römischen Capitols.
66 Das Nilpferd.

Petron

103

2 Zeus/Jupiter nahm die Gestalt des Stieres, des Schwanes, des goldenen Regens an, um sich mit Europa, Leda und Danae zu vereinigen.

104

3 Schon Homer beschreibt den Berg Ida als Götterlager für die liebende Vereinigung von Zeus und Hera.

Statius

111

6 Iocus: personifizierte Gottheit des Scherzes.
55 Phasis: Fluß südlich des Kaukasus.
88 Ariadne, von Theseus heimlich auf Naxos verlassen und von Dionysos geheiratet; ihre Brautkrone wurde als Sternbild an den Himmel versetzt (»Nördliche Krone«).

112

21 Itys: s. Anm. zu 63 (8–10). Bistonius: thrakisch.

114

7 Phoebe: der Mond.

8 Oetaea: Gebirge in Südthessalien. – Paphia: Stadt auf Zypern. –
Leuchten von Oetaea und Paphia: Abend- und Morgenstern.

13 Argus: hundertäugiger Riese, Bewacher der Io (»Argus-Augen«).

Carmina Priapea

115

3 Artemis: lat. Diana, Schwester des Apoll, als Göttin der Jungfräu-
lichkeit verehrt. – Vesta: Göttin des Herdfeuers, Schutzgottheit
des römischen Hauses, Herrin der Vestalinnen.

4 Die jungfräuliche Göttin Pallas Athene ist der Sage nach aus dem
Haupt des Zeus entsprungen.

117

5 Der schöne Knabe Ganymed war vom Adler des Zeus in den
Olymp entführt worden, wo der Göttervater seinen Liebling zum
Mundschenk machte.

119

2f. Parodistische Aufzählung der drei größten griechischen Bild-
hauer.

121

6 Hippolytus wies das Liebesangebot seiner Stiefmutter Phaedra ab
(Josefsmotiv).

127

Homer-Parodie, in der Verse des großen Griechen absichtlich miß-
verständlich als Erotika aufgefaßt werden.

9 Paris von Troja: entführte die Helena.

11.12 Agamemnon: ein Nachkomme des Tantalus, beanspruchte vor
Troja die Kriegsgefangene Chryseis, Tochter des Chryses, als
Beute für sich.

14 Aeacides: Beiname Achills nach seiner Abstammung von Aeacus, einem Zeus-Sohn.

19 Ulyxes: lat. Form des Namens Odysseus.

22 Moly: ein Zauberkraut (*Odyssee* 10,302 ff.), von Priap mit *mentula* »Phallus« verwechselt.

23 Circe, eine Zauberin, und Calypso, eine Nymphe, konnten mit all ihren Reizen den heimwärtsstrebenden Odysseus nicht zurückhalten.

28 ff. Penelope: auf Ithaka wartende Gattin des Odysseus, veranstaltete unter den sie umwerbenden Freiern eine Bogenprobe: Sie sollten die gewaltige Waffe des Odysseus spannen, was sie allesamt nicht vermochten. Penelope hatte das so vorhergesehen, Priap aber mißdeutet diese Waffenprobe auf seine sehr eindeutige erotomanische Weise.

MARTIAL

133

9 In Homers *Odyssee* führt die Königstochter Nausicaa den schiffbrüchigen Odysseus in den Palast ihrer Eltern, der auch einen besonders herrlichen Garten besitzt.

139

2 Hesperiden: Hüterinnen eines sagenhaften Wundergartens mit goldenen Äpfeln.

3 Janiculus: Hügel gegenüber Rom auf der anderen Seite des Tiber.

17 Anna Perenna: Göttin, für die am 15. März in einem Hain bei Rom ein Fest gefeiert wurde.

29 Alcinous: von Homer in der *Odyssee* als reich und glücklich beschriebener König des fabelhaften Volkes der Phäaken.

PLINIUS DER JÜNGERE

140

In die Briefe eingestreute Gedichte des Autors. Die hier Cicero zugesprochene erotische Beziehung zu seinem Sekretär Tiro ist spätere Erfindung.

Sentius Augurinus

143

2 f. Catull und Calvus als führende Repräsentanten der Neoteriker-Schule im 1. Jh. v. Chr.

7 Cato als Repräsentant altrömischer Sittenstrenge.

Auson

152

1 Dido: Königin von Carthago, aus Sidon flüchtig, wo ihr Gatte ermordet worden war, hernach von ihrem Geliebten Aeneas verlassen; vgl. Vergil, *Aeneis* IV.

Pervigilium Veneris

169

7 Dione: griechischer Name der Venus.

38 Delia: nach dem Geburtsort Delos Name der jungfräulichen Göttin Artemis.

49 Hybla: Stadt und Berg in Ostsizilien.

70 Aeneas, Sohn der Liebesgöttin und des Anchises, heiratete nach der Zerstörung Trojas und langen Irrfahrten als zweite Gattin in Italien die Königstochter Lavinia.

71 Die Vestalin Rhea Silvia wurde nach der Sage Geliebte des Mars und Mutter von Romulus und Remus.

73 Ramnen / Quiriten: Teile der Bevölkerung Roms.

74 Octavian: der spätere Augustus, wurde von Caesar adoptiert und später als zweiter Romulus gefeiert.

86–88 Itys: s. Anm. zu 63 (8–10).

92 Amyklai: Stadt in Lakonien und in Latium.

Pentadius

170

7 Itys: s. Anm. zu 63 (8–10).

Dracontius

171

9 Cypris: Name der Venus nach der Insel Zypern.
11 Cytherea: Name der Venus nach der Insel Cythera.

Historia Apollonii Regis Tyri

172–176

Auf ein Klagelied der Hauptfigur folgen hier vier aus den von ihr
ihrem Vater gestellten Rätseln: 1 = Fluß und Fisch; 2 = Flöte;
3 = hölzernes Schiff; 4 = Leiter.

Boethius

177

7 Threicio: thrakisch.
  Boreas: der Nordwind; Aeolus (Übers.): der Gott, der die Winde
  regiert.

179

5 Phoebus: der Sonnengott.
7 Hesperus: der Abendstern.
8 Phoebe: der Mond.

Textnachweise

1

T/Ü: Karl Büchner: Die römische Lyrik. Texte, Übersetzungen, Interpretationen, Geschichte. Stuttgart: Reclam, 1976.

2–3

T: T. Lucreti Cari De rerum natura. Libri VI. Quintus rec. Joseph Martin. Leipzig: Teubner, ³1963.

Ü: (2) Wilhelm von Humboldts Werke. Hrsg. von Albert Leitzmann. Bd. 8: Übersetzungen. Berlin: B. Behr, 1909. S. 267 bis 269.

(3) August Wilhelm von Schlegels sämmtliche Werke. Hrsg. von Eduard Böcking. Bd. 3. Leipzig: Weidmann, 1846. S. 177 f.

4

T/Ü: Carmina Priapea. Gedichte an den Gartengott. Ausgew. und erl. von Bernhard Kytzler. Übers. von Carl Fischer. Zürich/München: Artemis-Verlag, 1978. S. 60 f.

5–26

T: Catulli Veronensis liber ed. Werner Eisenhut. Leipzig: Teubner, 1983.

Ü: (5, 7, 9, 10, 12, 14, 15, 16, 17, 19, 22, 24) Carl Fischer. – Neuübersetzung.

(6) Classische Blumenlese. Eine Auswahl von Hymnen, Oden, Liedern, Elegien, Idyllen, Gnomen und Epigrammen der Griechen und Römer nach den besten Verdeutschungen, theilweise neu bearbeitet mit Erklärungen für alle gebildeten Leser. Hrsg. von Eduard Mörike. Bd. 1. Stuttgart: Schweizerbart, 1840. S. 191.

(8) Römische Lyrik. Übertr. und mit Einleitungen von Eduard Mörike. Mit Anm. und Nachw. von Martin Ninck. Klosterberg/ Basel: Schwabe, 1946. S. 13.

(11, 23) Eduard Norden: Erstveröffentlichung aus dem Nachlaß.

(13, 21) Catull. Lat./Dt. Ed. Werner Eisenhut. München: Heimeran, ⁶1968. S. 19, 39.

(18) Catull: Sämtliche Gedichte. Lat./Dt. Hrsg. und übers. von Otto Weinreich. Zürich: Artemis-Verlag, 1969. S. 155.

(20) Johann Gottfried Herder: Sämmtliche Werke. Hrsg. von Bernhard Suphan. Bd. 15. Berlin: Weidmann, 1885. S. 503 bis 505.

(25, 26) Catull: Gedichte. Lat. und dt. von Rudolf Helm. 2., durchges. Aufl. bes. von Fritz Jurß. Berlin: Akademie-Verlag, 1971. S. 155, 157.

27–30

T: Vergil: Landleben. Bucolica, Georgica, Catalepton. Lat./Dt. Ed. Johannes und Maria Götte. Vergil-Viten ed. Karl Bayer. München/Zürich: Artemis-Verlag, ⁵1987.

Ü: (27) Des Publius Virgilius Maro Werke von Johann Heinrich Voß. In drei Bänden. Bd. 1: Ländliche Gedichte und Anhang. Braunschweig: Vieweg, 1799. Abdr. nach: Antike Lyrik. Hrsg. von Carl Fischer. München: Winkler, 1964. S. 536–538.

(28, 30) T: S. 45–49, 141–145.

(29) Antike Dichtungen in deutschem Gewande. Von Günther Koch. Hrsg. und mit Beiträgen vers. von Eduard Norden. Stuttgart/Berlin: J. G. Cotta, 1908. S. 82.

31–32

T: Appendix Vergiliana sive Carmina minora Vergilio adtributa. Rec. et adnotatione critica instr. Robinson Ellis. Oxford: Clarendon Press, 1907. ⁵1955.

Ü: (31) Emanuel Geibel: Classisches Liederbuch der Griechen und Römer in deutscher Nachdichtung. Berlin: Hertz, 1879. S. 106–108.

(32) Richard Heinze. In: Die Antike. Hrsg. von W. Schadewaldt [u. a.]. Bd. 15. Berlin: de Gruyter, 1939. Abdr. nach: Antike Lyrik. Hrsg. von Carl Fischer. München: Winkler, 1964. S. 552.

33–55

T: Quintus Horatius Flaccus: Sämtliche Gedichte. Lat./Dt. Hrsg. von Bernhard Kytzler. Stuttgart: Reclam, 1992. [Auf der Grundlage der Ausgabe von Friedrich Klingner, Leipzig: Teubner, ^{6}1982.]

Ü: (33, 45) Johann Gottfried Herder: Sämmtliche Werke. Hrsg. von Bernhard Suphan. Bd. 26. Berlin: Weidmann, 1882. S. 220, 224.

(34, 36, 37, 40, 47, 52, 53) T: S. 19–21, 31 f., 55 f., 79 f., 191 f., 235, 261–265.

(35) August Graf von Platens sämtliche Werke in zwölf Bänden. Hist.-krit. Ausg. mit Einschluß des handschriftlichen Nachlasses. Hrsg. von Max Koch und Erich Petzet. Bd. 7: Übersetzungen / Zweifelhaftes und Unechtes. Leipzig 1920. Abdr. nach: Horst Rüdiger: Lateinische Gedichte. München: Heimeran, 1937. S. 105–107.

(38) Gotthold Ephraim Lessings sämtliche Schriften. Hrsg. von Karl Lachmann. 3., durchges. und verm. Aufl. bes. durch Franz Muncker. Bd. 5. Stuttgart: Göschen, 1890. S. 199 f.

(39, 42, 55) Classische Blumenlese. Eine Auswahl [. . .] für alle gebildeten Leser. Hrsg. von Eduard Mörike. Bd. 1. Stuttgart: Schweizerbart, 1840. S. 211 f., 214 f., 230–233.

(41, 55) Friedrich Hölderlin: Sämtliche Werke. Bd. 5: Übersetzungen. Hrsg. von Friedrich Beißner. Stuttgart: W. Kohlhammer, 1952. S. 324 f., 326.

(43) Rudolf Alexander Schröder: Gesammelte Werke in 5 Bänden. Bd. 5: Vergil, Horaz. Deutsch. Berlin / Frankfurt a. M.: Suhrkamp, 1952. S. 205 f.

(44) Emanuel Geibel: Classisches Liederbuch der Griechen und Römer in deutscher Nachbildung. Berlin: Hertz, 1879. S. 205 f. Abdr. nach: Horst Rüdiger: Lateinische Gedichte. München: Heimeran, 1937. S. 135.

(46) Novalis: Schriften. Bd. 1: Das dichterische Werk. Hrsg. von Paul Kluckhorn und Richard Samuel unter Mitarb. von Heinz Ritter und Gerhard Schulz. Darmstadt: Wissenschaftliche Buchgesellschaft, 1960. S. 406. [Bruchstück.]

(48) Martin Opitz: Acht Bücher deutscher Poematum. Breslau 1625. S. 244. Abdr. nach: Horst Rüdiger: Lateinische Gedichte. München: Heimeran, 1937. S. 99–101.

(49) Friedrich Gottlieb Klopstock: Ausgewählte Werke. Hrsg. von Karl August Schleiden. Nachw. von Friedrich Georg Jünger. Darmstadt: Wissenschaftliche Buchgesellschaft, 1962. S. 1205 f.

(51) Eduard Norden: Die Geburt des Kindes. Geschichte einer religiösen Idee. Leipzig: Teubner, 1924. S. 162.

(54) Antike Dichtungen in deutschem Gewande. Von Günther Koch. Hrsg. und mit Beiträgen vers. von Eduard Norden. Stuttgart/Berlin: J. G. Cotta, 1908. S. 95. [Bruchstück.]

56–65

T: Properz: Gedichte. Lat. und dt. von Rudolf Helm. Berlin: Aufbau-Verlag, 1965.

Ü: (56, 57, 59, 60, 64, 65) T: S. 21–23, 25–27, 59, 59–61, 187–189, 241–245.

(58) Martin Opitz: Das fünfte Buch der poetischen Wälder. Abdr. nach: Antike Lyrik. Hrsg. von Carl Fischer. München: Winkler, 1964. S. 653.

(61) Emanuel Geibel: Classisches Liederbuch der Griechen und Römer in deutscher Nachbildung. Berlin: Hertz, 1879. S. 91 bis 93.

(62) Erich Fabian: Liebeslieder der Antike. Rostock: Hinstorff, 1963. S. 189–191.

(63) Elegien des Properz. Von Karl Ludwig von Knebel. Leipzig: Reclam, [um 1910]. S. 85 f. [Neudr. der Ausg. von 1830.]

66–68

T: Albii Tibulli aliorumque carminum libri tres. Tertium edd. Fridericus Waltharius Lenz et Godehardus Carolus Galinsky. Leiden: Brill, 1971.

Ü: (66, 67) Classische Blumenlese. Eine Auswahl [. . .] für alle gebildeten Leser. Hrsg. von Eduard Mörike. Stuttgart: Schweizerbart, 1840. Abdr. nach: Antike Lyrik. Hrsg. von Carl Fischer. München: Winkler, 1964. S. 622 f.

(68) Tibull: Gedichte. Lat. und dt. von Rudolf Helm. Berlin/Weimar: Aufbau-Verlag, ⁶1986. S. 61–65.

69–74

T: Albii Tibulli aliorumque carminum libri tres. Tertium edd. Fridericus Waltharius Lenz et Godehardus Carolus Galinsky. Leiden: Brill, 1971

Ü: (69, 73, 74) Heinrich Leuthold: Gesammelte Dichtungen in 3 Bänden. Bd. 2. Frauenfeld: Huber, 1914. S. 21 f.

(70, 71) Karl Preisendanz: Latinische Gärten. Wiesbaden: Insel-Verlag, 1951. S. 36 f.

(72) Tibull und sein Kreis. Lat./dt. Hrsg. von Wilhelm Willige. München: Heimeran, 1960. S. 137 ff.

75–76

T: Tibull und sein Kreis. Lat./dt. Hrsg. von Wilhelm Willige. München: Heimeran, 1960.

Ü: (75) T: S. 95–97.

(76) Johann Caspar Friedrich Manso. In: Johann Friedrich Degen: Versuch einer vollständigen Litteratur der deutschen Übersetzungen der Römer. 2 Bde. Altenburg: Academische Buchhandlung, 1794. 1797. Abdr. nach: Antike Lyrik. Hrsg. von Carl Fischer. München: Winkler, 1964. S. 639.

77

T: Poetae Latini minores. Rec. et emend. Aemilius Baehrens. Bd. 3. Leipzig: Teubner, 1881.

Ü: Die Hirtenflöte. Bukolische Dichtungen von Vergil bis Geßner. Hrsg. von Harry Schnur. Leipzig: Reclam, 1978. S. 53–55.

78–84

T: Babrius and Phaedrus. Newly ed. and transl. into English, together with an historical introduction and a comprehensive survey of Greek and Latin fables in the aesopic tradition by Ben Edwin Perry. London / Cambridge (Mass.): Heinemann / Harvard University Press, 1965.

Ü: (79, 80, 81) Ludwig Mader: Antike Fabeln. Zürich: Artemis-Verlag, 1951. S. 169, 173, 222.

(82) J. G. Gericke. Phaeders Äsopische Fabeln. Breslau: W. G. Korn, 1788. Abdr. nach: Antike Lyrik. Hrsg. von Carl Fischer. München: Winkler, 1964. S. 751.

(83, 84, 85) Rolf Engelsing (Hrsg.): Lateinische Gedichte. Bremen: Schünemann, 1965. S. 51, 119f., 121–123. – © 1965, 1993 Sammlung Dieterich Verlagsgesellschaft mbH, Leipzig.

85

T/Ü: Marcus Manilius: Astronomica / Astrologie. Lat./Dt. Übers. und hrsg. von Wolfgang Fels. Stuttgart: Reclam, 1990. S. 344 bis 349.

86–99

T: P. Ovidi Nasonis Amores, Medicamina faciei femineae, Ars amatoria, Remedia amoris ed. brevique adnotatione critica instr. E. J. Kenney. Oxford: Clarendon Press, 1961.

P. Ovidii Nasonis Metamorphoses ed. William Anderson. Leipzig: Teubner, 1977.

P. Ovidii Nasonis Epistulae Heroidum quas ed. Henricus Dörrie. Berlin / New York: de Gruyter, 1971.

P. Ovidi Nasonis Tristium libri quinque Ibis ex Ponto libri quattuor halieutica fragmenta rec. brevique adnotatione critica instr. S. G. Owen. Oxford: Clarendon Press, 1963.

Karl Büchner: Die römische Lyrik. Texte, Übersetzungen, Interpretationen, Geschichte. Stuttgart: Reclam, 1976.

Ü: (86) Johann Caspar Friedrich Manso. In: Johann Friedrich Degen: Versuch einer vollständigen Litteratur der deutschen Übersetzungen der Römer. 2 Bde. Altenburg: Academische Buchhandlung, 1794. 1797. Abdr. nach: Antike Lyrik. Hrsg. von Carl Fischer. München: Winkler, 1964. S. 683.

(87) August Wilhelm Schlegel. In: Athenäum 1 (1798). Abdr. nach: Horst Rüdiger: Lateinische Gedichte. München: Heimeran, 1937. S. 205.

(88) Wilhelm Hertzberg: Publius Ovidius Naso's Werke. Bd. 11 bis 14. In: Römische Dichter in neuen metrischen Übersetzungen. Hrsg. von G. L. F. Tafel [u. a.]. Stuttgart: Metzler, 1854. Abdr. nach: Antike Lyrik. Hrsg. von Carl Fischer. München: Winkler, 1964. S. 684.

(89, 90, 92, 93) Publius Ovidius Naso: Liebesgedichte. Lat. und dt. von Walter Marg und Richard Harder. München: Heimeran, ³1980. S. 79–81, 85–87, 131–135, 157–159.

(91, 99) Karl Preisendanz: Latinische Gärten. Wiesbaden: Insel-Verlag, 1951. S. 53f., 54.

(94) Karl Büchner: Die römische Lyrik. Texte, Übersetzungen, Interpretationen, Geschichte. Stuttgart: Reclam, 1976. S. 297.

(95) Heinrich Wölffel: Publius Ovidius Naso's Werke. Bd. 15 bis 19. In: Römische Dichter in neuen metrischen Übersetzungen. Hrsg. von G. L. F. Tafel [u. a.]. Stuttgart: Metzler, 1854. Abdr. nach: Antike Lyrik. Hrsg. von Carl Fischer. München: Winkler, 1964. S. 709–711.

(96) Friedrich Hölderlin: Sämtliche Werke. Hrsg. von Friedrich Beißner. Bd. 5. Stuttgart: W. Kohlhammer, 1954. S. 342f.

(97) Erich Fabian: Liebeslieder der Antike. Rostock: Hinstorff, 1963. S. 198f.

(98) Carl Bruch: Roma. Lyrische Dichtungen aus dem römischen Altertum. Minden i. W.: J. C. C. Bruns, 1884. S. 21.

100

T: Poetae Latini minores. Rec. et emend. Aemilius Baehrens. Bd. 3. Leipzig: Teubner, 1881.

Ü: Die Hirtenflöte. Bukolische Dichtungen von Vergil bis Geßner. Hrsg. von Harry Schnur. Leipzig: Reclam, 1978. S. 51 f.

101

T: Minor Latin Poets. With introductions and English transl. by J. Wight Duff and Arnold M. Duff. London / Cambridge (Mass.): Heinemann / Harvard University Press, 1961. [Repr. from the rev. ed. from 1935.]

Ü: Gottlieb Ernst Klausen: Des Titus Kalpurnius von Sicilien Eilf erlesene Idyllen. Altona: Hammerich, 1807. Abdr. nach: Antike Lyrik. Hrsg. von Carl Fischer. München: Winkler, 1964. S. 827.

102–106

T: Petronius: Satyrica. Schelmengeschichten. Lat./Dt. Übers. und hrsg. von Konrad Müller und Wilhelm Ehlers. München: Artemis-Verlag, 1965.

Ü: (102, 105) Wilhelm Heinse: Sämmtliche Werke. Bd. 2: Petronius: Die Begebenheiten des Enkolp. Leipzig: Insel-Verlag, 1903. S. 7, 246 f. [Neudr.]

(103, 104) Carl Fischer (Hrsg.): Antike Lyrik. München: Winkler, 1964. S. 732 f.

(106) Die Fragmente des Petronius. Hrsg. von Alexander von Bernus. München: Müller, 1908. [S. 29].

107–110

T: L. Annaei Senecae Tragoediae incertorum auctorum Hercules (Oetaeus). Octavia rec. brevique adnotatione critica instr. Otto Zwierlein. Oxford: Clarendon Press, 1986.

Poetae Latini minores. Rec. et emend. Aemilius Baehrens. Bd. 4. Leipzig: Teubner, 1882.

Ü: (107) Johann von Alxingers sämtliche Werke. Bd. 6: Theater. Wien: Haase, 1812. Abdr. nach: Horst Rüdiger: Lateinische Gedichte. München: Heimeran, 1937. S. 227.

(108) Wolf-Hartmut Friedrich. In: Antike Lyrik. Hrsg. von Carl Fischer. München: Winkler, 1964. S. 726 f.

(109, 110) Carl Bruch: Roma. Lyrische Dichtungen aus dem römischen Alterthum. Minden: J. C. C. Bruns, 1884. S. 156, 205.

111–114

T: P. Papini Stati Silvae. Rec. Aldus Marastoni. Leipzig: Teubner, 1961. ²1974.

Ü: (111, 112) Publius Papinius Statius: Silvae. Übers. von Richard Sebicht. Ulm: Kerler, 1902. Abdr. nach: Antike Lyrik. Hrsg. von Carl Fischer. München: Winkler, 1964. S. 756–758, 763.

(113) Rolf Engelsing (Hrsg.): Lateinische Gedichte. Bremen: Schünemann, 1965. S. 55–57. – © 1965, 1993 Sammlung Dieterich Verlagsgesellschaft mbH, Leipzig.

(114) Bernhard Kytzler: Manierismus in der Klassischen Antike? In: Colloquia Germanica 1 (1967) S. 2–25.

115–128

T/Ü: Carmina Priapea. Gedichte an den Gartengott. Ausgew. und erl. von Bernhard Kytzler. Übers. von Carl Fischer. München/Zürich: Artemis-Verlag, 1978. S. 104–111 (4), 114 f. (2), 120–123, 126 f., 132 f., 144 f., 152 f.

129–139

T: M. Valeri Martialis Epigrammata rec. brevique adnotatione critica instr. W. M. Lindsay. Oxford: Clarendon Press, ²1929.

Ü: (129) Gotthold Ephraim Lessings sämtliche Schriften. Hrsg. von Karl Lachmann. 3., durchges. und verm. Aufl. bes. durch Franz Muncker. Bd. 5. Stuttgart: Göschen, 1890. Abdr. nach: Antike Lyrik. Hrsg. von Carl Fischer. München: Winkler, 1964. S. 786.

(130) Karl Belau. In: Das humanistische Gymnasium. Jg. 28 (1917) S. 231. Abdr. nach: Antike Lyrik. Hrsg. von Carl Fischer. München: Winkler, 1964. S. 792.

(131, 132, 133) Karl Preisendanz: Latinische Gärten. Wiesbaden: Insel-Verlag, 1951. S. 63 (2), 66.

(134) Martin Opitz. In: Antike Lyrik. Hrsg. von Carl Fischer. München: Winkler, 1964. S. 781.

(135) Georg Rudolf Weckherlin: Gedichte. Bd. 2. Tübingen: Bibliothek des Literarischen Vereins in Stuttgart, 1895. Abdr. nach: Horst Rüdiger: Lateinische Gedichte. München: Heimeran, 1937. S. 235.

(136) Ludwig Christoph Heinrich Hölty. In: Horst Rüdiger: Martial. Sinngedichte. München: Heimeran, 1937. S. 237.

(137) Friedrich von Hagedorn. In: Lyrik des Abendlands. Hrsg. von Georg Britting. München: Hanser, 1953. Abdr. nach: Antike Lyrik. Hrsg. von Carl Fischer. München: Winkler, 1964. S. 787.

(138) Christian Felix Weisse. In: Karl Wilhelm Ramler: Marcus Valerius Martialis. 5 Bde. Leipzig: Weidmann, 1787–91. Abdr. nach: Antike Lyrik. Hrsg. von Carl Fischer. München: Winkler, 1964. S. 801.

(139) Bernhard Kytzler: Roma Aeterna. Zürich/München: Artemis-Verlag, 1972. S. 147–149.

140–141

T/Ü: Plinius der Jüngere: Briefe. Lat. und dt. von Helmut Kasten. München: Heimeran, 1968. S. 376–379, 388f.

142

T/Ü: Plinius der Jüngere: Briefe. Lat. und dt. von Helmut Kasten. München: Heimeran, 1968. S. 520f.

143

T/Ü: Plinius der Jüngere: Briefe. Lat. und dt. von Helmut Kasten. München: Heimeran, 1968. S. 240f.

144–146

T: Karl Büchner: Die römische Lyrik. Texte, Übersetzungen, Interpretationen, Geschichte. Stuttgart: Reclam, 1976.

Ü: (144, 145) T: S. 313f. (2).

(146) Johann Gottfried Herder: Sämmtliche Werke. Hrsg. von Bernhard Suphan. Bd. 25. Berlin: Weidmann, 1885. Abdr. nach: Horst Rüdiger: Lateinische Gedichte. München: Heimeran, 1937. S. 269.

147–148

T/Ü: Ernst Robert Curtius: Europäische Literatur und lateinisches Mittelalter. Bern/München: Francke, ⁹1978. S. 122f., 202f. – Mit Genehmigung des Verlages Gunter Narr, Tübingen.

149–155

T: Decimi Magni Ausonii Burdigalensis Opuscula. Ed. S. Prete. Leipzig: Teubner, 1978.

Ü: (149) Hermann Beckby. In: Antike Lyrik. Hrsg. von Carl Fischer. München: Winkler, 1964. S. 861.

(150) Felix Dahn. In: M. Hans Kleinstück: Griechisch-Römische Lyrik. Wiesbaden/Berlin: Vollmer, [o. J.]. Abdr. nach: Antike Lyrik. Hrsg. von Carl Fischer. München: Winkler, 1964. S. 861.

(151) Carl Fischer (Hrsg.): Antike Lyrik. München: Winkler, 1964. S. 861f.

(152) Johann Gottfried Herder: Sämmtliche Werke. Hrsg. von Bernhard Suphan. Bd. 25. Berlin: Weidmann, 1885. Abdr. nach: Horst Rüdiger: Lateinische Gedichte. München: Heimeran, 1937. S. 277.

(153, 154, 155) Erich Fabian: Liebeslieder der Antike. Rostock: Hinstorff, 1963. S. 216f.

156

T/Ü: Karl Büchner: Römische Lyrik. Texte, Übersetzungen, Interpretationen, Geschichte. Stuttgart: Reclam, 1976. S. 325.

157–158

T: Minor Latin Poets. With introductions and English transl. by J. Wight Duff and Arnold M. Duff. London / Cambridge (Mass.): Heinemann / Harvard University Press, 1961. [Repr. from the rev. ed. from 1935.]

Ü: Bernhard Kytzler. – Neuübersetzung.

159–161

T: T. Corpus Inscriptionum Latinarum. Ed. Academia litterarum regiae borussiae. Bd. 4. Berlin: Reimer, 1867 ff.

Ü: (159) Erich Fabian: Liebeslieder der Antike. Rostock: Hinstorff, 1963. S. 215.

(160, 161) Carl Fischer (Hrsg.): Antike Lyrik. München: Winkler, 1964. S. 895 (2).

162–164

T: Claudii Claudiani Carmina. Ed. J. B. Hall. Leipzig: Teubner, 1985.

Ü: (162) Ungenannter Übersetzer. In: Horst Rüdiger: Lateinische Gedichte. München: Heimeran, 1937. S. 277.

(163) G. F. Messerschmid. In: Horst Rüdiger: Lateinische Gedichte. München: Heimeran, 1937. S. 277.

(164) Georg Frhr. von Wedekind: Dichtungen des Claudius Claudianus. Darmstadt: Jonghaus, 1868. Abdr. nach: Antike Lyrik. Hrsg. von Carl Fischer. München: Winkler, 1964. S. 872.

165

T/Ü: Karl Büchner: Die römische Lyrik. Texte, Übersetzungen, Interpretationen, Geschichte. Stuttgart: Reclam, 1976. S. 338–341.

166–168

T: Anthologia Latina sive Poesis Latinae Supplementum. Ed. Franciscus Buecheler et Alexander Riese. T. 1: Carmina in codicibus scripta. Rec. A. R. Fasc. 1: Libri Salmasiani aliorumque carmina. Ed. altera denuo rec. Leipzig: Teubner, 1894.

Ü: Erich Fabian: Liebeslieder der Antike. Rostock: Hinstorff, 1963. S. 219f.

169

T: Carmina Ludicra Romanorum. Pervigilium Veneris – Priapea. Ed. Egnatius Cazzaniga. Turin: Paraviae, 1959.

Ü: Carl Fischer. – Neuübersetzung.

170

T: Minor Latin Poets. With introductions and English transl. by J. Wight Duff and Arnold M. Duff. London / Cambridge (Mass.): Heinemann / Harvard University Press, 1961. [Repr. from the rev. ed. from 1935.]

Ü: Bernhard Kytzler. – Neuübersetzung.

171

T: Anthologia Latina sive Poesis Latinae Supplementum. Ed. Franciscus Buecheler et Alexander Riese. T. 1: Carmina in codicibus scripta. Rec. A. R. Fasc. 1: Libri Salmasiani aliorumque carmina. Ed. altera denuo rec. Leipzig: Teubner, 1894.

Ü: Wolf-Hartmut Friedrich. In: Antike Lyrik. Hrsg. von Carl Fischer. München: Winkler, 1964. S. 883.

172–176

T: Historia Apolloni Regis Tyri ed. Gareth Schmeling. Leipzig: Teubner, 1988.

Ü: Im Reiche des Eros I. Sämtliche Liebes- und Abenteuerromane der Antike. Mit einer Einl. und Anm. hrsg. von Bernhard Kytzler. Bd. 1. München: Winkler, 1983. S. 208 f., 210, 211.

177–180

T: Anicii Manlii Severini Boethii De Consolatione Philosophiae Libri Quinque / Trost der Philosophie. Übers. von Eberhard Gothein. München: Artemis-Verlag, 1949.

Ü: (177) Johann Gottfried Richter: Des Anicius M. Severinus Boethius Fünf Bücher vom Philosophischen Troste. Leipzig: Vogel, 1753. Abdr. nach: Antike Lyrik. Hrsg. von Carl Fischer. München: Winkler, 1964. S. 884.

(178, 179, 180) T: S. 55 f., 65–67, 73–75.

Den lizenzgebenden Verlagen, insbesondere dem Artemis-Verlag (zugleich für die Ausgaben von Heimeran und Winkler), wird für ihr freundliches Entgegenkommen gedankt.

Römische Literatur

IN RECLAMS UNIVERSAL-BIBLIOTHEK

Dichtung

Philipp Reclam jun. Stuttgart

Römische Literatur

IN RECLAMS UNIVERSAL-BIBLIOTHEK

Geschichtsschreibung

Augustus, *Res gestae / Tatenbericht.* Lat./griech./dt. 88 S. UB 9773

Caesar, *De bello Gallico / Der Gallische Krieg.* Lat./dt. 648 S. UB 9960 – *Der Bürgerkrieg.* 216 S. UB 1090 – *Der Gallische Krieg.* 363 S. UB 1012

Livius, *Ab urbe condita. Liber I / Römische Geschichte. 1. Buch.* Lat./dt. 240 S. UB 2031 – *Ab urbe condita. Liber II / Römische Geschichte. 2. Buch.* Lat./dt. 237 S. UB 2032 – *Ab urbe condita. Liber III / Römische Geschichte. 3. Buch.* Lat./dt. 263 S. UB 2033 – *Ab urbe condita. Liber IV / Römische Geschichte. 4. Buch.* Lat./dt. 235 S. UB 2034 – *Ab urbe condita. Liber V / Römische Geschichte. 5. Buch.* Lat./dt. 229 S. UB 2035 – *Römische Geschichte. Der Zweite Punische Krieg.* I. Teil. 21.–22. Buch. 165 S. UB 2109 – II. Teil. 23.–25. Buch. 160 S. UB 2111 – III. Teil. 26.–30. Buch. 240 S. UB 2113

Sallust, *Bellum Iugurthinum / Der Krieg mit Jugurtha.* Lat./dt. 222 S. UB 948 – *De coniuratione Catilinae / Die Verschwörung des Catilina.* Lat./dt. 119 S. UB 9428 – *Historiae / Zeitgeschichte.* Lat./dt. 88 S. UB 9796 – *Die Verschwörung des Catilina.* 79 S. UB 889 – *Zwei politische Briefe an Caesar.* Lat./dt. 95 S. UB 7436

Sueton, *Augustus.* Lat./dt. 200 S. UB 6693 – *Nero.* Lat./dt. 151 S. UB 6692 – *Vespasian, Titus, Domitian.* Lat./dt. 136 S. UB 6694

Tacitus, *Agricola.* Lat./dt. 150 S. UB 836 – *Annalen I–VI.* 320 S. UB 2457 – *Annalen XI–XVI.* 320 S. UB 2458 – *Dialogus de oratoribus / Dialog über die Redner.* Lat./dt. 117 S. UB 7700 – *Germania.* 80 S. UB 726 – *Germania.* Lat./dt. 112 S. UB 9391 – *Historien.* Lat./dt. 816 S. 8 Abb. u. 6 Ktn. UB 2721 (auch geb.)

Velleius Paterculus, *Historia Romana / Römische Geschichte.* Lat./dt. 376 S. UB 8566

Philipp Reclam jun. Stuttgart

Römische Literatur

IN RECLAMS UNIVERSAL-BIBLIOTHEK

Vermischte Prosa

Apuleius, *Das Märchen von Amor und Psyche*. Lat./dt. 152 S. UB 486

Augustinus, *Bekenntnisse*. 440 S. UB 2792 – auch geb. – *De beata vita / Über das Glück*. Lat./dt. 109 S. UB 7831 – *De vera religione / Über die wahre Religion*. Lat./dt. 231 S. UB 7971

Boethius, *Trost der Philosophie*. 189 S. UB 3154

Eugippius, *Vita Sancti Severini / Das Leben des heiligen Severin*. Lat./dt. 157 S. UB 8285

Marc Aurel, *Selbstbetrachtungen*. 188 S. UB 1241

Petron, *Satyricon*. 261 S. UB 8533

Plinius der Jüngere, *Briefe*. 76 S. UB 7787 – *Der Briefwechsel mit Kaiser Trajan*. Das 10. Buch der Briefe. Lat./dt. 160 S. UB 6988 – *Epistulae / Briefe*. Lat./dt. *1. Buch*. 96 S. UB 6979 – *2. Buch*. 96 S. UB 6980 – *3. Buch*. 96 S. UB 6981 – *4. Buch*. 96 S. UB 6982 – *5. Buch*. 94 S. UB 6983 – *6. Buch*. 109 S. UB 6984 – *7. Buch*. 104 S. UB 6985

Quintilian, *Institutio oratoria X / Lehrbuch der Redekunst*. 10. Buch. Lat./dt. 160 S. UB 2956

Seneca, *Apocolocyntosis / Die Verkürbissung des Kaisers Claudius*. Lat./dt. 94 S. UB 7676 – *De brevitate vitae / Von der Kürze des Lebens*. Lat./dt. 76 S. UB 1847 – *De clementia / Über die Güte*. Lat./dt. 116 S. UB 8385 – *De tranquillitate animi / Über die Ausgeglichenheit der Seele*. Lat./dt. 111 S. UB 1846 – *De vita beata / Vom glücklichen Leben*. Lat./dt. 119 S. UB 1849 – *Epistulae morales ad Lucilium / Briefe an Lucilius über Ethik*. Lat./dt. *1. Buch*. 88 S. UB 2132 – *2. Buch*. 96 S. UB 2133 – *3. Buch*. 96 S. UB 2134 – *4. Buch*. 96 S. UB 2135 – *5. Buch*. 96 S. UB 2136 – *6. Buch*. 94 S. UB 2137 – *7. Buch*. 96 S. UB 2139 – *8. Buch*. 96 S. UB 2140 – *9. Buch*. 101 S. UB 2141 – *14. Buch*. 128 S. UB 9370 – *Vom glückseligen Leben und andere Schriften*. Auswahl. 160 S. UB 7790

Tertullian, *De spectaculis / Über die Spiele*. Lat./dt. 120 S. UB 8477

Valerius Maximus, *Facta et dicta memorabilia / Denkwürdige Taten und Worte*. Lat./dt. 351 S. UB 8695

Philipp Reclam jun. Stuttgart

Römische Literatur

IN RECLAMS UNIVERSAL-BIBLIOTHEK

Philipp Reclam jun. Stuttgart

Griechische Literatur

IN RECLAMS UNIVERSAL-BIBLIOTHEK

Dichtung und Prosa

Demosthenes, *Politische Reden.* Zweispr. 307 S. UB 957

Die griechische Literatur in Text und Darstellung. Bd. 1: *Archaische Periode.* 616 S. UB 8061 – Bd. 2: *Klassische Periode I.* 412 S. UB 8062 – Bd. 3: *Klassische Periode II.* 438 S. UB 8063 – Bd. 4: *Hellenismus.* 8064 – Bd. 5: *Kaiserzeit.* 406 S. UB 8065

Griechische Lyrik in deutschen Übertragungen. 224 S. UB 1921

Herodot, *Die Bücher der Geschichte.* 1.–4. Buch. Auswahl. 128 S. UB 2200 – 5.–6. Buch. Auswahl. 87 S. UB 2204 – 7.–9. Buch. Auswahl. 128 S. UB 2206

Homer, *Ilias.* 622 S. UB 249 – *Odyssee.* 452 S. UB 280

Longinus, *Vom Erhabenen.* Zweispr. 157 S. UB 8469

Longos, *Daphnis und Chloe.* 176 S. UB 6911

Lukian, *Gespräche der Götter und Meergötter, der Toten und der Hetären.* 256 S. UB 1133

Pindar, *Oden.* Zweispr. 323 S. UB 8314

Plutarch, *Alexander. Caesar.* 224 S. UB 2495 – *Perikles. Fabius Maximus.* 113 S. UB 2323

Polybios, *Historien.* 134 S. UB 6210

Theophrast, *Charaktere.* Zweispr. 104 S. UB 619

Thukydides, *Der Peloponnesische Krieg.* 486 S. UB 1807

Die Vorsokratiker I (Milesier, Pythagoreer, Xenophanes, Heraklit, Parmenides). Zweispr. 336 S. UB 7965 – *Die Vorsokratiker II* (Zenon, Empedokles, Anaxagoras, Leukipp, Demokrit). Zweispr. 351 S. UB 7966 – (auch geb. in einem Band)

Xenophon, *Anabasis.* 285 S. UB 1184 – *Erinnerungen an Sokrates.* 175 S. UB 1855 – *Das Gastmahl.* Zweispr. 127 S. UB 2056

Philipp Reclam jun. Stuttgart

Griechische Lyrik

Philipp Reclam jun. Stuttgart